ことばのスペクトル

システムと多様性

Systems and Diversity

東洋学園大学
ことばを考える会
編

鼎書房

ことばのスペクトル
システムと多様性　目次

第一部　言語

第二部　文学・演劇

第四部　社会

第一部　言語

言語の多用性と普遍性

松本《まつもと》　純一《じゅんいち》
本学教授。専門は英語学・言語学。著書に、『こころの科学としての現代言語学』（共著、リーベル出版）、『ことばが生まれる「場」：言語の機能と起源に関する管見』（共著、双文社出版）など。

はじめに

この小論では、言語の多様性と、その背後に隠れている普遍性（統一性・共通性）について述べてみたいと思う。

私たちの住むこの地球上には、実に多くの言語がある。現在、少なくとも誰かしらによって実際に日常的に使用されているものだけでも、少なくとも数千、少し細かく数えれば軽く一万を超える数の言語が存在すると言われている。[1]現在地球上に存在する国の数は二百程度[2]であるから、そのことと比べても言語の数がいかに多いかがわかる。

それだけの数の言語が存在するのであるから、それぞれの言語の姿形もさぞかし多様であろうということは容易に想像できるだろう。残念ながら、私たちが住む日本という国は、言語的にはかなり閉鎖的な国であると言わざるを得ないので、私たちが日常的に触れたり学んだりすることのできる言語の数は非常に限られている。また、ある程度積極的に学ぼうとしたとしても、日本国内で不自由なく気軽に学べる言語というのは、大部分が西欧語とごく一部の近隣アジア諸国の言語に限られている。そのような環境においては、言語の多様性を肌で感じることはいささか困難である。

しかし、たとえばそれぞれの言語で用いられる音声という側面だけとってみても、諸言語の間でかなりの多様性があることは明らかであろう。例として母音の種類ということを挙げるならば、アラビア語のように3母音しか持たない言語、日本語やイタリア語のように5母音を持つ言語、フランス語や英語[3]のようにもっとずっと多くの母音を持つ言語など、実にさまざまである。中には、母音は2種類しかなく、その代わりに80種類もの子音を区別しているという、風変わりな言語もあるそうである[4]。

音声という、身体的・生理的基盤を持った側面でさえ、このように多様性がみられるのだから、ましてや心理的・脳科学的性質が濃厚である、文法・構文や意味の側面については、いかに多様であるか、想像に難くない。現に私たちは、英語やフランス語などを学習する際、発音の難しさもさることながら、語順や語形変化などの文法的側面の習得に大いに悩まされているのが、何よりの証拠である。

しかしながら、私たちの素朴な直観として、この地球上で人間が使っている自然言語には、どこかしらいかにも人間の言語らしい共通の性質があるようにも感じられる。実際、だからこそ私たちは、翻訳という作業にある程度の信頼を置くことができるのである。もし私たちの使っている諸言語が、互いに限りなく異なっていて何の共通点も見いだせないのであれば、そもそも翻訳や通訳という試みはことごとく徒労に終わるという結論になりかねない。

現代の言語学では、各言語の持つ固有の性質に充分な敬意を払いながらも、すべての人間言語に共通する原理原則のようなものを積極的に発見しようとしている。ここでは、そのような多様性の背後に垣間見える普遍性の例を、ごく簡単な英語と日本語とを比較対照することで紹介してみたいと思う。

実例研究1　多様性の中に潜む普遍性の発見

英語と日本語との、基本的な疑問文のつくり方について考察してみよう。ただし、ここでは文法上の比較対照が目的であるので、両言語ともに実際の会話などによく用いられる、上昇調イントネーション［↗］のみで疑問の意味の文をつくる方法については考えないこととする。

最初に、以下の例文を見てみよう：

(1) a. He is a teacher.
　　b. Is he a teacher?
(2) a. You can drive a car.
　　b. Can you drive a car?
(3) a. She bought a book.

b. What did she buy?

(4) a. 彼は先生です。

b. 彼は先生(なの)ですか。

(5) a. あなたは運転ができます。

b. あなたは運転ができますか。

(6) a. 彼女は本を買いました。

b. 彼女は何を買いましたか／買ったのですか。

上記の例文のうち、日本語の例文である(4)(5)(6)は、それぞれ英語の例文(1)(2)(3)にほぼ対応する意味の和訳となっている。例文(1)(2)からわかるように、英語でｂｅ動詞や助動詞を含む文においては、そのｂｅ動詞や助動詞を文頭に移動することによって疑問文がつくられる。また、(3)のようないわゆるｗｈ疑問文においては、対応する語句（例文（３ａ）では波線によって示されている）が本来あるべき位置からｗｈ語を文頭に移動することによって疑問文がつくられる。英語やその他の西欧語にごく一般的に存在する文法規則とされている、いわゆるｗｈ移動（wh-movement）である。これに対して、対応する日本語の疑問文(4)(5)(6)では、ｂｅ動詞や助動詞が文頭に移動することもなく、またｗｈ語が文頭に移動するということも起きず、ただ文末に疑問をあらわす語「か」をつけるだけで、疑問文ができあがっている。

ここまでの例文のみを考える限りにおいては、英語と日本語の疑問文のつくり方の基本的な規則は、次のようにまとめられることになる。

(7)英語と日本語の、基本的な疑問文のつくり方の規則［第一案］：
英語の疑問文　⇓　文中の語(動詞・助動詞・疑問詞(wh語)など)を文頭に動かす。
日本語の疑問文　⇓　疑問をあらわす「か」を文末につけ加える。

上記の形で述べた規則を見比べる限り、英語と日本語の疑問文の作り方は、まったく異なっているように見える。英語の場合は、すでに文中に存在する語か、あるいはwh疑問文の場合のように少なくとも文中に存在する対応する語句がwh語に変化したようなものを、文頭に移動することによって疑問文が作られている。これに対して、日本語の場合は、語句の移動のようなことは起きておらず、文末に疑問をあらわす語が、いわばどこからともなく現れて付け加えられることによって疑問文が作られている。

確かに、両者は大きく異なっているように思える。しかし本当にそれほど異なっているのであろうか。もう少し考察を深め、また異なる例文を付け加えて考察してみると、最初にまったく異なるものと思われた両者の間には、かなりの共通性があることが次第にわかってくる。

まず注目すべき点は、「文頭」と「文末」は、どちらも「文の末端」という点では共通しているとい

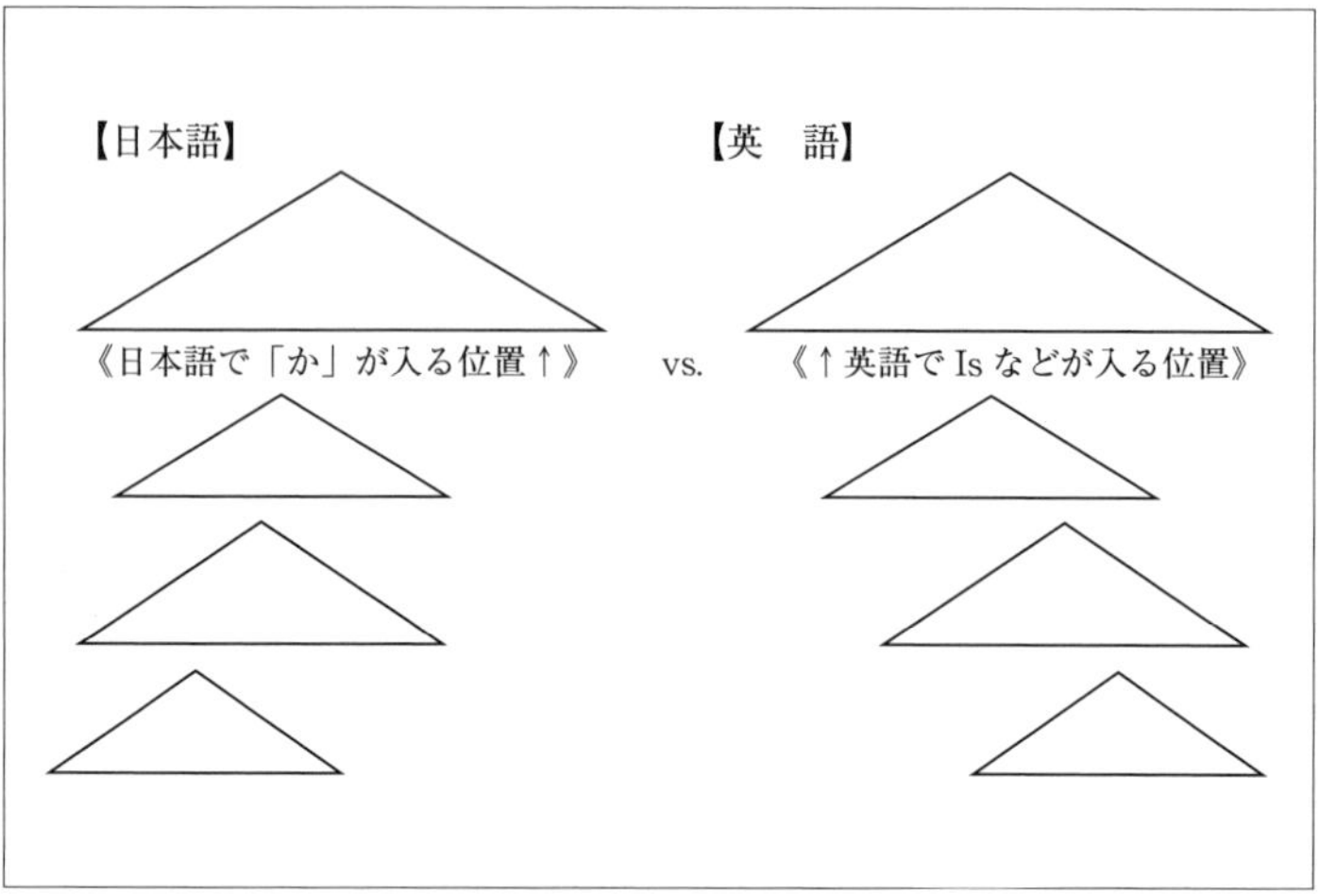

(8)　日英語の基本的な文構造の図式

うことである。言語学の統語論(syntax, ここで言っている文法のことだと思っていただいてさしつかえない)では、言語の文法構造をあらわすのによく樹形図(tree diagram, 略して単にtreeと呼ばれることが多い)というものを使うのだが、その形で示してみると、英語の文頭と日本語の文末とは、どちらも「文法構造の末端」、さらにもう少し詳しく表現すれば「文法構造の一番上の位置」と言える点でまったく共通ということになる。

このことを簡略化して示したものとして、上記の図(8)をご覧いただきたい。ここでは、日英語の詳しい樹形図を示すことが目的ではないので、樹形図の形を大まかに三角形の積み重なったようなものとして示すにとどめることとする。また上記(1)～(6)の例文では英語—日本語の順で実例を挙げたが、上記の図式(8)では見やすさを重視して左側に日本語、右側に英語の構造図を置いて、日本語—英語の順にしてある。[5]

さらに、もう少し違う例を追加してみると、「語をつけ加える」方法と「文の中にある語を動かしてくる」方法との間の相違も、それほど厳密に存在するものではなく、どちらの方法も英語と日本語それぞれどちらにもありそうだということがわかってくる。

まず、英語の疑問文において、本来文中になかったはずの語が突然現れる例としては、誰しもが容易に思いつくであろう、次の例が挙げられる：

(9) a. You have a car.
　　b. Do you have a car?

(10) a. She bought a book.
　　b. Did she buy a book?

be動詞や助動詞を含まない文におけるyes-no疑問文においては、do, does, didといった、対応する平叙文にはなかった語が文頭に現われる。これは、考えようによっては、文頭に疑問をあらわす新たな語が付け加えられることによって疑問文が形成されたということもできよう。[6]

次に、日本語の疑問文において、対応する平叙文の中に既に存在する要素が移動されたと考えられる例が存在するかという問題である。実は、少なくとも一部の言語学者の主張によると、日本語の疑問をあらわす語「か」は、次の例文に見るように、不定代名詞の表現にともなう「何か」「誰か」「どこか」「いつか」などに含まれる「か」という語に起源を発するのだという分析がなされることがある。

(11) a. 彼女は何かを買いました。
b. 彼女は何を買いましたか／買ったのですか。

つまり、日本語の疑問文の文末につけられる「か」は、(11a)の波線部にでてくる「か」が文末に移動されたものだと考えるのである。これは、適当なこじつけのように思われるかもしれないが、このように考えることによって、(11a)と(11b)の間の密接な関係、すなわち、(11b)の疑問文が発せられるときには、話し手の頭の中に、(11a)の内容が前提として存在するはずであるということが、うまく説明できることになる。(11a)のような文の中にある「か」が文末に移動されて(11b)の疑問文ができあがるという規則が、英語やその他の西欧語におけるwh移動に匹敵する現象であると主張する言語学者が存在する所以である。(7)(8)

右記(10)や(11)のような例に着目し、日本語にも疑問文の形成に伴う移動規則が存在するという説を認めるのだとすると、「すでに文中にある要素を移動する」ことと「もともと文中にはない要素をあらたに付け加える」こととの相違は、それほど本質的な相違ではないようにも思えてくる。そこで、これまでの議論をふまえて、先に挙げた(7)の規則を改定してみるならば、およそ次のようになる。

⑿英語と日本語の、基本的な疑問文のつくり方の規則［第二案］：
英語でも日本語でも、疑問文をつくるには、文構造の末端部（文法構造の一番上の位置）に、疑問をあらわす何らかの要素を付け加えればよい。付け加えられる要素は、すでに文中に存在する場合もあれば、まったくあらたに付け足される場合もある。

このように、いわば一歩引いた視点から見て、事態を少し一般化・抽象化した形で述べなおしてみるならば、英語と日本語の疑問文のつくり方に関する基本的な規則には、たいした違いがなく、大きな違いのように思えていた部分は表面上のものに過ぎなかったとも言えるようになるのである。

実例研究２　多様性の根源に関する説明

さて、前節で英語と日本語の疑問文の形成に関する規則を取り上げ、その相違点と共通点について確認したわけであるが、それでは英語と日本語の相違点の最も重要だと思われる部分は、どのような原因に基づいて生じているのであろうか。すなわち、同じように文法構造の末端部が重要であるのだとしても、なぜそれが英語では文の先頭になり、日本語では文の末尾になるのであろうか。その点についてもう少し検討してみよう。
次の挙げる例文は、意味的にほぼ対応する日本語と英語の例文を並べ、それぞれの言語の対応する部分に下線を引いて番号①②③…を振ってみたものである。ご存知の通り、日本語はかなり語順が自由な言語であるから、(13a)以外にも可能な語順はいろいろあるが、特に前後関係や特別な強調などを想定しない限り、(13a)がおそらくもっとも普通の語順であると感じられることに、日本語の母語話者であればほぼ同意していただけるものと思う。

(13) a. 彼は　昨日　自分の部屋で　お父さんに　手紙を　書いた。
　　　　　　 ①　　　②　　　　　③　　　　④　　　⑤

b. He wrote a letter to his father in his room yesterday.
　　　 ⑤　　④　　　　③　　　　　②　　　　①

例文(13a)と(13b)とを比較すれば一目瞭然であるように、日本語と英語とは、冒頭に主語がくるという点を除けば、まったく見事なほどに、鏡に映したように語順が正反対になっている。今更ながら、なるほどこれだから日本人は英語の習得に苦労するはずだと納得できてしまうような結果である。

このような日英語の決定的な相違は、いったいどのような原因によるものと説明しうるのであろうか。ここで注目すべき点は、英語では通例文の中心となる述語動詞が主語のすぐ後に置かれるのに対して、日本語では述語動詞は文末に置かれるという点である。上記の日英語の例文における、主語と動詞以外の要素②③④⑤は、動詞との結びつきが強いものから順に動詞の近くに置かれているのだと考えれば、日本語では動詞が最後に置かれるから①②③④⑤という語順になり。英語では動詞が（主語を除けば）最初に置かれるから⑤④③②①の語順になるのだ、と説明すれば、両者の相違が非常にすっきりと説明できる。

ここでは、これ以上あまり詳細な構造や規則の定式化には踏み込まないが、実際、文中の述語動詞がどの位置に置かれるかということは、世界の言語を文法構造によっていくつかのパターンに分ける際の主要な着眼点になっている。さらに、理論言語学や言語獲得論においては、動詞とそれに関連する要素の位置関係が重要な変数（parameter）となっていると考えられている。[9] 前節で検討した疑問文の例において、英語ではなぜ疑問要素が文頭に置かれ、日本語ではなぜ疑問要素が文末に置かれるのかというと、それは英語では述語動詞が文頭近くに置かれるのに対して、日本語では述語動詞が文末に置かれることに対応しているのであると結論づけることができよう。

このことと関連して、さらに英語の語順の原則に関してもう少し深入りしてみることにしたい。先の英語の例文（13b）をそのまま利用して（煩雑になるのでもう例文にいちいち①②③…の番号は振らないが）、例文①②③④⑤の要素をそれぞれ文頭に移動したとすると、どのような英文ができるかを以下に並べてみた。以下の例文⒁において、それぞれの例文のあとにその例文の自然さの程度を◎○△×の記号で示すことにした。◎はごく自然で単独でも普通に使える表現、○は適切な文脈さえあれば充分自然に使える表現、△はやや特殊な表現と感じられるが、特殊な文脈や文体を想定すれば充分可能な表現、×はよほどのことがない限り通常はまともな英文として使えそうにないと感じられる表現を意味するものとする。[10]

(14) a. Yesterday he wrote a letter to his father in his room. 〈①を前置：◎〉
b. In his room he wrote a letter to his father yesterday. 〈②を前置：○〉
c To his father he wrote a letter in his room yesterday. 〈③を前置：△または○〉
d. A letter he wrote to his father in his room yesterday. 〈④を前置：△または×〉
e. Wrote he a letter to his father in his room yesterday. 〈⑤を前置：×〉

これはまた、実に見事なグラデーションが得られたものである。すなわち、英語では、文末に置かれやすい要素ほど文頭に置くこともできやすいということが明らかである。英語の基本語順に関する、先に述べた説明と合わせると、英語の語順にはおおよそ次のような原則があるものと思われる。[11]

⒁英語の基本語順に関する原則：
英語では、主語＋述語動詞のあとには、述語動詞と文法的・意味的により密接な関係のある要素ほど先に置かれる傾向がある。そして、文末に置かれる要素ほど、文頭に移動することが容易である。

このことは、英語の文法構造というものが、前節に⑻の図で示したような、樹形図によって示しう

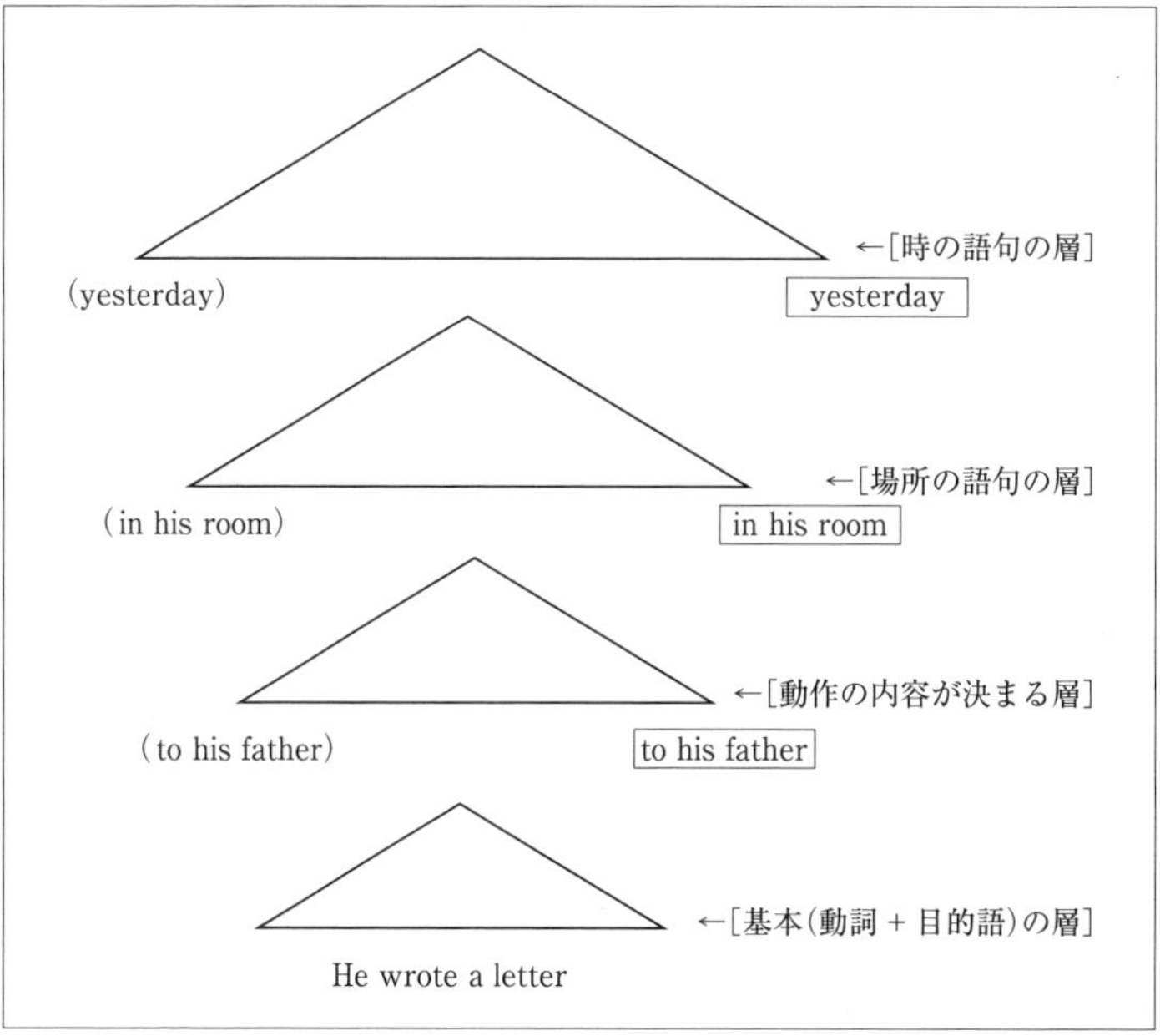

(15)　英文の基本語順を示した構造の概略図

る形のものであることを裏付ける証左ともなる。前節と同様、英文の構造の大枠について三角形を利用して要点のみ示すならば、上図のようになる[12]。

考察

前二節では、英語と日本語の簡単な例を検討することによって、表面的には大きく違うように見える二つの言語の間にも、見ようによっては本質的な共通性が存在するともいえるということを紹介してきた。

それでは、もしこの地球上に存在する二つあるいはそれ以上の言語の間に、何らかの共通性・普遍性が存在すると主張できそうな場合、その理由としてどのようなことが考えられるであろうか。いくつかの可能な説明を列挙してみよう。

1．歴史的説明：すべての人間言語が、太古の昔に同じ一つの起源から発したものであるとするならば、結果としてすべての言語はある程度似ていて当然とも言えるであろう。この考え方は素朴で自然であり、大変魅力的な考え方ではある。しかしながら、現在までに発展してきた歴史比較言語学・文献学の手法を究極まで高めたとしても、すべての人間言語の起源までたどり着くのは到底無理な話である。また、そもそも人間言語の起源が本当に単一の存在にさかのぼることができるのかどうかに関しても、議論の余地があって一概には決めつけられない問題である。

2．機能主義的説明：人間言語の第一の機能が他者とのコミュニケーションであるとすると、すべての言語はコミュニケーションが効率的におこなわれるような構造をしていなければならないということになる。人間が言語に費やすことのできる肉体的・精神的・時間的リソースはある程度限られており、特に話し言葉の音声に関しては、人間の音声器官の構造からして、どうしても個々の音を一直線に並べていくという形で言葉を紡ぎだしていくしかなさそうである。いわゆる言語の線条性(linearity)である。そうであれば、すべての言語がある程度類似した構造を持つのは、いわば当然のことである。大変納得のいく説明法であるが、それならばすべての人間言語は現在の状態よりももっとはるかに表面的な共通性があってもよさそうなものだという批判もありうる。

3．認知的説明：人間は、一生物種として、共通の脳の構造を持ち、さまざまな状況を知覚し認知する方法にはかなりの程度まで共通性があるものと思われる。言語の構造や機能が脳の一般的認知機能を色濃く反映しているものであるとすれば、結果として現れる言語の姿にもかなりの共通性があるはずである。この考え方も、ある意味非常に常識的で妥当な考え方であるが、一方で脳の中における言語の局在性との関連や、子供の言語獲得における臨界期の存在、あるいは言語規則に関する過剰一般化(overgeneralization)をどう説明するかなどの問題を考慮すると、この考え方だけですべてを説明しつくすことに一抹の不安を覚えざるを得ないことも確かであろう。

4．生得主義的説明：人間は、他の動物と異なり、生まれながらにして言語を獲得することができる生得的・普遍的能力を持っているのだとする考え方がある。この学説が正しいとすると、これまで紹介したような他の要因は抜きにしたとしても、人間の言語は当然互いに似通ったものになっていて当たり前であるということになる。この考え方も非常に興味深く魅力的な考えであるが、どの程度その根拠が得られるかが課題となる。

以上に紹介した四つの説明法は、どれかを採用すれば他のものは否定されるという性質のものではなく、互いに重なり合い関連しあっている部分もある。当面は、個々の言語現象ごとに、どの説明法が最も適切であるか、その都度判断し、いわば要領よく使い方策を使い分けていくのが賢明なやり方であろうとも思える。しかしながら、現実の言語研究の現場では、個々の研究者の専門性が高くなり研究内容が深くなるにつれて、いずれかひとつのアプローチに徹底せざるを得ないような風潮が出てきがちであるのは、いささか残念なことである。

おわりに

これまで本論では、英語と日本語を例にとって、言語における多様性と普遍性の問題を、甚だ不充分ながら検討してきた。その結論としては、各言語には確かに様々な多様性があるが、少し見方を変えるとそれらの多様性の背後にはかなりの普遍性・共通性があると考えることもできるということになりそうである。

もとより私は、この小論において、言語は限りなく多様であるとか、言語には確固たる普遍性があるとか、どちらかの方向に極端な主張を展開するつもりはない。言語には多様性もあれば、普遍性もあるとするのが健全な結論であろう。

ただ、私たちのような研究者は別として、現実的に一般の人々が言語に興味に持つ際には、その主な目的が外国語としてその言語を習得したいという実用的な動機に基づいていることが多いことを考慮すると、少しだけ普遍性の方に肩入れしたくなる気持ちが沸き起こってくる。

一般に、学習英文法とか学習日本語文法と呼ばれているものは、それぞれ学習の対象になっている言語が、読者の母語と異なっている部分を強調し、たとえば英語と日本に共通の規則や原理原則といった部分にはあまり触れない傾向がある。それは無理もないことであって、学習文法というものは外国語学習者に能率的に外国語を学ばせるためのものであるから、母語と共通の部分を強調するよりも、当の外国語と母語の相違点に注意を向けさせた方がよいに決まっているからである。しかしながら、無理のない範囲で母語と外国語の共通点もできるだけ示した方が、外国語学習への抵抗感を減らすためにも、また言語に対するより深い理解と関心を育てるためにも、長い目で見ればよい結果をもたらすであろうというのが私の持論である。

ともあれ、この小論が、読んでくださった方々に、多様性の側面であれ普遍的な側面であれ、ともかく言語のしくみや働きについて、必ずしも実用的な目的だけでなく、より知的な興味を少しでも抱く契機を提供することを、願って止まない次第である。

注

(1)世界に言語がいくつあるのかという問題は、意外にはっきりした回答が得られにくい問題である。その理由として、時とともに次第に使われなくなって死滅してしまう言語が一定数存在することや、当の話し手以外には知られていなかった言語が新たに〝発見〟されることが今でも稀にあることなども挙げられるが、最も本質的な理由は、どこまでをひとつの言語と考えるかの基準がはっきりしないことにある。言い換えると、言語と方言の区別の境界線が曖昧だということである。一般には、二人の話者がいて、両者の母語に多少異なる点があったとしても、互いに通訳などを介さずにほぼ不自由なくコミュニケーションをとることができれば、その人たちの母語は同じ言語の方言であり、そうでなければ異なる言語であるとされる。しかしそれを言うなら、もとは同じラテン語の方言であるイタリア語とスペイン語や、同じゲルマン語の方言であるオランダ語とデンマーク語などは、方言程度の違いしかなく、互いに何とか意思疎通が可能であると言えるし、逆に中国語の各方言などは、漢字で表記した場合はともかくとして、話し言葉ではほとんど互いに通じない場合が多いと言われている。実際、中国語の場合は、方言として扱わず、いくつもの異なる言語として扱う専門家も多いようである。

（2）国の数というのも、いろいろと複雑でデリケートな問題を含んではいるが、2024年現在、国際連合に加盟している国の数は193である。また2024年におこなわれたパリオリンピックに参加した参加国・参加地域の総数は207である。

（3）英語にいくつの母音があるかというのは、実は諸説があってはっきり断言しがたい問題であり、特に長母音や二重母音をどこまで異なる音として区別するかによって数え方に大きな差が出てくるが、短母音だけに限って考えたとしても、日本語よりも多くの種類が存在していることは間違いないであろう。

（4）コーカサス地方からトルコにかけて分布しているウビフ語という言語がそれであるとされている。ウビフ語の音韻体系については、千野栄一（1980）『言語学のたのしみ』東京：大修館書店の第10章（pp.151-164）、及びそこに挙げられている文献を参照されたい。

（5）英語の文法構造が、樹形図という形で表すことのできるようなものであることは、ほぼ異論の余地はないものとされている。一方、日本語の文法構造に関しては、はたして樹形図のような形で表すことが適当かどうか、また樹形図で表すことができるとしても、英語と同様に木の枝が縦に伸びたような形（本論での表記に即していえば、⑻の図のように三角形が縦に積み重なったような形）であらわすことが妥当であるかどうかという問題については、多くの議論があり、いまだ一致した見解は得られていないのが実状である。ここでは、日本語の文法構造が基本的に英語と同様に示しうるものであるという立場に立って議論を進めている。

(6)英語の一般動詞の疑問文や否定文などにおけるこのdo, does, didの出現をどのように説明するかは、実はいまだに定説といえる説明法が確立していない、甚だ難しい問題である。というのも、「doによる支え(do-support)」などと呼ばれているこの現象は、西欧語の中でもかなり珍しい、ほとんど英語のみに特有の現象であるからである。私は以前、歴史比較言語学が専門であり、多くの新旧の西欧語に詳しい恩師の一人に、「英語以外でこの現象を持つ西欧語はあるのですか」と質問したことがある。そのときの回答は「私の知る限り英語以外にはない。様々な点で英語に最もよく似ている言語であると言われているフリジア語(Frisian)にも、このような現象はない。」とのことであった。

(7)日本語における、「誰か」の「か」と疑問の「か」を関連付けて考えることについては、必ずしもすべての言語学者の意見が一致しているわけではないが、少なくとも生成文法と呼ばれる学派の研究者の間ではこの考え方は一定の支持を得ているといってよい状態である。このように、疑問の内容に関連する日本語の「か」の分布を、英語などの西欧語におけるwh移動に相当するものと考える分析法は、たとえば三原健一(1994)『日本語の統語構造』東京：松柏社 pp.63-68、西垣内泰介(1999)『論理構造と文法理論 —日英語のWH現象—』東京：くろしお出版、畠山雄二[編](2016)『徹底比較日本語文法と英語文法』東京：くろしお出版 第5章 pp.101-109などに見られる。また、もう少し広い観点から、様々な言語における不定代名詞と疑問をあらわす語との関連について論じたものとしては、橋本萬太郎(1981)『現代博言学』東京：大修館書店の第1章(pp.23-66)、及びそこに挙げられている文献を参照されたい。

(8)日本語の「か」に関する分析をさらにもう一歩進めるならば、例えば次のような例文における「か」も、同一の起源をもつものとして扱うことができる。

「明日雨か降るか（どうか）は、まだわからない。」

(9)より専門的な用語を用いて一般的な形で言うならば、「主要部（head）」と「補部（complement）」との位置関係ということになる。

(10)通例、専門の論文などでは、このような〝表現のまともさ〟をあらわすのには、「*」や「?」や「#」といった記号を例文の先頭につけることがおこなわれるが、ここでは読みやすさや専門外の方々への直感的なわかりやすさを重視して、敢えて◎○△×という記号を使用することにした。

(11)無論、現実の英語の使用例においては、前後関係や強調の置き方、（特に文学作品の場合などは）文体や韻律、また現代言語学でしきりに取り上げられるいわゆる情報構造などが複雑に絡んでくるため、事態はそれほど単純ではなくなってくるが、英語の構文上の原則としては、概ねこのような原則であると考えてよいであろう。

(12)最後に、興味のある向きのために、⒂に概略で示した図をもう少し本格的な樹形図であらわしておくと、おおよそ以下のようなものになる。ここで例文⒂中の主語Ｈｅは、最終的には以下の樹形図に見るように文構造の一番先頭の位置に上がっていくのであるが、このことについては本文では触れていない。また、疑問文の際に文頭に移動されるｂｅ動詞や助動詞、あるいはｗｈ移動によって移動されるｗｈ語などの落ち着き先は、以下の樹形図で最上部に示されたSという記号よりもさらに上の層になる。

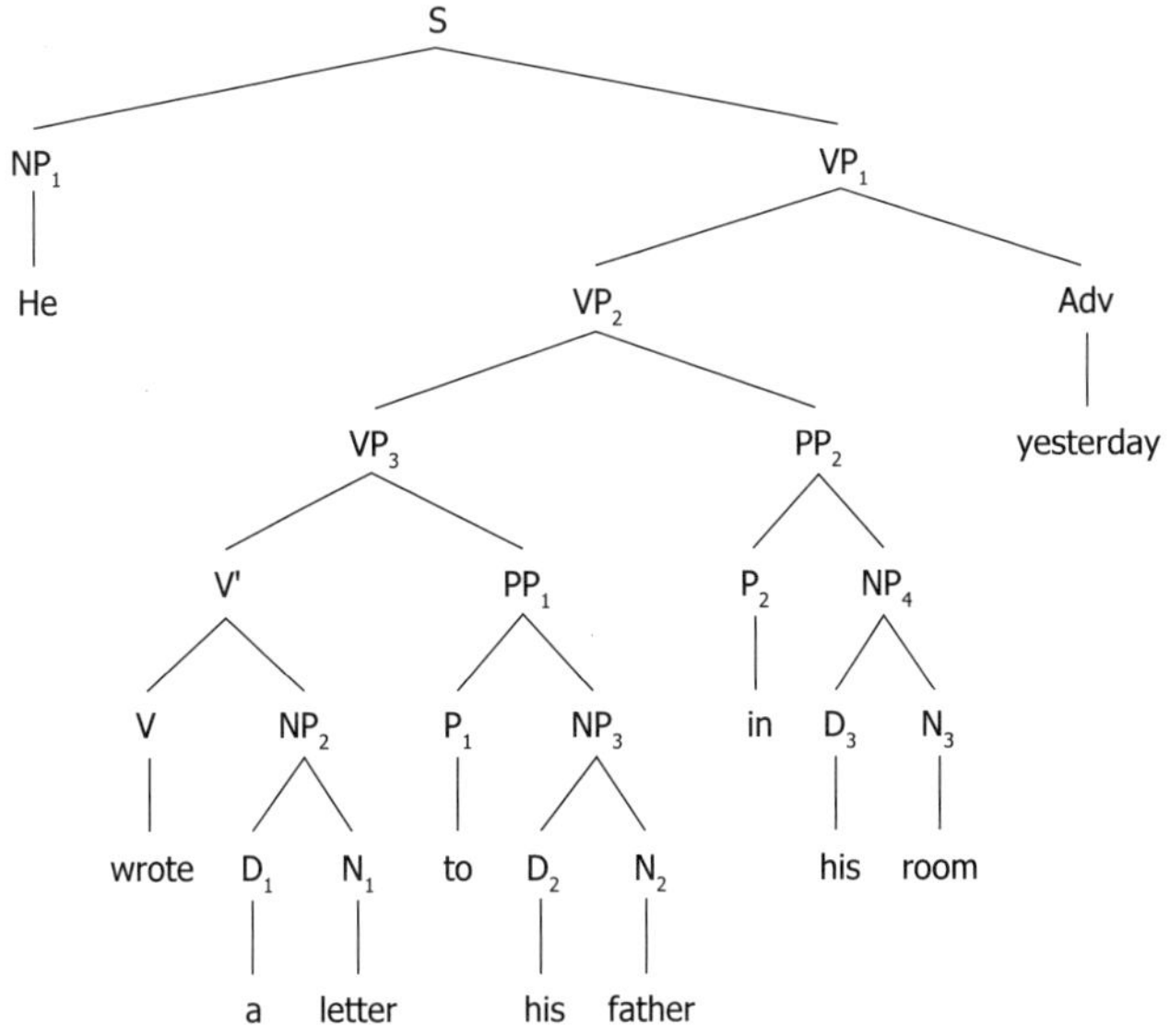
S
NP1
VP1
He
VP2
Adv
VP3
PP2
yesterday
V'
PP1
P2
NP4
V
NP2
P1
NP3
in
D3
N3
wrote
D1
N1
to
D2
N2
his
room
a
letter
his
father

多文化共生社会を生きる地球市民育成のための外国語教育

坂本《さかもと》　ひとみ
元本学教授。専門は小学校英語教育とネイティブ・アメリカン研究。福島の子どもたちの国際交流をサポート。著書『アメリカ研究とジェンダー』、*New Horizon Elementary* ほか。

はじめに―アメリカ先住民の多様性―

大学院生のときに、テレビ局の海外レポーターに採用されたことがきっかけとなり、アメリカ先住民保留地に通うようになった。筆者にとっては、異文化コミュニケーションに真剣に取り組んだ三十年間であり、さまざまな部族の保留地を訪れて、それぞれ異なる文化や言語があり、その人数も十五万人を超えるものからわずか数十名という小さな部族までいることに驚いた。風貌や顔つき、体格にも違いがあり、私は自分の息子が生後七ヶ月のときから子連れ旅をしていたが、アメリカ先住民の友人からは、息子の顔立ちが丸顔であるために「ナバホに近い」、「ナバホキッドだ」と評された。

五百を超える部族の中で最大のナバホはアメリカ南西部に保留地を有し、定住してとうもろこしを栽培し、羊を飼う母系社会であり、大事な財産である羊も母から娘へと受け継がれていく。アメリカ中央部平原地帯に住むスー族は、移動しながらバイソンの狩猟を行う父系社会であった。スー族はこのようなライフスタイルを奪われてしまったが、筆者の友人である白人一家がバイソンの牧場を営んでいるので、あるとき、そこでバイソンの肉を購入し、ナバホの高齢の女性のボスに差し上げたところ、羊以外の肉を食べるのは初めてとのことで、そのおいしさに感動した様子で、「これこそ、本当の肉だね」と言ったのだが、彼女はナバホ語で話し、娘さんが英語で通訳をしてくれた。筆者がもっとも頻繁に訪れていたアイダホのネスパース族は、春はコロンビア川を遡上してくるサーモンを捕り、秋はロッキー山脈を越えて平原地帯へ出かけ、バイソンを狩っていた。狩猟のために移動するアメリカ先住民は、ティーピーという移動式住居となるテントを使っていたが、定住するナバホの伝統的な家屋は、マツの丸太と土で作られた多角形や丸い住居でホーガンと呼ばれる。言語も部族によって大きく異なるため、互いの意思疎通のためにサイン・ランゲージが使われた。アメリカの手話にくらべて、体全体も大きく使うことがあり、「春」を表現するときなどは、植物が大地から芽吹く様を表すように、地面に手を置き、しゃがんだ体勢からすっと立ち上がる。ネスパース語では、「こんにちは」は「タッメゥイ」と言うが、ナバホ語では「ウーニッシュ」と言い、この文字通りの意味は「あなたが今日一日美しいものに囲まれていますように」ということである。

アメリカ先住民の民話を研究し、直接、老人たちから聞いた話でもわかることは、彼らが自然界において人間だけが頂点に立っているというような傲慢な価値観を持たず、自分たち人間もほかの動物たちと対等の生き物であるということ、この地球環境が七代先の子孫にとってもいいものであり続けるように今を生きる、という謙虚な考え方である。広大なアメリカの大自然の中で生きてきた彼らのエコロジカルな哲学は、現代の先進国に生き、地球環境を破壊することをあまりにたくさんやってきた我々に大きな示唆を与えてくれる。

また、一口に「ネイティブ・アメリカン」と言っても、多様な部族が歴史を紡いできたことを知り、何かを十把一絡げにしてはいけないということ、それぞれの文化をリスペクトして、何度も何度も現地に足を運び、そこで暮らしている人たちと信頼しあえるようになる重要性を身に染みて感じた三十年であった。

小学校における外国語教育

東洋学園大学、そして、その前身である東洋女子短期大学の学生たちのための海外文化演習というプログラムの引率教員の仕事を何度も務め、カリフォルニアのサンタバーバラという美しい町を訪れる機会を頂いたが、二〇〇四年の夏、学外研修として貧困地区の小学校見学というプログラムがあり、筆者も参加した。もっとも印象的であったことは、多様な児童が一つのクラスにいて、先生の話を聞く一斉授業スタイルでは適応できない子どもが、部屋の一つのコーナーで、一人でパソコンに向かって何かをやっていたことである。日本であれば、特別支援クラスに行くタイプの子どももレギュラークラスに入っていて、自分が好きなような学び方をすることが認められていた。今や、日本でも発達障害の子ども、外国にルーツがあり日本語が上手ではない子どもなど、一学級の中にいる多様な子どもに対応する教師の負担増ということが新聞でも記事になる時代であるが、当時の筆者にとっては、日本型の一斉授業スタイルではない光景はとても新鮮で、強く記憶に残っている。

東洋女子短期大学では「ネイティブ・アメリカン・セミナー」というゼミを担当していたが、東洋学園大学では「児童英語教育ゼミ」を持つこととなる。日本では小学校における外国語教育導入が多くの国と比較して遅れていたが、ついに正式に小学校高学年生対象に「外国語活動」という時間が必修化され、二〇一一年四月より実施となった。

当時の児童英語教育では、まずは子どもが英語の音声に慣れ親しむことが大事ということで、英語を使ったゲームをしたり、体を動かしながら歌を歌ったりする活動が多かった。が、それだけでは納得のいかなかった筆者にとって町田淳子氏から学んだ国際理解教育をめざした子どもの英語教育というコンセプトは、楽しいだけでなく深くて知的な面白さのあるものであり、日本人が英語を学ぶ意義はここにある、と思わせてくれるものであった。

一九九一年にアイオワ平和研究所をビデオ・ジャーナリストとして訪問し、そこで行われている子どもたちの実践的な紛争解決方法の学び方を知って以来、筆者の心にあった平和教育のための英語教育という考えが次第に形になってきたのである。

ユネスコの国際理解教育勧告から持続可能な開発のための教育へ

ユネスコ憲章の前文には、「戦争は人の心の中で生まれるものであるから、人の心に平和のとりでを築かなくてはならない」と書かれており、一九七四年には、ユネスコから「正義、自由、人権及び平和の促進のため国際理解教育は、あらゆる教育の段階で取り入れられなければならない。」という勧告が発せられた。この中では、異文化理解、相互依存、他の人々と交信する能力、権利と義務、国際連帯、個人は社会・世界の問題解決に参加することの重要性がうたわれている。一九五八年生まれの筆者としては、子ども時代に国際理解教育の恩恵を受けていなかったため、大人になってからこの教育について知ったときには、大きな衝撃と感動を味わった。「コミュニケーション能力」の重要性は今や誰もが周知しているが、そのもとはこの勧告にあるといえる。日本の教育は、ユネスコによるところが大きいので、この勧告も学習指導要領に反映されることとなった。外国語科の学習指導要領においても「コミュニケーション」がキーワードとなり、英語の勉強といえば、語彙と文法、リーディングに重点がおかれた教育を受けてきた者にとっては、英語授業が大きな転換点を迎えていることが如実に感じられた。

このユネスコの一九七四年の国際理解教育勧告は、ほぼ五〇年を経た二〇二三年一一月に「平和、人権および持続可能な開発のための教育に関する勧告」という改訂版へと引き継がれた。「持続可能な開発のための教育」は、英語では、Education for Sustainable Development　略してESDというが、二〇世紀後半から国連においても地球環境の危機と保全について話し合われる会議が何度も開かれ、二一世紀に入ると、日本が「国連・ESDの一〇年」を提唱し、二〇一五年に「持続可能な開発目標」（SDGs）が満場一致で国連で採択されると、その目標達成期限である二〇三〇年を見据えたESD for 2030という段階に入った。二〇一七年、二〇一八年に公布された学習指導要領には、幼稚園から高校に至るすべての教育段階の要領に初めて前文が付され、教育の目的は「持続可能な社会の創り手」の育成であることがうたわれている。

ESDにおいて重視されるのは、持続可能な社会づくりに向けて現代社会が抱える環境・社会・経済の課題に取り組むことで価値観や行動の変容がもたらされ、あらゆる教育の場にそれが取り込まれることである。つまり、自己と社会の変容、教育の変容が求められているのである。ユネスコ「二一世紀教育国際委員会」が提唱する生涯学習の四本柱（「知ることを学ぶ」「為すことを学ぶ」「共に生きることを学ぶ」「人間として生きることを学ぶ」）にも五本目となる「自己と社会を変容させることを学ぶ」という柱が加えられた。現代社会が抱える諸問題に対処するためには、課題を自分ごととして捉える主体性、協力して課題に取り組む協働性、探究学習のプロセスを活用することが重要であるとされている。二〇一八年に出された学習指導要領により、高等学校ではこれまでの「総合的な学習の時間」が「総合的な探究の時間」に変わったが、ESDの学びにおいて「探究」はキーコンセプトであり、筆者はいずれこの考え方が小学校の外国語授業をデザインするときにも欠かせないものとなってくるであろうと予測している。単に外国語を日本語に訳したり、日本語を外国語に変換するだけならAIにやらせればよいという時代になり、外国語を使いながら、異なる文化背景を持った人たちと協働しつつ、新たな視点を持って課題発見し、課題解決するという学び方が外国語授業においても必要となってくるであろう。

グローバル・コンピテンスを育成するアイアーン

OECD（経済協力開発機構）加盟国を中心として三年ごとに実施される一五歳を対象とした国際的な学習到達度テスト（PISA）は、読解力、数学的リテラシー、科学的リテラシーの三分野を中心とし、義務教育修了時点で学んだ知識を実生活にどの程度応用できるのかを測定するものであるが、二〇一八年のテスト時、各国の子どもたちのグローバル・コンピテンスを測る調査も行われ、そのためにグローバル・コンピテンス育成の枠組みが示された。第一段階としては「ローカル、グローバル、相互文化的な問題について調べる。」第二段階として「他者のものの見方や世界観を理解し尊重する。」第三段階として「文化を超えて、寛容な心で、適切に、かつ効果的に、人と関わる。」そして、第四段階として「集団としての幸福、持続可能な発展のために行動を起こす。」と示されている。（https://www.oecd.org/pisa/innovation/global-competence/筆者試訳）そして、学生たちのグローバル・コンピテンス育成は以下の点において寄与することになるとされている。（一）ますます多様化する社会において、文化的意識や相手を尊重する関わり合いの仕方を育てる。（二）文化的偏見やステレオタイプに気づき、それを正し、多文化のコミュニティにおける調和的な生活を可能にする。（三）技術の進歩により、グローバルなスケールで多様な人々と協働しながら仕事をする将来に向けて、信頼関係を築いたり、異なる文化の人に対するオープンな気持ちや敬意を育んだり、効果的なコミュニケーターになる準備ができる。(四)デジタルに関連することの活用、偏見に満ちたメディア情報を批判的に疑う力、オンラインで自分の意見を責任をもって発信する。(五)グローバルな課題を意識し、社会、政治、経済、環境の難問に取り組むことに参加する。

上記の四番目の項目について、坂本旬氏はその著書『デジタル・シティズンシップ』(二〇二〇)の中で以下のように述べている。OECDは、「二一世紀の子どもの教育―デジタル時代の情緒的ウェルビーイング」という文書を二〇一九年に公表し、「子どものウェルビーイングと社会的発達を促進する上で重要なのは、社会的・情緒的スキルを強化することであり、デジタル環境と現実世界の環境で、すべての子どもたちが他者を受け入れる力を育むことができるようにすべきである」として、以下の四つの点に留意するよう提案している。「感情的な幸福感の課題に対処し、課題がもたらす危険を予防する」「積極的な子どもの発達を育む」「社会的な交流を高め、友だちを作る」「現実世界とデジタル環境におけるレジリエンス(強靭さ)の構築」である。インターネット上のいじめによって子どもが自殺する事態は世界各国で起きており、憂うべき状況であるが、デジタル時代をポジティブに生き、デジタル・リテラシーを高め、批判的なメディア・リテラシーの力を備え、地球市民として責任ある発信をオンラインですることができる人材を育成するデジタル・シティズンシップ教育は、今、年々多くの学校が取り組んでいるものである。

このような教育に貢献できるアイアーン（iEARN）を利用した国際協働学習について紹介したい。アイアーンは、一九八八年に設立された非営利組織のNGOであり、アメリカとソ連が冷戦状態にあったときに、ニューヨークの教師とモスクワの教師が、自分たちの生徒たちは互いを憎むことなく理解し合えるような人に育ってほしいという願いを持ったことからこのつながりが生まれた。今や、一四〇カ国以上の三万を超える学校や若者組織と提携しており、異文化間の交流に従事し、オンラインネットワークを介して協働する学習者のグローバルコミュニティを構築している。現在、二〇〇万人を超える児童・生徒（K-12）が、一〇〇以上あるアイアーンの国際協働プロジェクトに参加しており、プロジェクトはすべてSDGsに沿ったものである。これは、日本の文部科学省も推奨しており、二〇二一年の世界経済フォーラムのダボス会議においても「未来の学校：第四次産業革命のための新しい教育モデル」の一つとして選ばれている。参加者は、海外の多様な他者との対話・協働を通し、グローバルとローカルの両面で課題を考察し、成果物を作成する。この取り組みは、グローバル・コンピテンスを育成するグローバル・シティズンシップ教育であり、デジタルを駆使するので、デジタル・シティズンシップ教育ともなる可能性を有している。

筆者は、滝沢麻由美氏がファシリテーターを務めるアイアーン・プロジェクトであるTOPA（The Olympics and Paralympics in Action）にゼミの学生および福島のユネスコスクールである白方小学校の六年生とともに二〇一九年から二〇二一年まで参加し、他国の参加者たちとオンラインで交流した。このプロジェクトはTokyo 2020オリンピック・パラリンピックをテーマとしてスタートし、SDG3のウエルビーイング、SDG10の平等な社会、SDG17のパートナーシップにフォーカスを当てている。二〇二〇年六月のグローバル・エキシビションは、当初、開催直前のTokyo 2020を盛り上げる意図があったのだが、コロナ禍でそれが延期となり、このオンラインの集まりも、みなで手を取り合ってコロナに立ち向かおう、というメッセージの集会となった。二〇二一年六月にTokyo 2020にフォーカスした集会が開催され、参加国は、オーストラリア、ブラジル、中国、フランス、モロッコ、ネパール、ポルトガル、ロシア、セネガル、日本であった。二〇二二年一月には北京で開催される冬季オリンピック・パラリンピックにフォーカスした集会が開かれ、ゼミの学生たちがJEARN（iEARNの日本センター）のyouthの活動として、福島の小学生をサポートし、コロナ禍前は現地の小学校を訪れて、交流校のあるネパールに向けてのポスターを一緒に作り、コロナ禍以降は、子どもたちがグローバル・エキシビションで発表する英語のビデオ作成をオンラインで発音指導などもしながら手伝った。エキシビション当日の司会の役もゼミ生が務めた。数名の学生にとっては、これが世界の人に向けてオンラインで話をする最初の貴重な機会となった。ブレイクアウトルームの時間には、ゼミの学生たちが思い思いの考えをその場で英語を用いてグループの人たちに伝えようとしていた姿が印象的であった。

アイアーンにおいて、筆者がもう一つ積極的に参加していたプロジェクトは、Holiday Card Exchangeというもので、こちらはアナログの紙のカードを送り合ってもよいし、デジタルで送り合うことも可能であり、参加メンバーの希望によって選べる。これには、バルカン半島の小国スロベニアや台湾が熱心に参加しており、アイアーンの多言語主義にのっとり、ゼミ生たちとパートナー国すべての文化やその国の言語による挨拶などを調べてパワーポイントを作成し、大学近隣の学童クラブや福島の小学校で授業をさせていただき、子どもたちと一緒に各国へ送るホリデーカードを作成した。ドイツから届いたカードには、見開きで、左側にドイツ語で、右側に英語で同じ内容が書かれており、英語以外の外国語にも興味を広げることができた。また、二〇二二年暮れには、ロシアに侵攻され戦時下であるにもかかわらず、ウクライナからのカードや国旗、愛国心を示すグッズなどが届き、学生たちも心を込めて作ったカードにウクライナ語で激励メッセージを入れて送った。このプロジェクトに参加している各国の教師は、アイアーンの会員専用サイトでオンラインでもつながっており、子どもたちがホリデーカードを作成しているところの写真や、雪が降り始めた様子の写真などを投稿してくれるので、デジタルでも交流の記録が残せている。小学校低学年の児童にも参加可能なプロジェクトであり、これを体験できる児童がさらに増えることを願っている。

EUのエラスムス・プラスに参加して

二〇一一年三月、東日本大震災が起きたとき、筆者は、世界各国の生徒同士がつながり協働学習をするためのウェブサイトであるe-Palsに参加していたため、アメリカ、ブルガリア、トルコ、ロシア、台湾などの英語教師からメールが届き、「自分の生徒たちが日本のために何かしたいと言っているが、何をしたらいいか?」という問い合わせが相次いだ。「日本の子どもたちを励ますメッセージをお願いします」と返事をしたところ、各国の子どもたちから直接、筆者に毎日二百通ほどのメールが届き、

「ケーキやクッキーを焼いて学校で売り、その売り上げをアメリカ赤十字の日本支援窓口に寄附した」などの内容が書かれており、写真も添えられていた。また、筆者の自宅に折り紙の千羽鶴や英語の激励メッセージに絵のついた手紙もたくさん届いた。筆者はそれを渡すべく、宮城県石巻の教師のもとを訪れ、現地でボランティア活動にも従事した。このやりとりにおいて、各国の人々とコミュニケーションをとるときの言語は英語であり、筆者は「英語はこういうためにあるのだ」ということを痛感した。また、ユネスコ・アジア文化センターが出版した冊子の表紙に書かれていた言葉 Living Together, Helping Each Other もこの大震災の経験を通じて、筆者がめざすグローバル・シティズンシップ教育のモットーとなった。

九〇通もの励ましの絵手紙をエアメールで送ってくれたトルコの教師との交流はメールを通して継続され、この教師が小学校五年生クラスで実施している英語を使った環境教育には Green と English を結びつけた Greenglish という名称が与えられており、EUの言語教育賞も受賞していることを知った。この子どもたちは放射能についても学んでおり、震災による原発事故のために放射能汚染が懸念された福島の子どもたちのことを心配してくれていた。そこで、筆者はゼミの学生たちとそれについての現状を説明するビデオレターを作り、トルコに送った。そして、このトルコからの励ましの絵手紙をオーセンティックな英語教材として授業案をデザインし、大学近隣の小学校を訪れ、その学校や東北の子どもたちにお礼の絵手紙を作成してもらい、それを一八〇通持参して、トルコの学校を訪問することになった。現地では、全校あげての英語環境フェスティバルを開催中で、筆者はそこにゲストとして参加し、Greenglishプロジェクトを実際に見聞する機会を得た。

その後、福島の小学校とトルコの小学校を結んでの英語環境プロジェクトを滝沢麻由美氏とともに実践し、それによって得た成果については、「福島とトルコの子どもを結ぶ英語環境教育プロジェクト―CLILによってWTCを高める試み―」という論文にまとめ、東洋学園大学紀要第二四号(二〇一六)に掲載された。CLILとは、Content and Language Integrated Learning（内容言語統合型学習）のことであり、WTCとは、Willingness to Communicateを指し、「第二言語を用いて、特定の状況において、特定の人や人たちとの会話に参加する意思」を意味する。

さらに、トルコの教師が熱心に取り組んでいるEUのエラスムス・プラス・プロジェクトにも参加することとなり、二〇一六年一〇月、ハンガリーにおいて、そして、二〇一七年六月、ポーランドでのミーティングに参加した。The Erasmus Programme (European Region Action Scheme for the Mobility of University Students) は、EUの大学生たちが国境を超えて学ぶモビリティを促進するために一九八七年に始まった。オランダの人文学者エラスムス(一四六六?―一五三六年)にもなぞらえている。Erasmus +はそれを刷新し、EUが現在実施しているすべての教育、研修、若者、スポーツのための企画を意味し、二〇一四年にスタートした。七年単位で実施しているプログラムであり、EU加盟国とメンバー国がプロジェクト申請書を提出し、それがクリエイティブで有意義なものと認められると資金を得ることができる。

筆者が最初に参加したエラスムス・プラス・プロジェクトのテーマは、ウェルビーイングをめざす活動で組み立てられていた。このときの提案国はポーランドであり、参加国は、ハンガリー、トルコ、フィンランド、ベルギー、フランス、イングランドで、二年間でこの七カ国すべてを訪問し、教師と生徒が国境を超えてともに学び合うプログラムで、生徒はどの国からもほぼ同じ一二歳の生徒が参加していた。このときは、イングランドが参加していたが、のちに英国がEUを離脱したことにより、この国からのエラスムス・プラス参加はなくなった。

筆者がハンガリーでミーティングに参加したときに最も印象的であった場面は、初日、ブダペスト観光時にドナウ川クルーズをしたのであるが、船上で、ポーランドの生徒二名とトルコの生徒二名が初級の英語を用いて会話を始め、仲良くなっていく様を見た教師たちの喜びようであった。トルコの教師からは、Erasmus friendship is forever!という言葉を聞いたが、二年の間、共にプロジェクトを運営した教師同士のきずなは確固たるものであり、プロジェクト終了後も、SNSを通じての交流が継続され、次のプロジェクト申請へとつながっている。

筆者は、ハンガリーの小学六年生クラスに入って、日本文化についての英語授業を行った。ゼミの学生たちと作った「日本紹介アルファベットカルタ」を使って、英語を聞いてのカルタ取りなどもしたが、関係代名詞を使った複文の英語も使いこなす生徒がいることに驚いた。トルコから参加した子どもたちには、ミーティングのあと、この体験から得たことについて英語で短い作文をしてもらったが、日本の小学六年生に比べてはるかに高い英語力を有していることにも気づかされた。当時の日本の小学校高学年の外国語学習は「外国語活動」であり、英語の音声に慣れ親しむことが目標であって、文字の読み書きなどは学習指導要領の範囲外であった。他国からゲストとしてその国に来たエラスムスの生徒は、現地の子どもの家庭に一週間ホームステイをするのであるが、そこで感じたホストのやさしさや異文化体験も大きなインパクトを与えていることが、子どもたちの英作文から読み取れた。

ともに同じ国に滞在している間に、教師たちはミーティングを開いて、エラスムス・プラス・プロジェクトの進捗について話し合いをする。そして、持ち寄った子どもたちの成果物の交換も行われていた。このときは、より健康になるための各月の目標を書き込み、各国の文化もわかるような絵や写真を入れた年間カレンダーを子どもたちが協働して作成し、メンバー国すべてに渡せるだけのものを持参していた。筆者は、フィンランドの子どもたちが作成したカレンダーを一部頂いて帰り、福島の小学校で、同じようなカレンダーの福島版を作成する授業をゼミ生とともに実施し、出来上がったカレンダーをフィンランドとトルコに送った。

翌年のポーランドのミーティング参加時には、久しぶりに再会を果たした教師たちのうれしそうな様子が心に残った。参加する子どもたちは、毎回、違う子どもたちなので、このような再会の喜びはないが、なるべく多くの生徒にエラスムスの体験をさせることが重視されており、生徒の選抜にも教師はおおいに心を配るとのことであった。

このプロジェクトの提案者であるポーランドの英語教師 Agnieszka Mielczarek の自宅に筆者はステイさせていただき、エラスムス・プラス・プロジェクト遂行にあたっての教育理念についてインタビューを実施したところ、Learning by Teaching という教育手法を教えてくれた。これは、ドイツの大学教授であるJean-Pol Martinが考案したメソッドで、一九八〇年代初頭から用いられているという。この手法の最終目標は、教えることの責任を教師から学習者へ渡すことであり、教師が一方的に長くプレゼンテーションをする授業ではなく、ほとんどの時間、学習者たちが自ら教材に取り組み、ほかの学習者に教えられるくらいにそれを深く理解することをめざしている。この方法のメリットは、授業の時間のほとんどを、学習者たちがアクティブに学んでいることだという。

アメリカの国立訓練研究所（National Training Laboratories Institute）が一九六〇年代初頭に開発したラーニングピラミッドにおいても、学習者が最も深く理解する学習方法として「人に教える」ことをあげており、これを活かした学びの手法ともいえよう。そして、コンピュータ使用が一般化するにつれ、教師が教授しなくとも、学習者が自ら学ぶ手立ては整ってきたといえる。このエラスムスの学びにおいても、子どもたちがコンピュータを使って調べ学習をし、学んだことをポスターにまとめて、他国の子どもたちに発表するという進め方をしており、学習者主体のプロジェクトワークが展開されていた。

コロナ禍のせいで、各国を訪問するタイプの集まりはしばらく中止されていたが、コロナの収束とともに再開され、二〇二三年一〇月一日から一週間、ポルトガルでのエラスムス・プラス・ミーティングに筆者も参加させて頂いた。このプロジェクトのテーマは、互いに文化と伝統を紹介し合うことであり、提案国はフランス、参加国はトルコ、ポルトガル、北マケドニアであり、日本から坂本と滝沢が加わり、日本文化紹介授業をCLILでデザインして実施した。このプロジェクトは、エラスムス・

プラスが重点を置いている四つの柱（地球環境保全、多様性と包摂、デジタル・トランスフォーメーション、アクティブ・シティズンシップ）に沿ったものであり、それぞれの参加国を訪問する対面の良さも持ちながら、eTwinningというEUが推進するデジタルによる学校間の交流も並行して進めている。特に「多様性と包摂」がこのプロジェクトの最も中心をなす重要なコンセプトとして印象に残った。ヨーロッパの東から西に至る四つの異なる国々が各国独自の素材を持ち寄ることで、探究すべき豊かな文化や人間模様が生まれている様を実際に見ることができた。

おわりに

このような異文化を理解しあい、交流をするプログラムの推進は、悲惨な大戦を二度も経たヨーロッパの平和をめざす試み、EU市民の育成と統合のためであるといえよう。今回のこの四カ国が二年間で行うプロジェクトには六万ユーロの資金援助が認められており、日本円に換算すると約九六〇万円である。二〇二二年のエラスムス・プラスの報告書を見ると、全体で四〇億ユーロの資金が使われ、二六〇〇〇のプロジェクトが実施され、七三〇〇〇の機関が参加、一二〇万人の生徒とスタッフを海外へ送ったと記されている。

多文化共生社会を生きる地球市民育成のためには、合理的なプログラムが構築され、予算も充分に投じられ、それが継続的に稼働していくシステムが必要なのである。

参考文献

坂本旬『デジタル・シティズンシップ』大月書店　二〇二〇年
坂本ひとみ・滝沢麻由美「福島とトルコの子どもを結ぶ英語環境教育プロジェクト—CLILによってWTCを高める試み—」『東洋学園大学紀要』24　二〇一六年
笹島茂・山野有紀編著『学びをつなぐ小学校外国語教育のCLIL実践』三修社　二〇一九年

現代青年のＳＮＳ等のメッセージにおける「。」の多様性

堀口《ほりぐち》　真宏《まさひろ》

本学教授。専門は臨床心理学、教育臨床心理学。おもな研究は「対人援助職におけるストレス」、「青年期におけるひとり行動」など。主な著書に「発達障害と心理臨床」（共著・創元社）など。

はじめに

本論文は、現代青年のＳＮＳ等における句読点の中でも特に句点「。」の使用について考察を試みるものである。まず、従来の句読点の歴史を概観し、その上で現代青年がＳＮＳなどで文章における句点に対してどのように捉えているかを心理学的観点から検討する。

ことばというものは生き物であると喩えられるように、時代の移り変わりによってコミュニケーション手段のひとつとしてその使用にも変化が見られる。手紙をしたためることが主流だった時代から、近代化によって、電報、電話などコミュニケーション手段も増加してきた。現代においては、電子メールやテレビ電話、オンライン通話、ソーシャルネットワーキングサービス（以下、ＳＮＳ）などが台頭

し、我々も日常生活の中で利用している人が多いと思われる。特に、コロナ禍において外出が制限された中、オンラインでのコミュニケーションのありようは急速に普及していったといえる。

以上のようなコミュニケーションにおけるシステムの多様化が見られるなかで、話しことばや書きことばに加えてインターネットを介したコミュニケーションで用いられることばを「打ちことば」と呼ぶことがある。田中（2014）によれば、以下の三点の特徴を上げている。①打つ者と読む者が「非同期・非対面」であること、②「自己装い性や装飾性の高い要素が多く現れる」こと、③文字を基調としつつも「話すように打つ」文体を持つことを示している。加えて、「打ちことば」は音声を持たないという点で書きことばに近似しているようだがその実、話すように産出され、テキスト的には話しことばに近い特徴を多く持つと述べている。

このように、話しことば、書きことばに加えて「打ちことば」という形態が生じてくることにより、その内容も変化を見せてきている。近年、例えば、青年がＳＮＳ上で句点「。」を文章末に用いないことが指摘されている（朝日新聞　2024）。次項では、従来の句読点の歴史を概観し、その意味を探索する。

句読点についての歴史的概観

句読点とはどのようなものであろうか。日本語大辞典第二版（1995）によれば、文章の理解をたやすくするための符号、区切り、句点「。」と読点「、」。とされている。また、国語学大辞典（1982）では、「書きことばにおいて、文の構造や語句と語句との論理的関係を明確にして、その書く内容を正確に伝えようとするために用いる、種々の記号。」と書かれている。加えて、日本語学研究事典（1988）では、句読点と古代と近代に分けて説明している。古代では、文章における各部の切れ続きを示して、文の構造や語句との論理的関係を明らかにするために用いられる「符号。句点（。）と読点（、）とを併せた名称。くぎり符号とも。」と示されている。一方、近代では、「現代、日本語の文章は句点「。」と読点「、」によって、文末と文中の区切りを表示している。」と記されている。

次に、日本語学大辞典（2018）は「文内部の構造と語句と語句との論理的関係を明確にし、意味を正確に伝える手段としての表記記号。区切り符号とも。この用法を句読法という。」と示されている。続けて句読点がない場合、「ここではきものをぬいでください」のように言語生活やコミュニケーションで支障が生じることがあるとし、日本語ではもともと句読点を付す習慣がなく、漢字仮名交じり文では、漢字が文節頭に多く来て「ここでは着物をぬいでください」のように読点の役目を果していたという。さらに、日本文法大辞典九版（1988）においては、「文の構造や語句の関係を明らかにして、読み誤りのないようにし、また読みやすくするために使う補助符号。『くぎり符号』とも。くぎり符号の発生は、平安初期、漢文訓読の場合に訓点の一種として付されたものからと考えられ、初めのうちは読解のためのものであったが、後世、表現の場合にも使うようになった。今日では、公用文、教科書をはじめ、新聞、雑誌など、ほとんどこれをつけないものはないと言ってよい。」と報告している。続けて、同書では句読点の変遷についてまとめており、その沿革について簡潔にまとめたものを以下に示す。

句読点は東アジアの漢字文化圏やヨーロッパとの言語文化交流に由来し、（1）中国大陸や朝鮮半島では既に漢文の訓読のために句読点が使われていた。（2）日本では、古く漢文の読解のために句読を示すことが行われていた。（3）仮名文では、伝統的なものには句読点を付すことは普通行わなかった。読解のために、訓点の句読点を適用したものが一部に見られたが、用法も文末だけ付すもの、行中に付すもの等であった。形態も句点と読点の位置も定まらないものが多かった。（4）明治以降も仮名文では、当初は句読点を全く用いないもの、部分的に付すもの、文末に「、」や「。」だけを付すもの等様々であった。略…昭和に入っても、公用文や法律文は並列の「、」以外は用いない習慣が長く続いたが、現行と同じになったのは朝日新聞の１９５２年からで、これは同年４月に内閣が出した「公用文作成の要領」に依拠したものである。

同様に、歴史的記述がみられた句読点、記号・符号活用辞典。（小学館　2007）によると、日本の句読点は、中国などから伝わった漢文の読み下しに使われたのがそもそもの始まりという説があるという。現在の「、」や「。」にあたる符号は、一六〇〇年頃のキリシタン文献にみられるのが最古のものであるとされる。書籍によると、句読点の使い分けは明治二〇年代以降とされ、新聞では、第二次世界大戦になっても文末に「。」を打たない記事がみられる中、すべての記事に「。」が見られるようになったのは昭和二〇年代の半ば以降であると報告している。

このように句読点の歴史を概観してみると、意外にも「。」の使用が普及したのが昭和に入ってしばらくしてからということがわかる。つまり、明治以前の書物などについては、句読点が用いられていないのが通常であったということが察せられる。かの有名な源氏物語や平家物語なども句読点が用いられていなかったということであろう。このように、日本語が漢文から訓読みの読解、仮名の使用などの歴史的変遷から使用する形態も変化してきていることも理解することができた。そのような中で、次では、SNSの台頭により、句点がどのように用いられてきているのかについて述べる。

SNSなどの台頭による句点使用の減少と調査

問題と目的

日本語の打ちことばにおいても、句点は「固い、威圧感、怖い、ウザい、近づきがたい」といった否定的な印象を、特に青年がもっているといわれている（大島 2022、鈴木 2020）。また、岩崎（2024）によると、「学生もメールやX（旧ツイッター）などでは普通に句読点を使っているLINEなどのチャットツールは漫画のような吹き出しで文章を表示しているのが要因では」とその背景について言及している。金田（2024）は、実証研究を実施し、「。」のもつネガティブな意味が、日本語において定量的に観察されるかどうかを検討した。その結果、文末句点の付加された応答と、文末句点などの応答で、メッセージ解読者は異なる印象を持った、また、文末句点の付加された文に対し、同じ応答であっても文末句点を伴わない文と比較して、解読者は距離感を感じる傾向にあったという結果を報告している。

さらに、三浦・鳥海（2024）の調査によると、文末が句点「。」で終わるメッセージを受け取ると威圧されたように感じるという「マルハラスメント（マルハラ）」を、実際に気にしている人がどれだけいるのか調査を実施した。マルハラとはつい近年報告されたことばであり、明確な定義はわからないが「ＬＩＮＥなどのやりとりで、文末の句点を威圧によるハラスメントと感じるというもの。」であるという（朝日新聞 2024）。前述の調査では、メッセージ上で上司とやりとりしている場面を想定し、文末が句点だった場合と感嘆符だった場合で、受ける印象に違いがあるかを聞いた。内容は、仕事で作成した書類を上司に確認してもらい、修正部分を指摘され、部下が修正し、最後上司が「了解しました。」という文末で終わる文章である。その結果、威圧と感じることが「ある」と答えた人は、若い女性では四割を超えていたという報告がなされている。この文では、修正する必要があることを目上の人に指摘された状況にあることから、本論文では修正条件と呼ぶことにした。この修正の条件だけではなく、通常のやりとりにおいて「了解しました。」などのやりとりも否定的に捉えられるのであろうか。また、同じような内容で、同級生同士のやりとりで相手側から「。」がついた場合はどのような印象をもつのかという問題意識が起こった。そこで、本研究は、目上の人とのやりとり（修正・通常条件）と、同級生とのやりとり（修正・通常条件）を付加し、現代青年におけるＳＮＳなどのメッセージの文末に「。」がある場合、どのような反応となるのかその実態を検討することを目的とする。

方法

（一）調査対象

東洋学園大学に在籍する二～四年生一一七名（男性五八名、女性五八名、その他一名）であった。

（二）調査・分析方法

二〇二四年七月に、Microsoft Formsを利用した個別自記入式のオンライン調査で実施された。また東洋学園大学研究倫理審査委員会の承認を得た（承認番号2024-04）。分析にはSPSSを使用し、カイ二乗検定を用いた。そのうち、セル内が五以下となる場合はFishermanの直接法を使用した。調査内容は以下、図1に示す。

結果と考察

（一）SNSなどでメッセージの文末に「。」をつけるか

まず、「SNSなどで文章を書くときに文末に句点「。」をつけますか？」について検討をおこなった（図2、参照）。「つける」、「つけない」「場面に応じて使い分ける（以下、場面）」の回答に差が見られた（χ^2 (2) = 23.74, p < .001）。その内、「つける」、「つけない」での差を検討したところ、「つけない」方が多かった（χ^2 (1) = 9.28 p < .002）。さらに、男女間においては、女性の方が「つけない」者の方が多かった（χ^2 (1) = 7.20, p < .007）。

次に、「メールで文章を書くときに文末に句点『。』をつけますか？」について検討を行った結果、「つける・つけない・場面」おいて差がみられた（χ^2 (2) = 74.0, p < .001）。また、「つける・つけない」において検討したところ「つける」者が有意に多かったが（χ^2 (2) = 66.18, p < .001）、男女間では有意な

Q 1．性別（男性・女性・その他）Q 2．あなたはSNSなどで文章を書くときに文末に句点「。」をつけますか？（つける・つけない・場面に応じて使い分ける。また、その理由）Q 3．メールで文章を書くときに文末に句点「。」をつけますか？（つける・つけない・場面に応じて使い分ける。また、その理由）Q 4．以下のSNS（LINEなど）の文章で目上の人とのやりとりをする際に文章の最後に「了解しました。」など句読点がついているものに違和感を覚えますか？（はい・いいえ）
自分：こんにちは。先日の件、チェックお願いいたします！
目上：拝見しました。〇〇を修正しておいてください。
自分：すみません... 修正しました！
目上：了解しました。
Q 5．「はい」と回答した場合どのような違和感を覚えますか？（怖い・威圧的・冷たい・その他、複数回答可）Q 6．メールだった場合、上記のやりとりに違和感を覚えますか？（はい・いいえ）Q 7．SNS で「はい」、メールで「いいえ」と回答した方へその違いをお聞かせください（自由記述）。Q 8．SNS（LINE など）の文章で同級生とのやりとりをする際に文章の最後に「了解。」など句読点がついているものに違和感を覚えますか？（はい・いいえ）
自分：こんにちは。先日の件、チェックお願い！
同級：みたよ。〇〇を修正しておいて。
自分：ごめん... 修正した！
同級：了解。
Q8「はい」と回答した場合どのような違和感を覚えますか？（怖い・威圧的・冷たい・その他、複数回答可）Q9. 以下のSNS（LINE など）の文章で目上の人とのやりとりをする際に文章の最後に「了解しました。」など句読点がついているものに違和感を覚えますか？（はい・いいえ）Q10.「はい」と回答した場合どのような違和感を覚えますか？（怖い・威圧的・冷たい・その他、複数回答可）Q11. メールだった場合、上記の目上の方とのやりとりに違和感を覚えますか？（はい・いいえ）Q11. SNSで「はい」、メール
で「いいえ」と回答した方へその違いをお聞かせください
Q12. SNS（LINE など）の文章で同級生とのやりとりをする際に文章の最後に「了解。」など句読点がついているものに違和感を覚えますか？（はい・いいえ）
自分：こんにちは。直接聞きたいことがあるんだけど！
同級：〇日あたりは？
自分：お願い！〇時でもいい？
同級：了解。
Q13.「はい」と回答した場合どのような違和感を覚えますか？（怖い・威圧的・冷たい・その他、複数回答可）Q14. 文章のあとに句読点を「つける・つけない」、相手が文章の最後に句読点を「つける・つけない」についてご自身の意見を自由にお聞かせください。
尚、予備的にすべてにおいて分析を行ったが、紙面の都合上、割愛し、特徴的な結果について抽出して示す。

図１．調査における質問項目内容

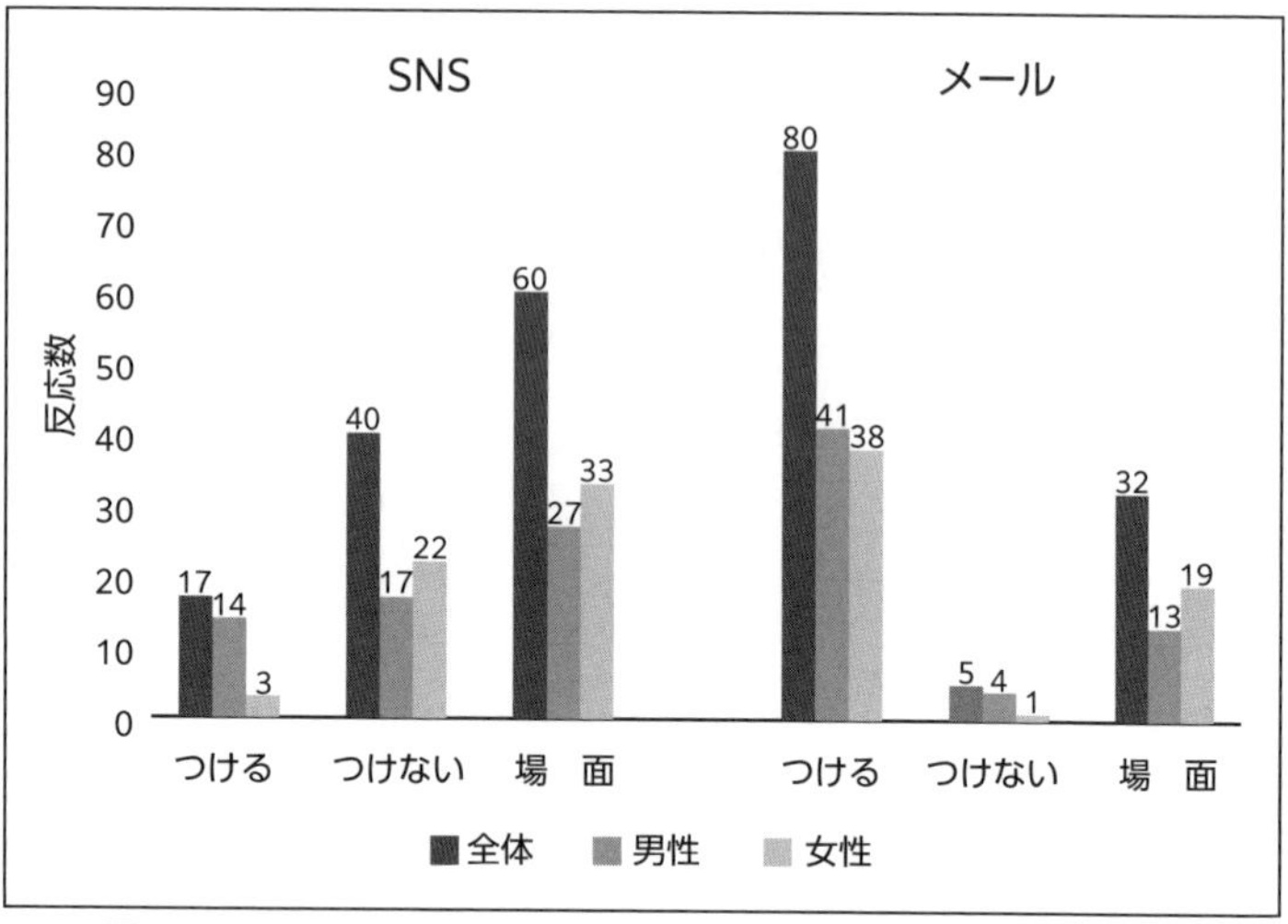

図２．SNS・メールで文章を書くときに文末に「。」をつけるか

差は見られなかった（χ^2 (2) = 1.49, nms.)。加えてメールにおいて女性では「つけない」と回答した者が1名のみであった。

SNSなどで文章を書くときに文末に句点「。」をつけますか？について、SNS上では「つけない」者が多く、メールでは「つける」者が多いという結果となった。つけない理由についての自由記述を参照してみると、「冷たい印象を与えるから」「メールの文章とは違いSNSは楽しいものだから句読点は必要ないと感じる」「。をつけると違和感があるから。」「必要ない」「堅苦しい感じがする」などの回答がみられた。また、場面に応じて使い分けると回答した人の理由は、「上司やかしこまった時に使い、友達や家族の時は使わない」、「Instagramなどでは付けない」、「目上の人や取引の人とかとやり取りする時は絵文字などを使えないので『。』を使うことが多い。」、「敬語を使う時につける。友達、家族などタメ口で話す人には使わない」、「遊びのときなどは句読点をつけず、真面目なときは句読点をつける。」など、状況やメッセージの相手によって使い分けを行っていることがわかった。

このような結果から、ＳＮＳ上では、比較的友人同士の関係での気軽なやりとりが多いことから句点をつけない場合が多く、相手や状況など場面によって使い分けている可能性があると考えられる。一方、メールでは逆に句点を「つける」人が多い結果となった。自由記述を参照してみると、「目上の人にはつける」「バイト先の人に連絡する時や、大学の先生、関係の浅い目上の人などとメールする時などは文末に『。』を付けるようにしている。」などの回答がみられ、フォーマルな状況や目上の人に対しては句点を使用していることが伺える。

(二)目上・同級とのやりとりにおける文末表現の「。」について修正条件の結果

「目上の人とのやりとりする際に文章の最後に『了解しました。』など句点がついているものに違和感を覚えますか?」について(図3参照)、「はい・いいえ」の差を検討したところ、「いいえ」の方が多かったが(χ^2(1) = 53.34, p < .001)、男女に差は見られなかった(χ^2(1) = 1.05, n.s.)。また、「メールだった場合、上記のやりとりに違和感を覚えますか?」についても、「いいえ」の方が多くみられたが(χ^2(1) = 58.89p < .001)、男女間においては差が見られなかった(χ^2(1) = 0.620, p < n.s.)。

一方、「同級生とのやりとりをする際に文章の最後に『了解。』など句点がついているものに違和感

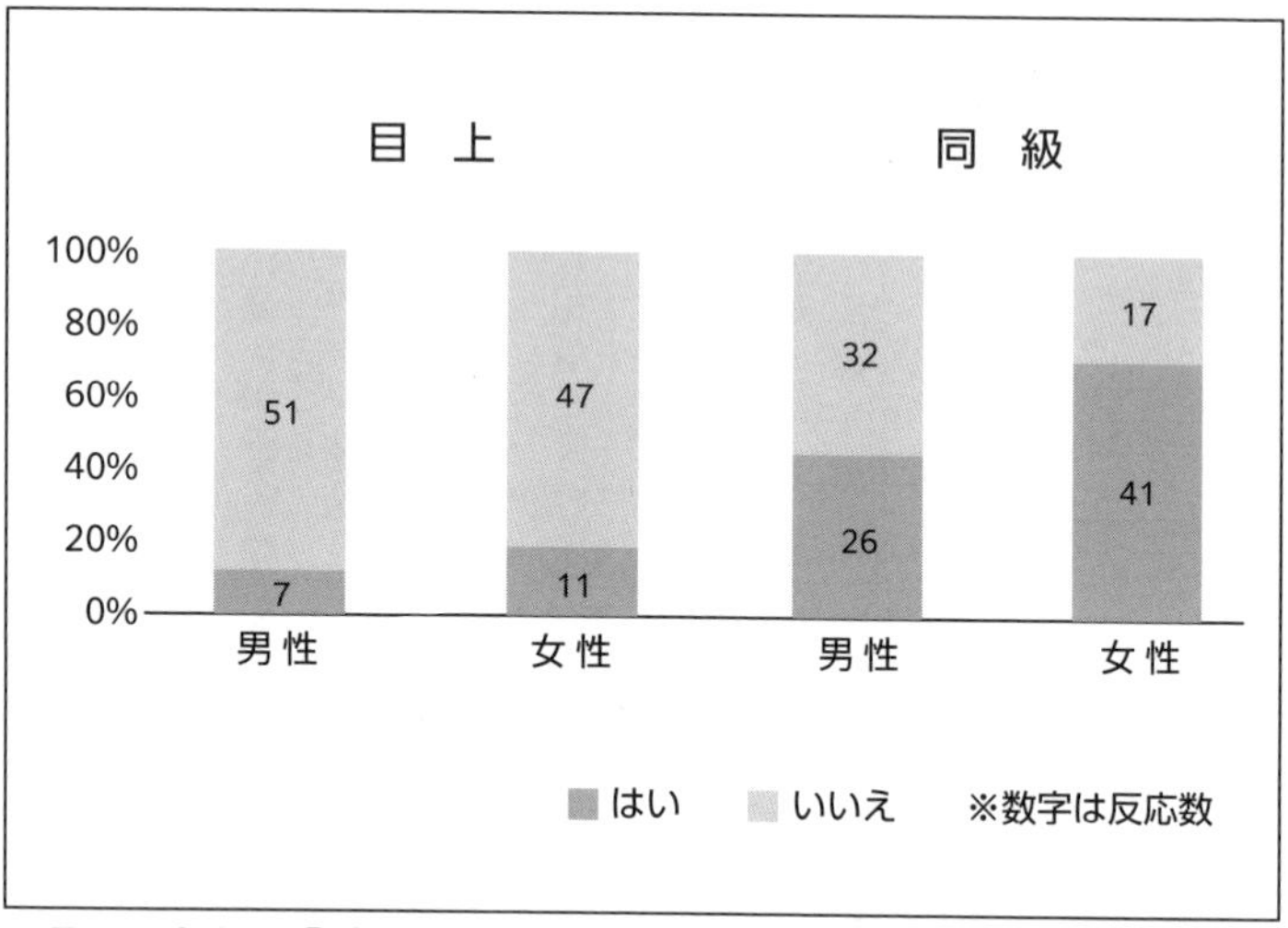

図3．文末に「。」がついているものに違和感を覚えるか（修正条件）

を覚えますか?」について検討した結果、差は見られなかったが（χ^2 (2) = 3.09, n.s.）、女性の方が「はい」と回答するものが有意に多かった（χ^2 (1) = 7.95, $p < .005$）。次に、違和感があると回答した人に対して、どのような印象をもつのかについて（複数回答可）、検討した結果（図4参照）、目上の人に対しては「冷たい」が最も多く、男女に差は見られなかった（χ^2 (2) = 1.33, n.s.）。一方、同級においても「冷たい」が最も多く、女性の方が多い結果となった（χ^2 (1) = 5.49, $p < .019$）。

通常条件の結果

「目上の人とのやりとりをする際に文章の最後に『了解しました。』など句点がついているものに違和感を覚えますか?」について検討した結果（図5参照）、「いいえ」と回答する者が多かったが（χ^2 (1) = 67.70, $p < .001$）、男女の差は見られなかった（χ^2 (1) =

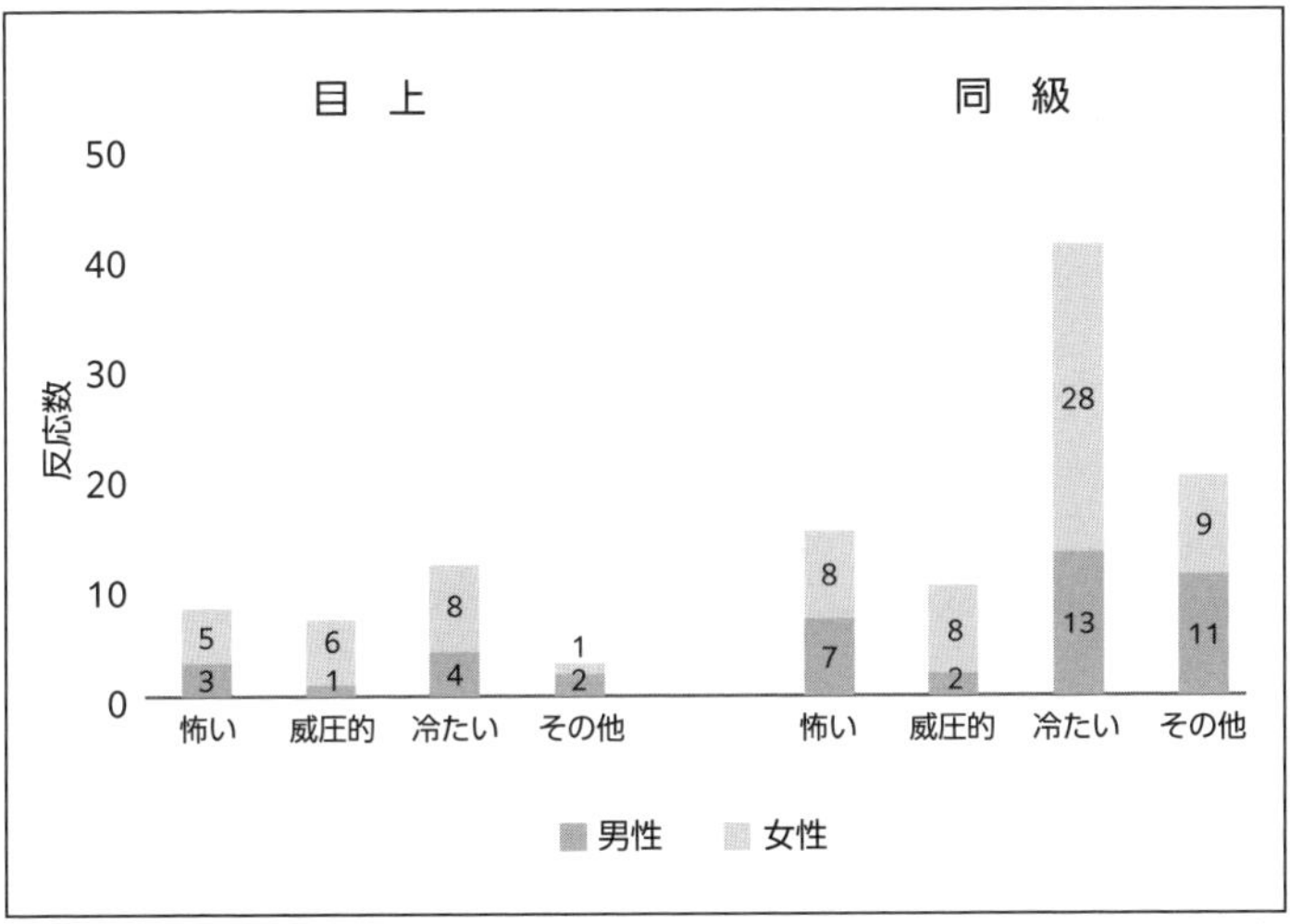

図４．違和感があるかについて「はい」と回答した人の内訳（修正条件）

0.09, n.s.）。また、「メールだった場合、上記の目上の方とのやりとりに違和感を覚えますかについても「いいえ」と回答した者が多かったが（χ^2 (1) = 64.70, $p < .001$）、男女差は見られなかった（χ^2 (1) = 1.91, n.s.）。

一方、「同級生とのやりとりをする際に文章の最後に『了解。』など句点がついているものに違和感を覚えますか？」について検討した結果、差は見られなかったが（χ^2 (1) = 0.08, n.s.）、女性の方が「はい」と回答する者が多かった（χ^2 (1) = 6.77, $p < .009$）。次に、違和感があると回答した人に対して、どのような印象をもつのかについて（複数回答可）、検討した結果（図６参照）目上の人に対しては「冷たい」の回答が多かったが、男女において差は見られなかった（χ^2 (2) =0.05, n.s.）。同級においても「冷たい」が最も多く、女性の方が「はい」と回答する者が多かった（χ^2 (1) = 6.76, $p < .009$）。

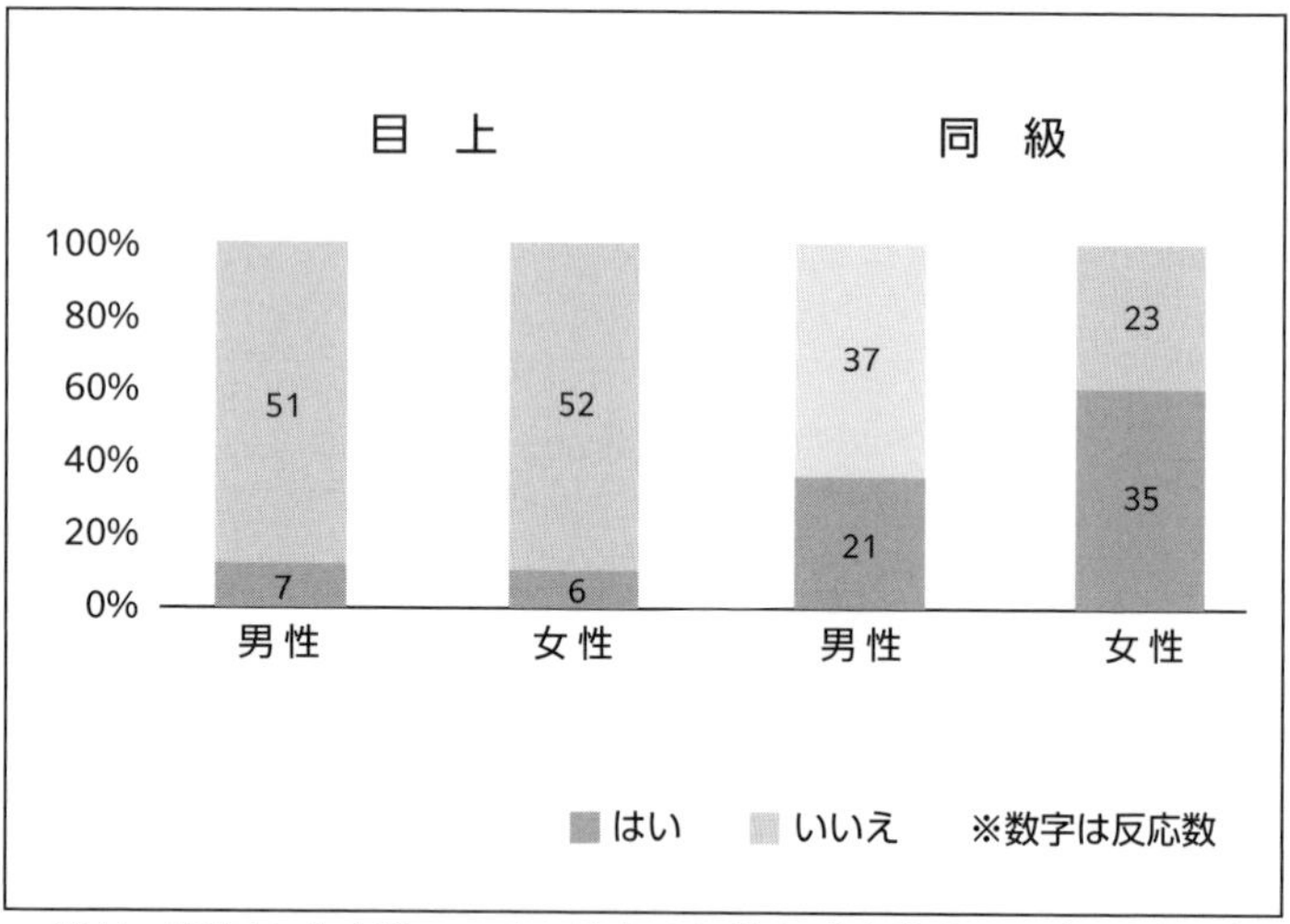

図5．文末に「。」がついているものに違和感を覚えるか（通常条件）

目上・同級における修正・通常条件についての考察

本調査の結果からは、SNS、メール、また修正条件、通常条件においても目上の人のやりとりする際に文末に「。」がついているものに違和感を覚えないと回答する者が多く、男女差も見られなかった。この結果から、メッセージを書いている自身がなんらかの修正を目上の人から指摘されたとしても特にネガティブな印象をもつ者が少ないことがわかった。つまり、目上の人からのメッセージにおいてSNS、特にメールにおいては違和感がないと回答する者が多いということが今回の調査では明らかになった。当初、現代青年にとって目上の人が文末に「。」を打つことに対して否定的に見ているのではないかと筆者は推測していたが、メディアなどで報じられているマルハラのような明確な傾向は今回の調査からはみられなかった。逆に、目上の人に対してはきちん

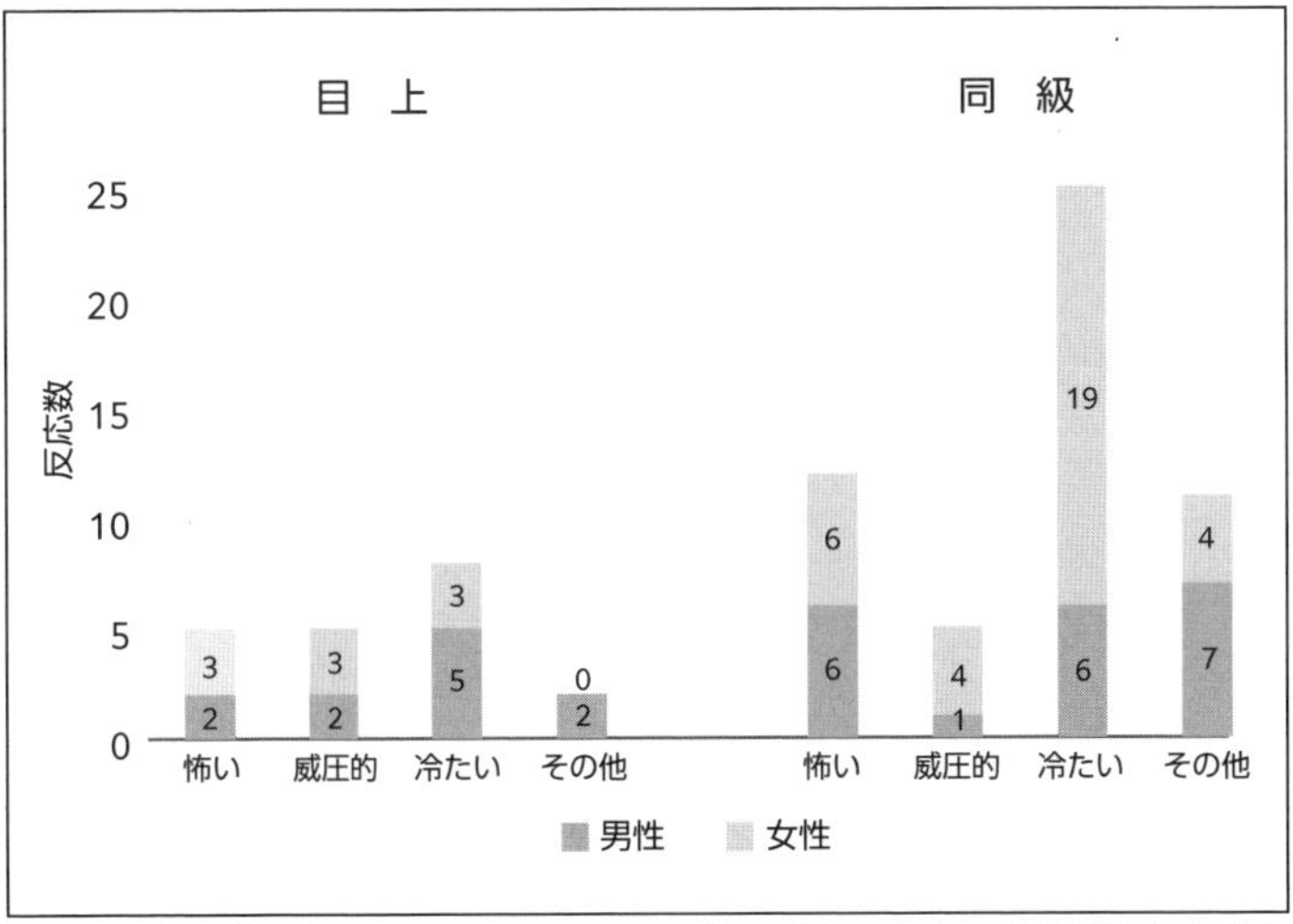

図６．違和感があるかについて「はい」と回答した人の内訳（通常条件）

と「。」をつけることが礼儀であるということをわきまえ句点を使用していると考えられる。

一方、違和感があると回答した人は、目上よりも同級においての回答が両条件ともに多いという結果となった。性別における女性の回答をみてみると、修正条件おいては目上に対し手は一一名（一八・九％）だったのに対し、同級では四一名（七〇・九％）、通常条件では、目上六名（一〇・一％）だったのに対し、同級三五名（六〇・三％）という同級生が「。」をつけることに違和感を覚える者が多いという結果となった。

また、違和感の内訳については「冷たい」が最も回答数が多く、特に、同級において女性の方が多い結果となった。違和感を覚える理由について自由記述を参照してみると「友達なのに付ける理由がわからない」、「丁寧すぎて距離を感じるから」、「言葉が短いので丸をつけなくても良いと思ってしまう」、「友人同士の会話で。は少しよそよそしい」などの回答がみられた。このことから、女性の方が関係性や状況、立場によって使い分けている人が多く、気軽に話せるSNS上でのメッセージにおいても「。」をつけているのは友人同士における気軽なやりとりのはずの予定調和が崩れるという可能性が考えられる。こうした友人関係における予定調和について、土井(2017)によれば、親密圏内のイツメン(いつものメンバー)にしても安心しきっていられるわけでもなく、予定調和の世界を崩さないようにお互いの内面への深入りを避けて過ごしていると述べている。

この結果から、あえて文末に「。」をつけないことが相手への配慮、思いやりからきている可能性も考えられる。そのような場合、気を使っているのにもかかわらず、相手が文末に「。」をつけていた場合、どのように感じるであろうか。現代青年の暗黙のルールというか、予定調和があるのかもしれないと考えられた。つまり、そのような予定調和の中で「。」をつけてそのままコミュニケーションを続ける者に対して、青年の間では、おそらく「わかっていない」ということになり、人間関係にも影響が出てくる可能性が考えられる。須藤(2019)によれば、青年期の友人関係のなかでSNSは大きな役割を果たしているが、SNSを使っていつどこにいても友人とコミュニケーションが取れるようになったことで、二四時間友人関係を維持するのにエネルギーを注ぐ傾向に拍車がかかっているという。このように、常時接続の状態である彼らにとっては、学校とプライベート、自分と他者という境界があいまいになってきているとも考えられる。

心理臨床の領域において治療構造、枠ということばがある。治療構造は小此木(1990)によってまとめられ，提唱された精神分析ならびに精神分析的心理療法の理論として提示されているが、現在各心理療法に共通するものとして認識されている。「治療構造とは，セラピストとクライエントの交流を規定するさまざまな要因と条件が構造化されたもの」をいう。枠と呼ばれることもあり、治療者とクライエントにおける物理的、内面的条件における取り決めをさす。例えば、決まった時間と場所で会い、それ以外での交流を禁じることなどがあげられる。このような取り決めは、治療空間を非現実的なものとして認識し、日常生活と治療場面の境界をひく機能も併せもつといわれる。このことによって、治療者、クライエント双方が安全で保護された空間の中でセラピーが進行することを可能にすると考えられている。

前述の文章などにおける「。」などは一つの区切りであり、コミュニケーションのあいだとして交わされる文章では、自分の考えはここまでであるというある意味の自他境界のしるしとも考えられる。そのような観点からみると、「。」がない文章は自他の境界もあいまいな状況であるとも捉えられうる。前述の24時間エネルギーを注いでいる状態という中で現代青年は境界があいまいな中で「。」を使い分けているのかもしれない。本調査から、目上、同級といった対象、ラインなどのＳＮＳ、メールなどといったツールによって表現を変えている可能性があり、その場面や状況に応じて使い分けをおこなっているということが示唆されうる。

さいごに

本論文では、現代青年における句点「。」のありようについて検討を行ってきた。今回の調査の結果から、現代青年においてはSNSなどで文末に「。」をつけない傾向があるということがわかった。これは、句点をつけることによって冷たく感じる、めんどうくさい、必要ないなどの理由からであることが伺えた。といっても、昔は句読点が用いられていなかったことから、時代が逆戻りしている現象という見方も一理あるかもしれない。古来、わが国は、中国から漢文が輸入され、文字が仮名やカタカナなど独自の変化を遂げてきたといえる。このような環境や時代背景、ニーズなどにあわせて変化してきたというカルチャーがある。句読点、記号、符号活用辞典(2007)では、句点について7つに分類する中で、⑥、⑦を取り上げてみたい。

⑥芸名・グループ名・雑誌名・書名などの要素として文字列に付けて使われる。「モーニング娘。」(グループ名)、「ほっしゃん。」(芸名)、「ランティエ。」(雑誌名)、「プロ論。」(書名)など。⑦電子メールや電子掲示板で、含みや余韻をもたせる意味で文末などに。。。と続けて打つ。・・・・・の代用。

上記のようなグループ名の最後に「。」がつくのは平成になってよくみられるようになった形態であり、時代の変化を感じさせる。このように句点が分類されているが、今後、句点を用いない、もしくは新たな「。」のありようが掲載される日もくるかもしれない。近年、流行語などがニュースで流れてくることがあるが、そのまま日常語として定着し、辞書に掲載されるようになることばもあれば、一時の流行りとして次第に使用されなくなり、淘汰されていくことばもある。われわれは、これからのことばの多様なシステムの中でどのような歩みを営んでいくのであろうか。

将来、人間の感情を読み取るセンサーのようなものが開発され、相手に自身の感情や意思を伝え、ことばの代わりにコミュニケーションを取るようなものが開発されるのではといいたいところだが、すでに三菱電機(2022)から「エモコアイ」となる人の感情を読み取るものが開発されているという。

医療領域の中で、「ネガティブフィードバック」ということばがある。人間の中にはホルモンが存在しているが、その中でも例えば男性ホルモンが更年期障害などの療法でホルモンが一定以上、長期的に補充されると、脳はホルモンが十分にあると認識し、自らホルモンを作り出すことをやめてしまうというのである。ネガティブフィードバックの一例として、助川・辻(2020)は、ホルモン補充療法に起因する例を挙げている。このようなネガティブフィードバックのように、人間は絶妙なバランスの中で恒常性を維持しようとするシステムをもつ生き物であると考えられる。

ことばによってコミュニケーションをとるシステムが発展していく一方で、今後、人間がいろいろ考えて言語化するという営みの一部にネガティブフィードバックのようなものが生じうるかもしれない。こうした視点に鑑みると、ことばの多様性を受け入れながらも、本来のことばのもつ大切さや句点の意味を再考していくことが求められているともいえる。

「。」をつけることで冷たいと捉えられる場合もあれば、礼儀正しい人だとみられる場合もあり、状況によっての違いも起こりうる。一方、句点ではなく絵文字をつけることで印象が柔らかくなることもあれば、多用すればオジサン構文だと揶揄されかねない。現代は、文章のありようからコミュニケーションを行う相手の文字以外の空気を読むという、より高度なコミュニケーション能力が求められており、兎角難しい。このようなシステムが多様化する状況の中で、文末のひとつの「。」が人間関係のありようを象徴しうるひとつの符号として機能しているとも考えられ、今後も検討していく必要性を切に感じるのである。最後に句読の難しさについて説いた田山花袋(1933)の一文で締めくくりたい。

実際、この句読点の打ち方というものは難しいものである。矢張其作者《やはりその》の持った心と体との発現である。その証拠には、いろいろな作者の句読の打ち方を注意して見給え、皆それぞれ違っている。文法の法則見たいなもので縛られていない。

今後の課題

本研究の調査対象者は一〇〇名を越えたが、現代青年の文末表現の傾向を知る上でさらなる調査協力者を募り、検討する必要がある。また、今回使用した内容のみでは、限界があり、より詳細な吟味が必要である。特に、言語学的な視座からの知見をより深めていく必要性があると思われる。例えば、質問内容においても「了解。」「りょーかい。」「りょ。」などの表記の仕方によって受け取る印象も異なることが予想される。このように、さらなる予備的検討を加えて吟味し、心理的尺度なども併用することで、パーソナリティ傾向という点からも検討していきたいと考えている。今回は、紙面上の都合により多くの分析を掲載することができなかった。自由記述からクラスター階層別分析を併合水準と照らし合わせながらコード化を試みたが、今後の課題としたい。また、今回の調査は大学二年～四年生を対象にしたものであり、一年生も対象に加えていきたい。さらに、Ｚ世代として社会人となっている二〇代の成人と他の年代層との結果の比較を検討していくことで、より詳細な表現のありように迫ることが可能になると考える。そのためには、量的研究のみならず、インタビューなどの質的研究の双方から調査を実施していきたいと考えている。

引用文献・参考文献

朝日新聞「「。」は冷たい？句点に感情深読み　会話型ツールで薄れる必要性、世代間ギャップ」『朝日新聞デジタル』朝日新聞社、二〇二四年。(https://digital.asahi.com/articles/DA3S15877605.html?unlock=1#continuehere　２０２４年８月24日取得)

岩崎拓也「20年前を思い出すマルハラ議論　源氏物語にはなかった句読点の歴史」『朝日新聞デジタル』朝日新聞社、二〇二四年。(https://digital.asahi.com/articles/ASS2Y64QXS2FUCVL045.html?iref=pc_ss_date_article　２０２４年８月26日取得)

岩崎拓也(2024)ＬＩＮＥのマルハラ、漫画が影響？　句読点研究の調査と異質な出版社　朝日新聞デジタル　朝日新聞社。(https://digital.asahi.com/articles/ASS2Y64P6S2NUCVL03R.html?iref=pc_ss_date_

article　2024年8月26日取得）
金田拓「若年者に距離感を感じさせるか？ 日本語打ちことばの研究」『帝京科学大学総合教育センター紀要 総合学術研究』一九〜二六頁、二〇二三年。
金田一春彦・林大・柴田武（編）『日本語百科大事典』大修館書店、一九八八年。
松村明（編）『日本文法大辞典9班』明治書院、一九八八年
三菱電機「非接触で人の脈波を計測・解析し、集中度など人の感情を推定するセンサーを開発」、二〇二四年。（https://www.mitsubishielectric.co.jp/news/2022/0906.html　2024年8月30日取得）
三浦麻子・鳥海不二夫(2024)：「。で終わる文章は威圧的」 若い女性の4割「マルハラある」と回答　朝日新聞デジタル　朝日新聞社(https://digital.asahi.com/articles/ASS3700QNS36ULLI001.html?iref=pc_ss_date_article　2024年8月24日取得）
日本語学会（編）『日本語学大辞典』東京堂出版、二〇一八年。
日本語学会（編）『国語学大辞典再版』東京堂出版、一九八二年。
小此木啓吾『治療構造論序説　岩崎徹也・他編　治療構造論』岩崎学術出版社、一〜四四ページ、一九九〇年。
大類雅敏『句読点活用辞典』栄光出版社、二〇〇六年。
大島文子「SNSの新マナー⁉　今の若い世代は〝句読点〟が怖い？」、二〇二四年。（https://domani.shogakukan.co.jp/709222　2024年8月24日取得）
芝原宏治『テンとマルの話　句読点の落とし物／日本語の落とし物』松柏社、二〇一三年。
小学館辞典編集部（編）『句読点、記号、符号活用辞典』、小学館、二〇〇七年。
須藤春佳「女子大学生の友人関係とSNSコミュニケーションの特徴―気遣いと心理的居場所感に着目し

て―」『神戸女学院大学論集』66、六三～七七頁、二〇一九年。

助川玄・辻祐治「ＬＯＨ症候群に対するテストステロン補充療法に起因した男性不妊症」『泌尿器科紀要』66、四〇七～四〇九頁、二〇二〇年。

鈴木朋子「ＬＩＮＥで句読点を打たない青年たち、実は知られざる「合理的」理由があった」日経クロステック、二〇二四年。(https://xtech.nikkei.com/atcl/nxt/column/18/00160/021600173/　２０２４年8月24日取得)

田中ゆかり『ヴァーチャル方言の3用法「打ちことばを例として」石黒圭・橋本行洋 編　話し言葉と書き言葉の接点』三七～五五頁、ひつじ書房、二〇一四年。

田山花袋『小説作法』金星堂、一九三三年。

飛田良文他(編)『日本語学研究事典』明治書院、一九八八年。

梅棹忠夫・金田一春彦・阪倉篤義・日野原 重明(監修)『日本語大辞典第二版』講談社、一九九五年。

意味のシステムへの接近を目指して
――「秘密の暴露」を題材として考える

依田《よだ》 悠介《ゆうすけ》
本学教授。専門は理論言語学。言語の構造と認知の関わりや、その他現代思想やポップカルチャー、食文化を研究。

平嶌《ひらしま》 寛大《かんだい》
神戸大学非常勤講師。専門は、十八世紀ロシア喜劇およびロシア文化。

はじめに

人は生きていく中で誰でも秘密を一つや二つ持っている。自分自身も、子供の頃に河川敷の秘密のザリガニ釣りスポットや、親には知られたくない駄菓子屋などがあった記憶がある。大人でも、他の人に知られたくない自分の居場所を持っている人も少なくないだろう。人によっては、家族や友人にも知られたくない人間関係や趣味を持っていることもあるかもしれない。僕(=筆者の依田)自身も、ひとりになりたいときに行く行きつけの酒場があり、そこでは自分自身が大学の教員であるということは隠して過ごしている。大学の先生となると「先生よび」されることが多く面倒なのである。(1)

秘密の構造

残念なことにそのような秘密を暴くことを楽しみにする人たちがいる。また、秘密自体を共有することは我々にとって楽しみとなりうる。思い出してほしい。「僕／わたしは○○ちゃんが好きなんだけど」と仲の良い友達と恋愛感情を共有し「恋バナ」に花を咲かせたことがある人は老若男女・古今東西を問わず少なくはないだろう。

小説作品においても、秘密の共有は一つの楽しみであるといえそうだ。読書体験は「現実世界にいるかもしれない他人の物語」を想像上で経験する行為であり、ひいては「他人の私生活を覗き見る行為」と言い換えることができる。とはいえ、言語、習俗、文化、価値観が全く異なれば、その世界を読者が理解することは容易ではない。そのため、作品における価値観は、読者と登場人物の道徳倫理感はほぼ一致する、もしくは、類推可能な範囲になければならない。

「覗き見」しているリアルな架空世界を前にした読者にとって、小説世界の秘密はあくまでも架空の話である。何の良心の呵責に苛まれることもなく、我々は小説世界の秘密を楽しむことができるのである。

このように、秘密とは自分自身だけで、あるいは、自分を中心とした社会的な繋がりの中でのみ知られることであるはずである。そのような秘密を知ること、共有することは非常に楽しいことである。ここでまず、秘密とは何かについて考えてみようと思う。まず、辞書的定義から確認しておく。

①【秘密】隠して人に知らせないこと。公開しないこと。またその内容。（広辞苑）

ここで、秘密の定義を掘り下げておきたいと思う。例えば隠して人に知らせないことについて、他者が知ったところで困らないもの、つまり、自身が不利益を被らないものを我々は秘密とするであろうか？　また、その不利益について、当事者が理解していない状況で秘密となりえるのだろうか？　例えば、財布の中に千円入っている。その千円を持っていることは、普通は、人に話したりしない。これ自体が秘密と言えるかと言われると、首を傾げる。一方で（残念ながら、筆者にはいまだにその経験はないが）、異性に接待されるような酒場でもらった名刺が財布の中に入っているとしよう。その場合、その名刺の存在は家族、とくにパートナーには秘密にしたいと思うだろう。これは、その事実を知られることによって当事者に不利益が生じさせるためであると考えられるし、その不利益を当事者が理解しているために「秘密にする」のであろう。このことを踏まえて、以下では秘密をより精密に②くらいに定義したいと思う。

②【秘密（詳細版）】

a　事実を知られることは自身が所属する社会において、自身が不利益を被る可能性がある。

b　aの要件について当事者が自覚しており、その事実を他者に知られないようにしたいと考えている。

これからこの秘密の構造的特徴とその暴露に対する評価に関して考えていこうと思っている。どうしてそのような着眼点をもったかといえば、②にあるように秘密は秘密として自分の中にしまっておきたいもののはずである。しかし、先の例の「恋バナ」のようなケースでは、自分自身や他者の秘密を暴露してコミュニケーションの道具として利用するケースが観察される。

他にも、秘密の暴露はさまざまな場面で見られる。例えば、政治、企業、有名人のゴシップ・スキャンダル、もっと卑近な例で言えば、会社や学校の人間関係ですらそれは生じている。週刊誌におけるゴシップやスキャンダルの報道は「フライデーする」、「文春砲」などと呼ばれる。これは、社会を変える原動力の一部とみなされる場合もあるが、その影響力の強さのあまり、私刑と区別が難しいところもあり、「秘密の暴露」について善悪の評価することは難しい(2)。

なお、秘密の共有や暴露の類似例としてゴシップに関してはこれまでに学術な研究がなされている。例えば、ダンバー(2016)(3)は、類人猿における毛繕いと同様の社会的機能がゴシップに備わっていると述べている。

もしも、このような秘密の暴露がコミュニケーションの一部を担っているとするならば、「秘密とは何か?」、そして「秘密が暴露されるとはどのようなことを言うのか?」さらに、「秘密の暴露に対する意味や評価」の3つの問題を考えてみることは人間思考システムの理解の一助となりえる(4)。

秘密の暴露の構造

ダンバーたちも述べているように、秘密というのは人々の興味関心を惹くものである。アニメ・漫画でも二〇一〇年以降、恋愛感情に関する秘密を題材とした作品として『かぐや様は告らせたい』（赤坂アカ）や『クズの本懐』（横槍メンゴ）などがある。他にも、素性の秘密では「鬼滅の刃」（吾峠呼世晴《ごとうげこよはる》）や、主人公の緑谷出久《みどりやいずく》とスーパーヒーローであるオールマイトの力に関する秘密が関わる『僕のヒーローアカデミア』（堀越耕平）などが二〇二〇年代では人気を博している。他にも世界の秘密を軸に据える『進撃の巨人』（諫山創）など、秘密を扱うアニメ・漫画は多岐にわたる。

以下では、この中でも、恋の秘密という観点から『かぐや様は告らせたい』、素性に関する秘密の観点から『鬼滅の刃』を取り上げて、秘密の構造の理解の手がかりとしたい。

『かぐや様は告らせたい』は、将来を期待された名門高校の生徒会長の白金御行《しろかねみゆき》と副生徒会長の四宮かぐやのラブストーリーである。2人は特に序盤において己のプライドの高さゆえ、そして、告白したものは告白されたものに（心的に）支配され、立場が悪くなるという思い込みによって、お互いが惹かれあっているにも関わらず「告白」できない状況が続く。このときに御行とかぐやの間に生じる秘密である「恋の秘密」は以下のように考えることができるだろう。

③『かぐや様は告らせたい』に見られる秘密の構造

a　御行はかぐやに、かぐやは御行に惹かれている。

b　御行はかぐやに惹かれていることを隠し、かぐやから告白させるように企てる。

c　かぐやは御行に惹かれていることを隠し、御行から告白させるように企てる。

d　御行とかぐやの本心（＝恋愛感情）は互いに相手に知られたくない。
　→明らかになった時点で自分の立場が悪くなる。

この、③dはまさに、②a、bの要件に合致し、自身の気持ちを「秘密」のものとしてしまう。この秘密を知るのは読者のみであり、秘密を知った読者は御行とかぐやの行動や感情の動きを楽しむ。

次に、『鬼滅の刃』は日本の大正時代を舞台とする。主人公の竈門炭治郎《かまどたんじろう》はある日、家を空けている間に一家を鬼に殺される。その中で生き残ったと思われた妹の禰豆子《ねずこ》は鬼にされていた。この鬼にされた禰豆子を人間に戻すべく、炭治郎は鬼討伐を目的とした鬼殺隊に入隊し、そこで戦力の中核をなす柱《はしら》とともに鬼と戦う。この中で描かれる秘密は禰豆子が鬼であるということである。以下で再び構造化しておく。

④『鬼滅の刃』にみられる秘密の構造

a　主人公の炭治郎は妹の禰豆子を鬼にされる。
b　禰豆子は鬼となったが、人間の心を保っていた。
c　鬼は人間を食う悪とされ、討伐対象であるため、炭治郎は禰豆子が鬼であることを秘密にする
d　途中、禰豆子が鬼であることが柱に明らかとなるが、紆余曲折の末処刑を免れる
　→禰豆子が鬼であることが明らかになることは、禰豆子の処刑につながる。禰豆子が処刑されては、炭治郎の目的達成が不可能となる。

④cに書かれた「鬼」に対する社会の認識により禰豆子が鬼であることが露見してしまった場合に、禰豆子の命に関わる。これは、炭治郎にとって重大な問題である。これがまさに②aの要件であるがためこれを、炭治郎は隠そうとしている。しかし、『鬼滅の刃』ではその秘密が露見してしまう。一部の柱たちは禰豆子が鬼であることを理由に、処刑しようとするのである。

ここまでで、2つの作品を取り上げた。ここでの秘密について考えると、秘密にしていることは他者に知られてはいけないはずのものであるし、それがわかっているのであれば、我々にとっては、秘密が暴かれることに対して居心地の悪さを感じるというのが一般的であるように思われる。

しかしながら、現実はそのように簡単な話ではない。他者の秘密を知ることは古くから楽しみの一つとして受容されてきた。次節では、他者の秘密、特に社会通念上許されざる恋愛関係である不倫を見ていき、他者の秘密を知る楽しみについて考える。

他者の秘密を覗き見る読書体験

他人の恋愛事情、とくに不貞行為を題材にした文学は数多く発表されており、これらの小説は現在でも文学史において重要な立ち位置を占めている。

それゆえ、不倫小説に対する評価もさまざまである。シャーデンフロイデ(他人の不幸は蜜の味)を体験できるがゆえに人気を博したり、不貞行為そのものが不道徳だと非難されたり、はじめは非難されていたものが、のちには称賛されたりしてきたそのような作品の例には、ウィリアム・ウィッチャリーの『田舎女房』、フローベールの『ボヴァリー夫人』、ロシアの文豪レフ・トルストイ『アンナ・カレーニナ』などが、最も有名なものとして上がるだろう。これらは、不倫小説を扱う小説であるが、その受容が変化してきた小説である。言い換えれば、同一のものに対する意味づけが人により、あるいは、時代により変化した小説と言えよう。

ウィッチャリーの『田舎女房』（一六七五年）

『田舎女房』を書いたウィリアム・ウィッチャリー（一六四一年～一七一六年）は、王政復古期のイギリスで活躍した喜劇作家である。日本語訳はないものの、その当時ではかなりの人気を博したこの作品は、なんと当時の国王であるチャールズ二世まで観劇していたという。以下で簡単に筋を確認する。

この喜劇では、自身が男性的に不能であるとの噂を流す放蕩者ホーナーが、女性たちとの逢瀬を安全に楽しんでいる。そんなロンドンの町に、無知な田舎娘マージェリーと結婚した男ピンチワイフが帰ってくる。

何とかして妻をホーナーに近づかせないようにするピンチワイフの努力もむなしく、マージェリーの心はすでにホーナーとの不倫に傾いてしまう。それに気づいたピンチワイフは、妻よりも妹の方がましだとして、妹アリシアをホーナーに差し出す。それが実は、アリシアではなく、彼女に変装した妻マージェリーだとも思わずに。

終盤、ホーナー邸に集まった女性たちは彼の不能が嘘だと気付くと同時に、上品で清楚な自分たちの名誉を守るために、この嘘を口外しないことを誓い合う。そこへ、まだ、妻の不倫を怪しむピンチワイフが登場するものの、他の登場人物たちの機転が重なり、ホーナーと女性たちの秘密は守られる。

「上品で清楚な女性たち」の不倫と、女性を騙すことを生きがいとする「不能な男」たちのやり取りが中心となるこの喜劇は、卑猥で不潔で不愉快だとして、批評家たちから大きな非難も受けることになる。例えば、聖職者であったジェレミー・コリアーは、『英国の舞台の不道徳と冒瀆管見』（一六九八年）の中で、同時代の喜劇作品における道徳観の欠如を批判している。(5)

しかし、この秘密の不倫関係にこそ『田舎女房』の演劇的興味深さがある。女性たちは、不能との噂が流れているホーナーとの不倫を楽しみ、嘘が露呈しそうになると、名誉と世間体のために一致団結して嘘を吐く。一方のホーナーもまた、女性たちの不倫への欲望を利用して、自らの欲望を満たす。この作品の面白さは、表面的なものではなく、外面と内面、虚と実が交錯する人間関係の巧みな描写にある。

このように、『田舎女房』は、卑猥さを認めない道徳規範と、秘密を覗き見たいという抑圧された感情の解放が交錯することで、非難されると同時に、喝采を集めたのである。

小説というジャンルでの不倫(『ボヴァリー夫人』)

他人の秘密を覗き見して知りたい、他人の秘密を他者と共有したいという感情は、個人の内部で物語を消化することが求められる小説というジャンルの登場によってさらに高まっていく。

フローベールの小説『ボヴァリー夫人』を次にみよう。ここでは、主人公で、自由で豪奢な上流階級の生活に憧れる田舎娘エマ・ボヴァリーは、平凡な結婚生活に退屈している。それは近隣の侯爵邸での晩餐会において、よりはっきりと意識されるようになる。夫とともに療養のために田舎へ行くエマだが、そこでロドルフとの不倫や浪費癖を覚えてしまう。借金で次第に追い詰められ、不倫相手からの援助も断られたエマは、服毒自殺へと至る。

都会に出てきた田舎娘エマが現実への漠然とした欲求不満から道を踏み外す過程を丁寧に描く小説『ボヴァリー夫人』は、公序良俗に反するとして非難される。しかも、ただ不道徳だと非難されたのではなく、公衆道徳と宗教道徳への侮辱だとして裁判にまで発展した。これがいわゆる「ボヴァリー裁判」である。結果として、フローベールによる逸脱した卑俗で不快な描写は認めつつも、小説における人間性格の研究、情景描写は素晴らしいものであり、不道徳を活性化し、尊敬すべきものを滑稽に貶めるようなことを目的として書かれたものではないとして、無罪の判決が下される。(6)

このような騒動が巻き起こるのは、作品における卑猥さが原因であることは言うまでもないが、それと同時に『ボヴァリー夫人』は人気を博した。それは性格研究や演技の巧みさ、抒情性のある情景描写と心情描写という作品の根幹を成す部分だけが理由ではないだろう。

小説では、活字になった文字を読み取って脳内で物語を再現する。しかし、読者は自らの知らない世界を想像することはできないため、活字で書き起こされた物語の世界を自分の記憶から再構築することで脳内で再現する。こうして、小説内での不倫という秘密が読者という個人と共有される。こうした読者の内部で作り上げられた世界は、作品と他の誰でもない読者自身の間でしか成り立たない世界である。だからこそ、まるで他人の秘密を覗き見ているかのような背徳感と高揚感に浸ることができるのである。

人生の一ページにある出来事としての不倫（『アンナ・カレーニナ』）

その一方で、官能的な表現ではないところで高い評価を得ている不倫小説の代表作として、レフ・トルストイの『アンナ・カレーニナ』（一八七八年）を挙げたい。

『アンナ・カレーニナ』は、一八七五年から雑誌『ロシア報知』に掲載され、一八七七年に単行本が出版された。『アンナ・カレーニナ』は、家族、都市と地方など、『戦争と平和』でも扱われた諸問題だけでなく、生死、善悪、男女の問題も含んでおり、今日でも研究が尽きない。

筋を端的に述べると、官僚であった夫との結婚生活に冷めたものを感じていたアンナは、モスクワで出会った青年将校ヴロンスキーと互いに惹かれ合うも、夫による離婚の拒絶、出産時の危篤、社交界からの追放などを経験する。ついにはヴロンスキーからの愛情も信じられなくなったアンナは、列車に身を投げる。それとあわせて、素朴な青年リョーヴィンの純愛がアンナの不倫と相対的に描かれながら全体的な物語が展開する。

ここでの、アンナの不倫という秘密の構造は、以下のように考えることができる。

⑤『アンナ・カレーニナ』に見られる秘密の構造

a　アンナがヴロンスキーと不倫関係になる。
b　既婚者であるアンナは夫に対してこの不倫を隠さなければならない。
c　社交界の華であったアンナは不倫を公然と行ってはいけない。
　↓不倫が夫や社交界に知れ渡ると、アンナはその社会的立場を継続できない。

このような秘密がありながらも、アンナは社会的抑圧に屈することなく、恋人への愛情と息子への愛情も諦めずに、意思をもった女性として行動する。そのため、アンナの秘密はやがて公然のものとなり、作中において大きな非難を浴びる。物語後半には、上流階級の人々がカレーニン家のスキャンダルについて陰口を叩いているとの描写がある。ペテルブルクに戻ったヴロンスキー自身もまた、社交界の貴婦人たちからアンナが堕落した女性だと看做されているという話を聞く。この当時、不貞による離婚それ自体が困難であった一方、貴族たちの不倫はこそこそと日常的に行われていたと言う(7)。そんな社会において、恋愛も親子愛も諦めることのなかったアンナは社交界において徐々に疎んじられるようになるのである。

一方、現実世界における小説『アンナ・カレーニナ』の評価は変遷する。ツルゲーネフは連載中の『アンナ・カレーニナ』について、トルストイの才能は高く評価しつつも、作品自体は退屈で古臭いものだと評価している(8)。

しかし、最も辛辣な評価を下しているのは、風刺作家としても有名なミハイル・サルトゥイコフ＝シチェドリンだろう。一八七五年三月の手紙ではこう書かれている。

考えるのも恐ろしいが、性的衝動のみで小説が作り上げられる可能性がまだあるのだ。ヴロンスキーのような無口な色欲男の造形を目にすることすら恐ろしい。私は、これを卑劣で不道徳であると思う。しかもこの意見にすら、この作品を持ち上げる保守派が言いがかりをつけてくる。想像できるだろうか、トルストイの不快な小説が政治的な錦の御旗になっているということを。(9)

しかし、作品が完結を迎え、この長編小説が官能性に重きを置いた不道徳な作品ではなく、文学的価値があることも認められる。ドストエフスキーは、一八七七年になり、「『アンナ・カレーニナ』は文芸作品として完璧で、時宜にかなない、現代ヨーロッパの文学といえど比肩しえない」と書き残している。

『アンナ・カレーニナ』は当初は同時代の作家たちから否定的な評価を受けていたが、その後、肯定的な文学批評を受けるようになる。裁判沙汰にはなっていないものの、雑誌に掲載されると非難を浴びた『ボヴァリー夫人』と似た状況である。

ここで取り上げたような不倫を題材にした作品においては、誰が読むのか、いつ読まれるのかによってその評価が変容している。同様に、時代や社会といった環境的要因、そして批判対象への理解度によって、秘密であるはずの不倫への評価は変わりうるのである。

不倫の社会での受容

このような秘密の恋愛関係である不倫であるが、実際の社会での受容に関して、高橋et. al (2018)は有名人のゴシップに対する社会的な評価を調査している。高橋らは倫理的違反行為に対する感情について一二四〇名(有効回答一一八六名・内男性五八六名、女性六〇〇名・平均年齢四四．九歳)を対象としてオンライン形式で不倫当事者の立場及び、職業により社会がその罪深さがどの程度であると判断するかを調査した。その結果として、人々は、国会議員のような公的な立場のものが行う不倫は社会的により罪深いと感じていることがわかった。また、男性は女性の不倫に、女性は男性の不倫に対してより不寛容な立場を取りやすい一方で、男女ともに不倫をする男性よりも、不倫をする女性に対する不寛容度が高いという結果が出たという。

この調査は我々の肌感覚に合致しているように感じられる。近年の不倫ゴシップ・スキャンダルと呼ばれるようなものをいくつか見ていくと、不倫男性よりも不倫女性の方が社会的な責を担うことが多い印象がある。しかし、ここで立ち止まって考えてみたい。先の節でも見たように、不倫は個人的かつプライベートな内容であり、これまでの文学作品の中ではある程度の評価を得ており、多くの読み手にとって楽しまれる、ひとつのジャンルを確立している。しかし、現実世界においての不倫がひとたび明らかとなると、それはバッシングの格好の標的となる。ここで、「不倫」と「秘密」との関連を考えたい。この不倫という行為が当事者間におけるある種の秘密(の恋愛関係)であるとすれば、この秘密を保持したいと考えるのは自然である。これは、前述の②から自然に導かれる。また、②を仮定すると、この秘密を保持することは当事者間にとって重要であり、それは他者にとっても共有されていると考えて良いだろう。しかし、「秘密」は守られるべきであるという感覚は、ある程度、我々の中では共有されているように思われるのに、なぜ秘密の暴露に繋がるのであろうか。次節以降は、この「秘密の暴露」と評価の関連性について考えてみたい。

秘密の暴露の形式化を目指して

ここで、一旦寄り道をしておきたい。もしかすると「ある出来事」が人によって評価が変わる場合があることなんて当たり前じゃないかと思われるかもしれないためである。これが、どの程度我々にとって不思議なことかということを皆さんにわかってもらう必要がある。では、ここで、⑥の文を見てみよう。

⑥　リンゴがある

⑥の文が意味していることは、「この世の中に少なくとも一つのりんごが存在している」ことを表している。そして、この文が表す意味は、「がある」ということでなくてはならず、「がある」ということではない。つまり、があれば⑥の文は正しく世界を捉えているし、がなければ正しく捉えられていない。かつて、このように世界と文との対応関係が意味であると考えられている時代があっ

た。しかし、そのような考え方では現実世界に存在していない概念、例えば「ユニコーンがいる」などを捉えることが難しい[10]。よって、文の意味は世界との対応関係ではなく、どのような場合にそれが我々の生きている現実世界と対応していると言えるのか、また言えないのかという条件を意味として考えることとなった。これを真理条件意味論と呼んでいる。

この意味を考えるためには我々の「ことば」を考えなくてはならない。ことばを考える学問として言語学という学問が存在する[11]。二〇世紀以降の言語学では構造主義という学問的潮流のもと、構造と意味が関連しているという考え方をとる。つまり、一つの形（≒構造）を持っていればその形から得られる意味は単一であるはずであるという考えである。裏を返せば、異なる意味を持つということは、形が異なっていると考える。具体例として以下の文を挙げる。⑦は英語の文であるが、⑦a、bの意味の間で曖昧な文である。

⑦　Every student read a book（すべての学生が一冊の本を読んだ）

　a　すべての学生について言えば、それぞれが一冊の本を読んでいる（本はさまざま）

　b　一冊の本について、すべての学生がその本を読んでいる（本は一冊）

言語学においては、⑦の曖昧性は数量を表す表現であるevery（すべて）とa book（一冊の本）の間の構造的な関係が意味を決定づけると考えられている。その構造関係は文の構造によって立体的に表される。そこでは、⑧aのようにeveryがaよりも高い位置にある場合には⑦aの意味が、⑧bのようにa

がeveryより高い位置にある場合には⑦bの意味が導かれるとされている。なお、この構造的な高さの関係は実際の発音とは関係しない。

⑧ a. every > a book

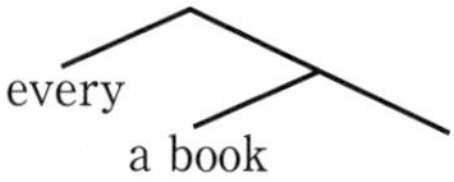

b. a book > every

このように、言語学では意味に関して伝統的な形式主義（≒構造主義）的なアプローチが取られており、意味の違いは構造の違いに還元されている。これを踏まえ、次節では「秘密の暴露」という単一の構造が複数の評価（≒意味）を持つということを確認する。

秘密の構造

ここまで、秘密は②に示した意味で定義されてきた。この秘密が暴露されるとはどのような状況かというと、概略以下の⑨のようにいうことができるのではないかと思う。

⑨【秘密の暴露】

これまで公になっていなかった出来事が、それが他者の知るところに公表されること。

ここで確認したいことは、⑨の「秘密の暴露」という行為はどのように評価されるのか?である。すでに見たように、『田舎女房』で「秘密」とされていた登場人物の不倫は卑猥さゆえ人気を博した。つまり、当時の社会からはある程度の肯定的な評価を得たとも言えるだろう。しかしながら同時に卑猥な話題で盛り上がるべきではないという道徳規範の観点からの批判（＝否定的評価）があったとされる。さらに、「秘密の暴露」という観点では『ボヴァリー夫人』や『アンナ・カレーニナ』において、他者の秘密を知ってしまうこと、つまり、秘密が暴露される瞬間に立ち会う読書体験が二つの作品を傑作たらしめるという。その点で⑨に示された、秘密の暴露が人々から肯定的に評価されていると考えることもできるかもしれない。ある種の不道徳である「不倫」は秘密を共有するという行為であり、ダンバーの主張する『グルーミングとしてのゴシップ』同様、肯定的な社会的役割を担っているように思われる。

一方で、秘密が暴露されることによる危機も生じることを我々は知っている。その一つに二〇一〇年代後半から二〇二〇年代においてたびたび話題となってきた「文春砲」と呼ばれる出来事がある。「文春砲」とはインターネット界隈での用語である。ニコニコ大百科[12]によれば以下のような定義が与えられている。

⑩　文春砲∶文集砲とは、超名《マ》人《マ》の生涯を狂わす一撃である。

上記の「超名人」は「著名人」の誤記と思われるが、その概要欄には興味深い記述がある。概要欄を見てみると「独自の取材によって得た、有名人のスキャンダラスな情報をスクープ記事として取り上げ、世間に訴えることで発動される」とされ、「この一撃が直撃した人は、高確率で謝罪会見をしたり、当面の謹慎処分になったり、場合によっては職を失うこともあるため、まさに人生を狂わされる一撃となってしまうことも多い」（ニコニコ大百科）とされる。また、ここでは固有名詞を挙げることは避けるが、芸能人の不倫、政治家の収賄、有名人の学歴詐称などの、スクープが事例として挙げられている。

　上述の『ニコニコ大百科』の信ぴょう性を横に置いておくとしても、肌感覚としては『文春砲』が社会の正義を訴えていると捉えている人もいたように思われる。つまり、『文春砲』が『秘密の暴露』をすることで、その秘密を持つ人・組織に報いを受けさせると考える世間の風潮があったのではないかということである。この観察が正しいとすると、当該限られたコンテクストにおいて、『秘密の暴露』は正義である、あるいは、肯定的な評価を与えられていると考えることもできよう。

社会悪としての秘密の暴露

　ここまで、他者の「秘密を暴く」ことに対して肯定的な側面から見てきた。しかし、本当に「秘密の暴露」は正義としての扱いを受けて良いのだろうか。少なくとも、我々は当事者として「秘密」を持っていた場合には、他者からその秘密について詮索をされたくないし、その「秘密」が暴露されることを恐れるだろう。ましてや当事者の了解を得ずに、その秘密が暴露されることは、さまざまな問題につながる可能性があることを我々は認識しなくてはならない。

「秘密の暴露」が問題になると考えられるケースの一つに「アウティング」がありそうである。アウティングとは「本人の性のあり方を同意なく第三者に暴露すること」であり、ここでの「性のあり方」とは、主に性的マイノリティ当事者の性的指向や性自認などを指している（松岡　2021）[13]。もちろん、三木（2022）[14]が述べるように、このアウティングという行為を単なる「秘密の暴露」と同等に考えてはならない。それは、当事者がアウティングによって被る不利益が社会構造に起因しているためである。

そうもいっても、アウティングの構造自体は「秘密の暴露」と同様の構造を持つものであるように感じる。さらには、それが、悪意を持って行われる場合もあるだろうし、悪意ではなく、善意を持って行われる場合もあるだろう。しかしながら、当事者の意図に反して周りの者に個人の情報を公開することは、大きな問題を生じる[15]。このような立場から見れば、「秘密の暴露」は明らかな社会的悪であると見做せるだろう。

似た構造のものをどのように捉えるか

ここまで、「秘密の暴露」についていくつか見てきたが、それが生じた場面や背景により肯定的な意味づけが生じたり、否定的な意味づけが生じたりすることがわかった。つまり、コンテクストによって評価が変わるのである。このような状況の意味を捉えるのに単純に、構造と意味の一対一対応では難しい。

では、どのような方法で、単一の構造から異なる意味を導けるのだろうか。一つの可能性として、内包意味論(intensional semantics)があり得るだろう。内包意味論では、特定の命題(≒「誰がどうした」というようなもの)に対して、それがいつ、どのような世界で生じたのかということを指定することで、特定の現象に対する意味を計算する方法である。この方法では、あるものが表す意味が時間、世界によって変化することを許容する。例えば、「ドラえもん」の世界を考えてみたい。ドラえもんの作中の現実世界では主人公のび太は何をやらせてもダメな主人公として描かれている。ここで、ドラえもんの道具で作られた双子世界があり、その双子世界では、別の世界でののび太は現実世界ののび太とは全く別の特性をもち、優秀でなんでもできる人間として描かれている。この時に、現実世界で「のび太」が指す人物と、別の世界で「のび太」が指す人間は、同じ「のび太」だが異なっている。

このようなアプローチを取れば、「秘密の暴露」に対する評価や意味づけは、ある特定の世界、時代背景においては肯定的な意味づけが行われるが、別な世界、時代背景においては否定的な意味づけが行われることを許容するかもしれない。しかし、内包意味論のアプローチにおいて、ある行為に対する解釈がある意味と対応するという関係の構築に必然性を求めることは難しい。

では、別なアプローチではどうだろうか？　例えば、白川(2021)によれば、ブランダムは意味の決定に対して推論主義という立場をとる。[16] 推論主義においては、構造主義において当たり前であるとして前提とされてきた、語の意味についても推論を用いて決定する。[17] この考え方を採用すると、「リンゴを食べようと手を伸ばす行為」は⑪のようになり、それぞれのプロセスに推論が関わるとされる。

⑪　リンゴをたべようと手を伸ばす行為
a　【知覚】目の前のを見る
b　【主張】これはリンゴだ
c　【意図】これを食べよう
d　【実践】手を伸ばす

すでに見たように、これまでの伝統的な形式主義では目の前「」を「リンゴ」であると認識することに疑問も持っていなかったし、疑問を持つこともできなかった。しかし、実際には「」を認知した段階でそれが「リンゴ」であると理解するプロセスは確かに存在しなければならないし、それを「」と区別する必要がある。ブランダムの推論主義では、目の前に存在する「」が「リンゴ」であると推論することにより、意味づけが行われると考えられている。

　このように、ある出来事を他の出来事から区別する方法を考えることが意味を考える上で重要なことであり、そのようなことは、これまで前提にされてきた、構造と意味の単純な一対一対応では難しい。つまり、ソシュール以降、現代言語学で認められてきた語と意味の関係は恣意的であるという考え方に対して疑問を持てる時代になったとも言えるかもしれない。

　これは、「秘密の暴露」でも同様で、それがどのような評価を得るのかは一義的に決定することはで

きない。しかしながら、ある行為や出来事が何かしらの意味を持つということに対して新たな説明が必要であることは明らかであろう。

まとめと展望　結論に代えて

今、世界には情報が溢れている。インターネットを介して誰もがあらゆる情報にアクセスできるようになった。SNSで誰でも情報の発信ができる時代となった。これは、以前のように、情報の発信者と、情報の受け取り手という二分法で世の中が片付けられない状況となったということである。

さらに、その情報に関する捉え方も様々である。マッキンタイア（McIntyre 2021）などでは科学的な根拠に裏付けられた一般的に正しいと考えられている事象を否定する人々の存在が指摘されており、そのような人々との対話の方法が模索されている。(18) また、ロシア―ウクライナ問題で見られるように、一つの出来事でも、どのような物語《ナラティブ》の中で語るかによって、評価が変わることがある。さらには、そもそも発話者自体が自身の発話した情報に責任を持っていない発言であるブルシット（bullshit）がフランクファート（2016）で指摘されている。(19) また、このブルシットが政治的な道具として利用されることがあるとも言われる。

語りの中の「意味」とは何なのか、加えて、その「意味」がどのように決定しているのか、という二点を明らかにすることによって世界のあり方やコミュニケーションのあらましが明らかになっていくかもしれない。本小論を通して、そのような期待の中で、世界のあり方、そして、「意味」とはなんなのか、我々はどのようにコミュニケーションをしているのかについて読者の皆様が考える機会になれば筆者たちにとっては望外の喜びである。

注

(1) 一言に「面倒だ」と言ってしまったが、筆者が「先生」と呼ばれたくない根本的理由に関しては、三木那由他『言葉の展望台』、講談社、東京、二〇二二年、の「そういうわけなので、呼ばなくて構いません」を読んでいただければ概略がわかるかと思う。なお筆者は、三木氏がこれを書いてくれたおかげで、学生にも教員の気持ちが説明しやすくなった。

(2)『週刊誌のゴシップ報道に公益性は？「クズはクズなりに論理や倫理がある」元FRIDAY編集長&元文春記者と考える』(ABEMA Prime 2021/05/20:https://times.abema.tv/articles/-/8659143 2024年8月31日閲覧)では、週刊誌のゴシップ報道に関してさまざまな意見が述べられている。

(3) ロビン・ダンバー(松浦俊輔・服部清美訳)『ことばの起源―猿の毛繕い人のゴシップ』青土社、東京、二〇一六年。

(4) 本書のテーマは、「システムと多様性」であるが、なかなか良いアイディアが浮かばず悩んでいた。しかし、、このトピックを見つけた際には「最適なトピックが見つかった」と、小躍りしたことをここに記しておこう。

(5) 佐々木和貴「誰が殺した、風習喜劇を？」、玉井暲・末廣幹・岩田美喜・向井秀忠編著『コメディ・オヴ・マナーズの系譜―王政復古期から現代イギリス文学まで』、音羽書房鶴見書店、二〇二二年、六二頁。

(6)ギュスターヴ・フローベール著、伊吹武彦訳『ボヴァリー夫人――地方風俗――』/フローベール全集(1)、筑摩書房、一九六五年、四一二~四一四頁。

(7)トルストイ著、望月哲男訳『アンナ・カレーニナ2』光文社、二〇〇八年、五〇三~五一〇頁。

(8)Тургенев, И.С. ПССиП в 30 томах — Письма в 18-ти томах. Том 14. 1875. — М., Наука, 2003. С. 30.; Тургенев, И.С. ПССиП в 30 томах — Письма в 18-ти томах. Том 15.1. 1876. — М., Наука, 2012. С. 64.

(9)Салтыков-Щедрин, М.Е. Собрание сочинений. В двадцати томах. Том 18.2. — М., Художественная литература, 1976. С. 180.

(10)我々の生きている世界に🐴などというような存在は実際には存在しないためである。

(11)言語学という学問に対して社会からさまざまな誤解があるような気がしている。多くの場合に、言語学者はたくさんの言語を話せる訳でもないし、誰かの使っていることばを訂正したり、「どのような言い回しが正しいか」の評価をしたりすることはあまりない。少なくとも筆者の専門である生成文法という言語学では行わない。また、以下では特にことわりのない限り言語学＝生成文法として話をすすめるが、筆者が「言語学は生成文法と同義である！」というような原理主義思的考を持っている訳でもないことも述べておく。

(12)https://dic.nicovideo.jp/a/%E6%96%87%E6%98%A5%E7%A0%B2 2024年8月31日閲覧。

(13)松岡 宗嗣『あいつゲイだって アウティングはなぜ問題なのか?』柏書房、東京、二〇二一年。

(14)三木那由他『言葉の展望台』講談社、東京、二〇二二年。

(15)紙幅の都合上、アウティングによって生じた事実に関してはここでは触れないが、興味のある読者は松岡（2021）を参照してほしい。

（16）白川 晋太郎『ブランダム 推論主義の哲学』、青土社、東京、二〇二一年。

（17）近代言語学の父と呼ばれるフェルデナンド・ド・ソシュールは語の意味は社会的に決定するとし、ある単語の発音とその単語が指し示す対象との関係には必然性がないとした。例えば、我々がという存在を認知していたとして、日本語ではそれを「イヌ」と発音し、英語ではdogと発音するが、そのそれぞれの発音とそれが指し示す対象の間に必然性がないとしていた。

このような考え方を採用した場合、単語と意味の間の関係は「そのように与えられているものである」と考えることとなり、「なぜ、ある語があるものを指すのか」に関しては興味の対象とはなっていなかった。

（18）リー・マッキンタイア（西尾義人 訳）『エビデンスを嫌う人たち：科学否定論者は何を考え、どう説得できるのか？』国書刊行会、東京、二〇二四年。

（19）ハリー・G・フランクファート（山形浩生 訳）『ウンコな議論』筑摩書房、東京、二〇一六年。

紫式部の「思ひかけたりし心」とは
――時間表現のシステムと多様性

山本《やまもと》　博子《ひろこ》
本学准教授。専門は平安時代の過去表現。博士論文では、『源氏物語』等の物語における「き」「にき」「てき」「たりき」の検討を行った。最近は、平安時代の和歌や日記も研究対象としている。

「光る君へ」

今年二〇二四年のNHK大河ドラマは、平安時代に書かれ今もなお読み継がれている『源氏物語』の作者紫式部の生涯を辿る「光る君へ」である。

私は、中学生の頃から国語の授業で学ぶ『源氏物語』や『伊勢物語』などの物語の世界、『枕草子』や『更級日記』などの日記の世界に魅かれ、「私がこんなに平安文学の世界に憧れるのは、私の前世が宮廷サロンに仕えていた女房だったからかもしれない。私は、紫式部もしくは清少納言の同僚だったのかもしれない。」とまで本気で思っていた。その私にとって、「光る君へ」は、平安文学の世界を立体的に見せてくれ、自分が憧れていた世界は確かに存在していたのだと実感させてくれる、きらきらと光り輝くドラマなのである。

毎週日曜日の夜、私は、心躍る気持ちと厳粛な気持ちの二つを抱いてテレビの前に座っている。もちろんドラマであるため、実際に千年前に起きた事実とは異なることもあるだろう。しかし、そう思いながらも、私は、清少納言が自分が仕えている人達の苦しい状況を目の当たりにしながら「春はあけぼの…」と綴り出した場面や、紫式部が自分が本当に書きたいことを考え絞り出したうえで「いづれの御ときにか…」と書き始めた場面を見た時、「少女時代に心を奪われた作品がこの世に誕生する瞬間を目にすることができた。」「少女時代の自分よりも、これからはもっと深く『枕草子』や『源氏物語』を読むことができるだろう。」と強い感動を抱かずにはいられなかったのである。

『紫式部日記』の研究をひもとく

このように毎週「光る君へ」を楽しみにしながら日々を送ると同時に、ドラマの主人公である紫式部の言葉について、日本語学の研究者達はどのように考え分析してきたのであろうかという、日本語学者の端くれならではの興味も湧いてきた。そこで、『紫式部日記』を日本語学の視点から研究した論文を少しずつ取り寄せ、読んでいくことにした。『紫式部日記』のなかで過去の助動詞「き」「けり」が使われている文をすべて挙げ考察をしていく論文(1)や、『紫式部日記』と『枕草子』の名詞や形容詞、色彩語の用い方の違いを調べた論文(2)などがあり、興味を持って読み進めることができた。今同じような研究を行うとしたら少し異なる手法で異なる結論に至る場合もあるだろうと感じる論文もあったが、それぞれが『紫式部日記』を愛し、紫式部の言葉を通して、平安時代の言葉さらには紫式部自身の思い・生き方を知ろうとした研究者達の情熱を感じ取ることができた。

そのなかで、私が最も興味を引かれた論文は、山本利達氏の「紫式部日記「思ひかけたりし心」をめぐって[3]」である。この論文は、一条天皇の土御門邸（藤原道長の家）への行幸が近づき、土御門邸が華やかさを増しているなかで書かれた日記のなかの言葉「思ひかけたりし心」に着目している。土御門邸に仕えている女房として自身も晴れやかな気持ちになってよいはずの紫式部が、明るい気持ちになれない自分の心の状態について綴っている箇所に、この「思ひかけたりし心」という言葉が出てくる。その部分を以下に示したい。［ ］内に現代語訳も付す。[4]

行幸近くなりぬとて、殿のうちを、いよいよつくりみがかせたまふ。よにおもしろき菊の根を、たづねつつ掘りてまゐる。色々うつろひたるも、黄なるが見どころあるも、さまざまに植ゑたてたるも、朝露の絶え間に見わたしたるは、げに老も退ぞきぬべき心地するに、なぞや、まして、思ふことの少しもなのめなる身ならましかば、すきずきしくももてなしわかやぎて、常なき世もすぐしてまし、めでたきこと、おもしろきことを、見聞くにつけても、ただ思ひかけたりし心の、ひくかたのみつよくて、もの憂く、思はずに、嘆かしきことのまさるぞ、いと苦しき。

［行幸の日が近くなったというので、お邸のうちを一段と手入れをし、立派になさる。実にみごとな菊の株を、あちらこちらからさがし出しては、掘って持ってくる。色とりどりに美しく色変り

した菊も、黄色が今見盛りである菊も、種々さまざまに植えこんである菊も、朝露の絶え間に見わたした光景は、まったく、昔から言うとおり、老いもどこかへ退散してしまいそうな気持がするのに、どういうものか、――ましてこの人一倍のもの思いが、もしもう少しでもいい加減なものである身の上であったならば、いっそ風流好みに若々しくふるまって、この無常な世を過しもしようものを、どういうものか、結構なことやおもしろいことを、見たり聞いたりするにつけても、ただもう一途に、常々心がけてきた出家遁世の気持に、ひきつけられるほうばかりが強くて、憂鬱で、思うにまかせずに、嘆かわしいことばかりが多くなるのが、実に苦しい。」

（傍線は、本稿執筆者による。以下に示す用例についても同様である。）

山本利達氏は、この「思ひかけたりし心」は、従来「遁世しようと思っている心」と解釈されることが多かったが、「「思ひかけたりし心」を遁世しようとすることは無理で、この述懐における作者の心のありかを正しく見極めることはできないように思われる。」と主張したうえで、「思ひかく」という動詞が、『紫式部日記』の他の場面や『源氏物語』『落窪物語』『枕草子』のなかで遁世しようという意味で用いられていないこと、紫式部の和歌集『紫式部集』で出家遁世に関係のある歌が一首もないことなどから、以下のように結論づけている。

「思ひかけたりし心」が通説のように遁世しようと思っている心とすることは無理であり、以上述べて来たことを考え合わせると、「思ひかけたりし心」は、世の中や身の上について作者の日頃から抱いていた考え、それは、世や身の上を憂きものと深く思う種類のものではなかったろうか。

紫式部が心の奥にずっと抱え込んでいる思いを示したものが、この「思ひかけたりし心」であるという言及を興味深く読み、まさにその紫式部自身の心の奥底にあるものを、あらゆる人の生き方や心の動きを通して表出させたものが『源氏物語』なのであろうとも感じた。

しかし、実は、私が最初にこの論文に興味を引かれた理由は、「思ひかけたりし心」が遁世への思いを表しているのかそうでないのかを知りたかったからではない。この言葉に、「たりし」という、助動詞「たり」の連用形と「き」の連体形が合わさった複合助動詞が用いられていたことにある。私は、大学院生時代に、平安時代の物語作品における完了の助動詞「ぬ」「つ」「たり」と過去の助動詞「き」の複合形式である「にき」「てき」「たりき」を研究テーマとしており、「〈たりき〉と〈き〉は何が違うのだろう。」「〈思ひたりき〉と〈思ひき〉は意味が違うのだろうか。」「〈たりき〉だけが表している特徴的な意味があるのだろうか。」と日々調べ考えていた。そのため、「紫式部日記「思ひかけたりし心」をめぐって」という論文タイトルを目にした時は、「〈たりき〉が論文のタイトルに登場している！」と懐かしく嬉しい気持ちになり、「この論文は、〈たりき〉についてどんな解釈をしているのだろうか。」と興味を持たずにはいられなかったのである。

平安時代の物語における「たりき」と「にき」

ところが、前節の引用からわかるように、山本利達氏の論文のなかでは、「たりき」自体の意味用法については検討していなかった。しかし、だからこそ私は、『紫式部日記』における「思ひかけたりし心」について、私なりに何か新たな観点から考えなおすことができるのではないかと思うことができた。紫式部が自分の心のありようを表す際に用いた「たりし」とは、いったいどのような意味を表すのか。この節では、拙いながらも私の今までの研究で明らかにしてきたことを少し示していきたい。平安時代の物語作品に出てくる「たりし」（終止形「たりき」[5]）を検討することにより、平安時代における過去を表す言葉が繊細なシステムを形成していたことがわかる。

たとえば、三人称の移動動詞の「たりき」は、①のように過去において移動動作の主体が話し手の前に現れたことを表している例が大半を占める。このような特徴は、三人称の移動動詞の「き」には見られない[6]。

①宰相、「まだ小野に侍りし時、宰相の中将ものし給ひたりき。『あはれにあなること』など、時々のたまふ』となむ告げし」などて、御返り書き給ふ。［宰相（源実忠）が、「小野に隠遁している時に、源祐澄が訪ねて来ました。『藤壺の君が「実忠が気の毒な境遇になっている」などと時々おっしゃっています』と言っていた」などと言いながら藤壺に返事を書く。］

（『宇津保物語』国譲・上）

このような「たりき」の特徴は、松本泰丈氏(7)が方言研究を通して見出した、以下の「メノマエ性」という文法概念に相当するものだと言える。

さまざまなすがたで，ココに，イマ，アクチュアルにあらわれているデキゴトと，それをハナシテが目撃していることを，ある文法的なかたちに表現してつたえているとき，そこにいいあらわされている意味的な内容をメノマエ性といっておく。

この「たりき」のメノマエ性の特徴は、移動動詞だけでなく通達動詞②や思考動詞③にも見られる。通達動詞では、口頭による通達活動を表す例が大半を占める「き」に対し、「たりき」には、手紙や和歌など、書いて人に渡す通達活動つまり視覚的にその存在を確認することのできる通達活動を表す例が比較的高い割合で見られる。また、思考動詞では、一人称の思考活動を表す例が大半を占める「き」に対し、「たりき」は三人称の思考活動を表す例が大半を占める。三人称の思考活動は、一人称つまり自分自身の思考活動と異なり、話し手がその人の言葉や表情から客観的視覚的に確認することができる活動だと言える。

②宮の物語しつる人の、「蓬が門」とありし歌、物語し出て、「姫君の御乳母子の宰相といひしが、しかぐ〳〵聞えたりしかな」と語るを、［中務宮の姫君の話をしていた人が、「蓬が門」という（以前狭衣が女性から受け取った）和歌を話題に出し、「姫君の乳母の子宰相という女房が、しかじかとお伝えしたのですよ」と語っているところを、］　（『狭衣物語』）

③「……『なおざりにこそ紛らはし給ふらめ』となむ、うき事におぼしたりし」と聞ゆれば、［（夕

顔の侍女右近が源氏に）「……『（源氏は）自分をいい加減にあしらっているのでしょう』とつらく思っていらっしゃいました。」とお伝えすると、」（『源氏物語』夕顔）

さらに、この「たりき」の特徴は、完了の助動詞「ぬ」と過去の助動詞「き」の複合形式である「にき」の特徴と対照的であると言える。「にき」には、以下のように、過去において移動動作の主体が話し手のもとから去って行ったということ④や、ある人が亡くなってしまった、つまり直接会える状況ではなくなってしまった⑤という消失的意味を表す例が多く見られる。

④……見つけ給ひて、「昨日は、など、いととくは、まかでにし。いつ参りつるぞ」など宣ふ。［（匂宮が若君を）見つけて、「昨日はどうして早く帰ったのか。今日はいつ参ったのか」などと言う。］（源氏物語』紅梅）

⑤「いでや、聞えてもかひなし。御方は早う亡せ給ひにき」と言ふまゝに、三人ながらむせかへり、いとむつかしくせきかねたり。［（右近が、かつて夕顔に仕えていた人達に）「もう申し上げてもどうにもなりません。御方（夕顔）はもうお亡くなりになりました」と言うと、その場にいた三人ともむせかえり、涙を押さえかねている。］（『源氏物語』玉葛）

松本泰丈氏(8)は、「メノマエにあることもないことも区別しないでいいあらわすとしたら、つたえあいのうえでさしつかえが生じることもあるだろう。」とし、「メノマエにないことをつたえるのに特にしるしづけられたかたちをつかったり、逆に、メノマエにあることを、もうすこしひろげれば、ハナシテの直接経験したことをつたえるのに特別のかたちを用意したりすることが、言語や文法体系にとって必要になってくる。」と述べている。

平安時代の人々が意識的に使い分けていたのかどうかを今確認することはできないが、用例を見ていくことにより、「たりき」と「にき」は、過去において目の前で起きたことなのか、目の前から消失してしまったことなのかで使い分けられる傾向があったことが確認できる。つまり、平安時代の日本語に、目の前であったことと目の前からなくなったことを表し分けるシステムが存在していたと推測できるのである。

『紫式部日記』における「たりき」と「にき」―メノマエ性と消失性

本節では、前節で示した「たりき」と「にき」の違いが、『紫式部日記』にも見られるのかを探っていきたい。そうすることにより、「思ひかけたりし心」を通して紫式部が表したかった自らの心のありようを、より深く理解できるのではないかと考えるからである。

『紫式部日記』のなかで「たりき」は十二例見られたが、そのうち九例は三人称、三例は一人称であった。つまり、「たりき」の例の七割以上が三人称だということになる。これは、六十二例中二十六例が三人称、三十六例が一人称であり、人称の偏りが小さくなおかつ一人称のほうが多いという、『紫式部日記』における「き」[9]の分布状況とは異なる特徴を持つと言える。そして、三人称が多い「たりき」のほうが、一人称が多い「き」よりも、話し手が客観的に確認できる事象について取り上げることが多いと推測できる。

まず、三人称の「たりき」の例を見てみよう。どの例も、メノマエ性があると言える。
1小中将の君の、左の頭の中将に見合せて、あきれたりしさまを、後にぞ人ごといひ出でて笑ふ。［小中将の君が左の頭の中将と顔をばったり見合せてしまって茫然としていた様子を、後になって、みなそれぞれに言いだして笑う。］
2かたちなどをかしき若人のかぎりにて、さしむかひつつゐわたりたりしは、いと見るかひこそはべりしか。［いずれも容貌などの美しい若女房ばかりで、向いあって座って並んでいる様子は、ほんとうに見がいのあるものでした。］
3御帳の東面二間ばかりに、三十余人ゐなみたりし人々のけはひこそ見ものなりしか。［御帳台の東に面した二間ほどの所に、三十人あまりも並んで座っていた女房たちの様子は、まさに見物であった。］
この三例は、お仕えする中宮に皇子が生まれた直後の女房仲間の様子(1)や、産養(皇子誕生の祝宴)での女房達の様子(2・3)について取り上げており、いずれも紫式部が実際に見たことを表している。
4日ごろの御しつらひ、例ならずやつれたりしを、あらたまりて、御前の有様いとあらまほし。［このごろの中宮さまのお部屋の設備は、お産のために平素とちがって簡素であったが、またもとにあらたまって、御前の有様はまったく申し分がない。］
5塵つもりて、よせ立てたりし厨子と柱とのはさまに首さし入れつつ、琵琶も左右に立ててはべり。［(箏の琴と和琴が)塵が積って寄せ立ててありました、その厨子と柱との間に、首をさし入れたまま、琵琶も左右に立てかけてあります。」

4・5は、人ではなく中宮の部屋や楽器について、紫式部が見た過去の状態について述べている。

6宰相の中将、むかし見知りて語りたまふを、「一夜かのかひつくろひにてゐたりし、東なりしなむ左京」と、源少将も見知りたりしを、もののよすがありて伝へ聞きたき人々、「をかしうもありけるかな」といひつつ、「宰相の中将が昔の左京を見知っていてお話しなさるのを聞いて、「先夜、あの侍従の宰相の舞姫の介添役でいた女房のうち、東側にいたのがその左京ですよ」と、源少将も見知っていたのを、何かの縁があって左京のことを伝え聞きたい女房たちが、「とってもおもしろいことだわ」と口々に言って、」

6には、二例の「たりし」がある。「ゐたりし」は話し手である源少将が実際に見たことを表している。「見知りたりし」は、源少将が左京を知っているということを表している。そして、源少将が左京を知っているということは、源少将の発言により、紫式部をはじめとするその場にいた人達が見て認識できたことである。

以下の7・8の例からは、三人称の「たりき」と一人称の「き」の対比的な用法を確認することができる。

7つぎに馬の中将と乗りたるを、わろき人と乗りたりと思ひたりしこそ、あなことごとしと、いとどかかる有様、むつかしう思ひはべりしか。［その次の車に私は馬の中将と乗ったのを、中将が好ましくない人と乗り合せたと思っている様子なのは、まあもったいぶってと、いっそうこのような宮仕えが煩わしく思われたことでした。」

同じ「思ふ」という動詞でも、紫式部と同乗した馬の中将がいやそうに思っている様子を紫式部自身が目の当たりにしたことを表す例では「たりき」が用いられていて、紫式部自身のその時の心情を表す例では「き」が用いられている。

8恥づかしさに、御屏風の上に書きたることをだに読まぬ顔をしはべりしを、宮の、御前にて、文集のところどころ読ませたまひなどして、さるさまのこと知ろしめさまほしげにおぼいたりしかば、「恥ずかしさに、お屏風の上に書いてある文句をさえ読まないふりをしておりましたものを、中宮さまが御前で『白氏文集』のところどころを私にお読ませになったりして、そういう漢詩文の方面のことをお知りになりたげにお思いでしたので、」

「たりき」は、中宮が漢詩文を学びたいと思っている様子について取り上げている例で用いられている。一方、「き」は、文句を読めないふりをした自分について、つまり紫式部が客観的に見ることができない自身の様子を表す例で用いられている。

次に、一人称の「たりき」を見ていきたい。本稿のテーマである「思ひかけたりし心」も一人称の例であるが、この例については次節で述べることとし、ここではその他の二例を示す。

9よろしう書きかへたりしは、みなひきうしなひて、心もとなき名をぞとりはべりけむかし。「まずまずという程度に書き直しておいた本は、みな紛失してしまっていて、手直しをしていないのがみなの目に触れることになってしまい、きっと気がかりな評判をとったことでしょうよ。」

この「書きかへたりし」は、自分が清書した本について言っており、一人称ではあるものの実際に自身で見て確認することができるものについて語っており、メノマエ性があると言える。

10さしあたりて、恥づかし、いみじと思ひしるかたばかりのがれたりしを、さも残ることなく思ひ知る身の憂さかな。［今さしあたっては恥ずかしい、つらいと思い知るようなことだけはまぬがれてきたのに、宮仕えに出てからは、ほんとうにわが身のつらさを残ることなく思い知ることよ。］

この「のがれたりし」も、一人称ではあるものの、宮仕えに出る前の継続的な心情を語っているため、7の「き」の例（「思ひはべりしか」）のような特定の出来事に対するその場での心境を語ったものよりも、客観性を持って見つめることのできる自身の過去の思いだと言えよう。

この節の最後に、「たりき」とは対照的に、「消失」を表す「にき」の五例を示したい。「にき」は、五例中四例が三人称、一例のみが一人称であった。「たりき」と「にき」は、メノマエ性と消失性という対比的な意味を表してはいるものの、人称の分布の偏りにおいては、三人称が多いという同じ傾向を持つ。このことから、両者が、人称の分布の偏りが小さく一人称が多く見られる「き」よりも、話し手が客観的に確認できる事象について取り上げる語形であることを改めて確認できる。

11うちとけぬほどにて、「おほかる野辺に」とうち誦じて、立ちたまひにしさまこそ、物語にほめたるをとこの心地しはべりしか。［（道長の長男頼通が）あまりうちとけた話にならない程度のところで、「おおかる野辺に」とうたってお立ちになってゆかれたさまは、それこそ物語の中でほめあげている男君そっくりのような気持がしました。」

12いと小さくほそく、なほ童女にてあらせまほしきさまを、心と老いつき、やつしてやみはべりにし。［とても小さくほっそりしていて、まだまだ童女姿のままでおきたいような様子でしたのに、自分から老いこんでしまい、尼姿になってそれっきり宮仕えを退いてしまいました。」

13片つかたに、書ども、わざと置き重ねし人もはべらずなりにし後、手ふるる人もことになし。［もう一方の厨子には、漢籍の類で、とくに大切に所蔵していた夫も亡くなってしまった後は、手を触れる人も別におりません。」

11は、お話をしていた頼通が自分達の前から立ち去って行ったこと、12は、女房仲間が宮仕えをやめてしまったことつまり自分達のそばにはいなくなってしまったことを表している。13では、夫が亡くなり今はもういないことを表す際に「にき」が用いられている。

14人の隠しおきたりけるをぬすみて、みそかに見せて、とりかへしはべりにしかば、ねたうこそ。［（斎院の中将の君の手紙を）ある人が、隠しおいたのをそっと取り出してこっそり見せてくれて、またすぐとりかえしてしまいましたので、ほんとうに残念ですわ。」

14は、ある人が、見せてくれた斎院の中将の手紙をすぐに取り返してしまったことが書かれており、11～13のような主体（人）の消失ではなく、動作の対象（ここでは斎院の中将の手紙）の消失を表している。

以下の15は、「にき」のなかで唯一の一人称の例である。人からの手紙を雛遊びの家を作るのに使ってしまったこと、つまりもう手紙がなくなったことを表している。人称は異なるものの、14と同様に、動作の対象（ここでは紫式部が人からもらった手紙）の消失を表している。

15このごろ反古もみな破り焼きうしなひ、雛などの屋づくりに、この春しはべりにし後、人の文もはべらず、紙にはわざと書かじと思ひはべるぞ、いとやつれたる。［このごろはいらなくなった手紙などもみな破ったり焼いたりしてなくしてしまい、雛遊びの家を作るのにこの春使ってしまいましてから後は、人からの手紙もございませんし、新しい紙にはとくに書くまいと思っておりますのも、極力人目に立たないようにしたつもりなのです。］

以上、本節では、『紫式部日記』における「たりき」、それとは対照的な意味を表す「にき」の例を示し、「たりき」には、三人称の例・メノマエ性を表す例が多いことを確認した。これらの「たりき」の例の特徴を踏まえ、次節では、「思ひかけたりし心」について考えてみたい。

紫式部の「思ひかけたりし心」とは

まず、「思ひかけたりし心」についての山本淳子氏(10)の考察を紹介したい。

紫式部が詳述するのは、自己がどのような過程を辿って憂愁と苦悩に至るかの心理的プロセスである。根本に「思ひかけたりし心」があり、一般に賛美すべきもの心躍るものを見聞きしても、賛美・ときめきの方向ではなくその「思ひかけたりし心」へと心理が牽引され、憂愁と不如意と嘆きに至る、それが本人には苦痛なのだという。こうした心理プロセスは、心理学や精神医学などの方向から実例の確認されるものかもしれない。だが重要なのは、その心理プロセスが発動する根本原因たる「思ひかけたりし心」については、具体的な説明がなされないことである。それは『紫式部日記』を通じた姿勢である。紫式部にとって自己が憂愁を抱えた人間であることは自明な前提であり、本作品の読み手(と想定される人物)にとってもそうだったということではないか。なお、「思ひかく」の意は「心にかける」「意識する」。「予期する」「願う」などもあるがそれらに限定されない広がりを持つ。したがって「思ひかけたりし心」を「出家の願い」と解することは一面的といえる。

私は、この山本淳子氏の考察に同意したいと考えている。しかし、山本淳子氏は、紫式部の心理や書き手としての姿勢という側面から分析しているため、私は、言葉の側面三点から、「思ひかけたりし心」について改めて述べたいと思う。

一、「思ひかく」という動詞に、「出家する」という特定的な意味を見出すことはできない

山本利達氏も山本淳子氏も「思ひかく」の意味について述べているが、『日本国語大辞典』[11]も、「おもいかく」の意味について、「1ある事を心にとめる。気にかける。また、前もってこうなるだろうと考える。予想する。2恋しく思う。懸想(けそう)する。慕う。」とし、古文の実例を挙げている。実際、『紫式部日記』には、「思ひかけたりし心」以外にもう一例「思ひかく」の例がある(「思ひかけたりし」

と同様に一人称である。しかし、「たりき」ではなく「き」が使われている。）が、以下のように、「想像する」の意味で使われている。

16かうまで立ち出でむとは思ひかけきやは。［私だって以前はこんなにまで人前に立ち出ようなどとは想像したであろうか。］

これらのことから、「思ひかけたりし心」の「思ひかく」が、「出家する」という極めて特定的な意味であると解釈することは難しいと考える。

二、「たりき」には客観的に見たことについて用いられるという特徴がある

今まで論じてきたように、「たりき」には、客観的に見た・認識したことについて用いられるという特徴がある。そのため、「思ひかけたりし」についても、「出家する」という限定された一つの行動に対して抱いている思いを表しているというよりは、客観的に取り出して見つめなおすことができる、または見つめなおさざるをえない、長い間抱いてきた感情のまとまりを表していると考えるほうが妥当であると思われる。これは、「たりき」と異なる意味用法を持つと言える「き」の「思ひかく」の例(16)が、〈自分が人前に出ること〉を想像していただろうかというある程度限定されたことに対する自分の思いについて語っていることからも推測することができる。

三、この「思ひかけたりし」は「心」を修飾した言葉である

さらに、この「思ひかけたりし」が連体形であり、「心」を修飾した言葉であることにも着目したい。つまり、「思ひかけたりき」と終止形で自分の「思いかける」という心理活動を取り上げているのではなく、「思ひかけたりし心」と自分のなかにある心の存在を取り上げて、その心を自分自身と切り離し、独立した存在として客観的に見つめていると言えるのである。

以上のことから、この「思ひかけたりし心」は、「出家遁世を願う心」ではなく、後に「ひくかたのみつよくて、もの憂く、思はずに、嘆かしきことのまさるぞ、いと苦しき。」が続いていることなども考えて、「ずっと抱いてきた深く沈んだ心」というような現代語訳が適切であると考える。

ちなみに、与謝野晶子(12)は、この「思ひかけたりし心」を、「忘れえない悲哀に引かれる心」と訳している。歌人であるつまり自らも表現者である晶子だからこその、紫式部の切実な思いが伝わってくる悲しくも魅力的な訳である。

平安時代の時間表現と向き合うこと

以上、解釈が分かれていた「思ひかけたりし心」について、「たりき」「にき」「き」のシステムという新しい視点を取り入れて考えなおしてきた。その過程のなかで、『紫式部日記』における「たりき」「にき」「き」の例を具体的に示していくことにより、それぞれの意味の違いを明らかにすることもで

きた。

さらに、本稿執筆にあたり『紫式部日記』の研究や現代語訳を複数読むことを通して、一つの作品や一つの言葉に対する検討や解釈の仕方の多様性を私自身強く認識することができた。そして、様々な手法や考え方を持つ研究を互いに尊重し学び合うことによって、個々の研究がさらに豊かになっていくのだろうとも感じた。

これからも、平安時代の時間表現がどのようなシステムを形成していたのかを、私なりに追究していきたい。私が研究対象としていることは、とても小さく狭いことであろう。しかし、一つ一つの言葉の意味としっかり向き合い、分析し、見えていなかった事実を明らかにすることを通して、中学生の頃から憧れていた平安文学の世界を私なりに深く知っていきたいと思う。そして、そのことを通して、私自身を含め多くの人がなぜ平安文学の世界に魅力を感じるのかという理由も見出していくことができるように感じている。

注

(1) 木下美(一九七七)「紫式部日記に用いられた「き」「けり」についての調査研究(その1)―「けり」について―」(九州大谷短期大学『国語研究』六)
木下美(一九七八)「紫式部日記に用いられた「き」「けり」についての調査研究 二、「き」について」(九州大谷短期大学『国語研究』七)

（2）坂東久美（一九九〇）「〈研究ノート〉『枕草子』と『紫式部日記』における文体の比較研究」（徳島大学『国語国文学』三）

（3）山本利達（一九七四）「紫式部日記「思ひかけたりし心」をめぐって」（滋賀大学『滋賀大国文』十二）

（4）本稿の『紫式部日記』の用例は、すべて新編日本古典文学全集（小学館　一九九四）に掲載されている中野幸一校注・訳をテキストとしている。［　］内の現代語訳についても、表記等を含め新編日本古典文学全集の現代語訳を忠実に示したが、用例の内容をわかりやすくするために主語や目的語を補ったものもある。補った個所は（　）で示している。

（5）私が大学院時代に研究していた際は、調査対象の条件を揃えるために、文末表現に着目して検討を進めていた。しかし、本稿で『紫式部日記』の用例を見ていく際には、文末表現だけにこだわらずに、あらゆる文の流れのなかに出てくる「たりき」「にき」「き」を見ていきたい。論じていく際には、終止形以外のかたち（例：連体形「たりし」「にし」「し」）を含めて、「たりき」「にき」「き」と呼ぶことがある。

（6）①～⑤は、それぞれ以下の論文のなかで示した用例を再掲したものである。現代語訳については、本稿にて新たに書き足した。用例を引用した物語のテキストも以下に示しておく。

［論文］

①②③が掲載されている論文

山本博子（二〇〇三）「中古語におけるキ形とタリキ形の違い」（お茶の水女子大学大学院人間文化研究科『人間文化研究年報』二十六）

④が掲載されている論文

山本博子（二〇一〇）「助動詞「ぬ」の消失的意味についての一考察」（『日本語形態の諸問題―鈴木泰教授東京大学退職記念論文集』）

⑤が掲載されている論文

山本博子（二〇〇〇）「中古語におけるキ形とニキ形・テキ形の違い」（お茶の水女子大学国語国文学会『国文』九十三）

［テキスト］

『宇津保物語』：室城秀之校注　『うつほ物語　全』（おうふう　一九九五）

『狭衣物語』：三谷榮一・關根慶子校注　日本古典文学大系（岩波書店　一九六五）

『源氏物語』：玉上琢彌訳注（角川文庫ソフィア　一九六四～）

（7）松本泰丈（一九九六）「奄美大島方言のメノマエ性―龍郷町瀬留―」（『日本語文法の諸問題―高橋太郎先生古希記念論文集―』ひつじ書房）

なお、「メノマエ性」という文法概念は、私の大学院生時代の指導教授であった鈴木泰氏が、松本泰丈氏の方言研究の成果を受けたうえで、以下の論文等で、平安時代の「たり」「り」等の意味を検討する際に用いている。「メノマエ性」が日本語の方言だけでなく古文においても機能しているというシステムの多様性が示されたと言える。

鈴木泰（一九九五）「メノマエと視点（I）―移動動詞の～タリ・リ形と～ツ形、～ヌ形のちがい―」（『築島裕博士古稀記念　国語学論集』汲古書院）

（8）前の注に示した松本泰丈氏の論文にて言及されている。

（9）「たりき」「にき」と同じ条件で考察するために、動詞についた「き」のみを調査対象とした。したがって、「よかりき」のように形容詞についた「き」などは今回の検討対象にはしていない。
（10）『紫式部日記』：山本淳子訳注（角川ソフィア文庫　二〇一〇）
（11）『日本国語大辞典　第二版　第二巻』（小学館　二〇〇一）
（12）與謝野晶子著『新譯紫式部日記　新譯和泉式部日記　附録紫式部考』（金尾文淵堂　一九一六）を底本としている『与謝野晶子訳　紫式部日記・和泉式部日記』（角川ソフィア文庫　二〇二三）より引用した。

第二部　文学・演劇

林真理子『六条御息所 源氏がたり』の『源氏物語』翻案作品としての特異性
——物の怪という社会的システムからの脱却

蕗谷《ふきや》　雄輝《ゆうき》
本学兼任講師。開志専門職大学助手。専門は日本中古文学。論文に、「宇治十帖の「ことつく」をめぐって」（『日本文学』第七一巻一二号、二〇二二年一二月）など。

はじめに

平安時代中期に成立した『源氏物語』は、千年以上経過した今もなお多くの人に読み継がれている作品である。その受容の形は様々で、原文のまま鑑賞されるだけでなく、現代語に訳された作品として読まれることもある。さらには、『源氏物語』を元にして新たに創作された作品も多く存在し、その形態は、小説に限らず、舞台・映画・マンガ・アニメなど多岐にわたる。こうした改作は翻案《アダプテーション》と呼ばれる。

『源氏物語』に限らず、この世界には多くの翻案作品で溢れていることは言うまでもない。こうした翻案作品は、原作（以下、本稿では「翻案元テクスト」と呼ぶ）を超えて高く評価されることはほとんどなく、翻案元テクストをどれだけ忠実に再現しているかどうかという論点だけで評価されてしまうことがしばしばある。話題のマンガ作品の設定を大きく改変させたアニメや実写ドラマなどの翻案作品に非難が集中することがあるのも、忠実さを基軸とした評価が浸透していることを如実に表す現象だと言えるだろう。

だが翻案作品による改変は、必ずしも翻案元テクストを忠実に再現することを目的とするわけではない。リンダ・ハッチオンは、翻案作品が翻案元テクストに及ばない存在として軽視されてきたことに対して疑問を呈したうえで、制作過程に着目しながら翻案について論じる。[1] 翻案者の意図や、受容者のニーズ、制作される時代や地域、作品メディアそれぞれの特性などの様々な要素が絡み合っていく過程で、翻案元テクストは改変され、翻案作品は完成する。そのことを踏まえると、翻案元テクストから改変されている部分にこそ、翻案作品を解き明かす鍵が隠されていると言えるだろう。

本稿では数ある『源氏物語』の翻案作品のうち、林真理子『六条御息所　源氏がたり』（以下、本稿では『林源氏』と呼ぶ）を取り上げて論じてみたい。この作品は、雑誌『和樂』（小学館）にて二〇〇八年から二〇一二年にかけて連載された。単行本が三巻に分けて刊行されており、二〇一六年には上下巻の文庫版も出ている。なお林真理子は、この作品の好評を受けてか、二〇一三年から二〇一四年にかけて『源氏物語』続篇である宇治十帖を描いた『小説源氏物語 STORY OF UJI』を同じく『和樂』で連載している。

『林源氏』は、『源氏物語』の登場人物の一人である六条御息所を主人公に据える。六条御息所は、大臣家の娘であり、かつて東宮（皇太子）のもとに入内した極めて高貴な女性である。一方で、生霊や死霊となって様々な女性に取り憑く人物としても描かれる。

この作品の最大の特徴は、六条御息所の亡霊が物語の語り手となっていることである。この作品は次のような文で始められている。

私の名を、どうか聞いてくださいますな。成仏出来ぬまま、こうして漆黒の闇の中を漂っている私の魂を、どうぞ嘲笑ってくださいますな。（上巻六頁）

語り手である六条御息所の魂が、成仏できずに漂っていることが冒頭で明かされるのである。さらに特筆すべきことは、「私の魂はこうしてふわふわと乱れ飛んで、あの方（稿者注：光源氏）の今も、過去も見据えているのです」（上巻一九頁）、「人はいったんこの世を去りますと、すべてのことが見えてくるものでございます」（上巻三六三頁）と語られているとおり、六条御息所の死霊の一人称語りでありながら、彼女が本来であれば知り得ないはずの『源氏物語』の世界すべてを語ることのできる、いわゆる全知の語り手として設定されているという点である。瀬戸内寂聴『女人源氏物語』（小学館一九八八〜一九八九年）のなかの「紫炎」・「みをつくし」の章や、唯川恵による短編集『逢魔』（新潮社二〇一四年）所収の「白鷺は夜に狂う」など、六条御息所を語り手とした小説はほかにも存在するが、六条御息所の亡霊による一人称語りという形態をとった作品は、管見の限り『林源氏』のみである。本稿では、物の怪という要素に着目しながら、『林源氏』の『源氏物語』翻案作品としての特異性を明らかにしていきたい。

物の怪という社会的システム

『源氏物語』作中には、幾度となく物の怪が登場する。そもそも物の怪とは一体何なのか。

小学館『日本国語大辞典』（第二版）では、「人にとりついて悩まし、病気にしたり死にいたらせたりするとされる死霊・生霊・妖怪の類」と説明されている。現代社会に生きる我々からすると、物語に物の怪が現れることに対して荒唐無稽さを感じてしまうかもしれない。だが平安時代の人々は、不可解な出来事が発生したとき、それを物の怪の所業だとすることで対処してきた。たとえば女に逢いに外出しようとした夫に対して、同居の妻が突如豹変して香炉の灰を夫に浴びせかけるという行動をとったとしても――『源氏物語』には実際そのような場面がある――妻に取り憑いた物の怪が悪さを働いたのだと納得するのである。

なぜ不可解な出来事を物の怪の仕業にするのか。それは場の平穏を保つのに好都合だからである。三田村雅子は「『もののけ』とは、そこには居ない第三者を想定し、そこに責任のすべてを押しつけることによって、こちら側のすべてが傷つかないように配慮された責任回避システムである(2)」と指摘する。不可解な出来事を物の怪のせいにすることで、場を荒立てずにやり過ごそうとする社会的システムが、『源氏物語』の世界には根付いているのである。

そしてこのシステムは、『源氏物語』そのものだけではなく、『源氏物語』を元にして作られた多くの翻案作品のなかにも息づいている。ところが、『林源氏』においてはその限りではない。『源氏物語』のなかで起こる二つの物の怪事件を手がかりに、『林源氏』における物の怪の独自性について解明してみたい。

廃院に現れる物の怪

初めに見るのは、夕顔巻の廃院に現れる物の怪をめぐる事件である。夕顔という中流貴族階級の女性に心惹かれた光源氏は、荒れ果てた廃院に夕顔を連れ出して一日を過ごす。だが、その夜に物の怪が現れて夕顔を取り殺してしまう。物の怪が登場する場面について、まずは翻案元テクストである『源氏物語』の本文を見てみたい。

宵過ぐるほど、すこし寝入りたまへるに、御枕上にいとをかしげなる女ゐて、「おのがいとめでたしと見たてまつるをば尋ね思ほさで、かくことなることなき人を率ておはして時めかしたまふこそ、いとめざましくつらけれ」とて、この御かたはらの人をかき起こさむとすと見たまふ。物に襲はるる心地して、おどろきたまへれば、灯も消えにけり。（夕顔巻①一六四頁）

（宵を過ぎるころ、光源氏が少し眠りに入りなさっていると、御枕元にいかにも美しい様子の女が座り込んで、「私が大層素晴らしいと拝見する方を尋ねようともお思いにならず、このような取り柄もない女を連れていらっしゃってご寵愛なさるとは、本当に心外で恨めしい」と言って、光源氏のお側にいる人（夕顔）を抱き起こそうとする——と光源氏はご覧になる。光源氏は何かに襲われるような心地がして、はっとお目覚めになったところ、灯火も消えてしまっているのであった。）

その後、光源氏が夕顔の様子を確認すると、夕顔はすでに息を引き取っていた、という展開が続く。

『源氏物語』の研究史において、古くは物の怪の正体を六条御息所の生霊とする説が主流であった。だが、のちに廃院に住む妖物だという説や、光源氏の良心の呵責が生み出した幻覚だという説など、現在に至るまで様々な説が提唱されるようになり、いまだ解釈は定まっていない。

一方、翻案作品においては、物の怪の正体を六条御息所とする説が採用されることが多い。たとえば、同じく六条御息所を語り手とした唯川恵の短編小説「白鷺は夜に狂う」では、夢の中で白鷺となって廃院に飛んでいった六条御息所が、光源氏と夕顔の情事を目の当たりにしたことで、激しい怒りを覚える。そして烈々たる眼差しを夕顔に向け、死に至らしめるという展開になっている。こうした傾向は小説に限ったものではなく、『源氏物語』の翻案マンガの金字塔である大和和紀の『あさきゆめみし』（講談社　一九七九〜一九九三年）も、夕顔を取り殺す物の怪は六条御息所であるように描かれている。

それでは『林源氏』では夕顔巻の物の怪がどのように描かれているのか見てみよう。

しかし申し開きするようでございますが、あの女を手にかけたのは私ではございません。私ではない別の女たち何人かが、私をそそのかし、眠っている女を打ちすえるようにと私の手を取りました。拒否いたしますと、突然私は前に押し出されたのです。（上巻八四頁）

傍線を付した通り、夕顔を殺したのは自分ではないと、過去を振り返った六条御息所が語っている。さらにそのあとには詳細に事の顛末が語られる。

あの方はご存知なかったでしょうが、その廃院はかつて私の一族のものでございました。広大な邸のあちこちには、私の祖母、曾祖母、大伯母、その前の女たちの霊がまだうごめいております。それを揺り動かしたのはあの方でございます。
（中略）その夜眠っていた私は、誰かに名を呼ばれました。御帳台の中に女がひとり立っていて私を手招きします。誰と名告らなくてもその女が私の一族の者だということはすぐにわかりました。懐かしさだけで、恐怖は全く感じなかったからです。私の魂は女と一緒にふわふわと飛び、荒れ果てた邸へと着きました。西の対の仮御座所には、もう数人の女たちが集っておりました。みんな髪が長く美しい顔の、私の一族の女たちです。女のひとりは、私に几帳の中を覗くように合図いたしました。そこで見た光景は今も目に灼きついております。男と女のあさましい姿でした。

まともな女では決してしないような姿態を見せ、あの女は歓喜の声をあげております。そして女を組み敷いていくあの方の背のたくましさに私は一瞬見惚れ、次に絶望の声をあげました。（中略）やがて二人は形だけ衣をつけ、とろとろと眠りに入りました。一族の女たちは寝ている女を起こすことなく、いたぶり始めました。女自身の髪で首を絞めたり、鞭のようなものでぶったりいたします。中でも長老の女が、「ここをどこだと心得ているのか。お前のような女が来るところではない。立ち去りなさい」と罵っているのが私にははっきり聞こえました。が、あの方はぐっすり眠り始め何も聞こえていないようです。やがて女のひとりが枕元に立ち、私を前に押し出し恨み言を口にしたのです。「何の取り柄もないこんな女をお連れになって、本当に恨めしく思います」（上巻一一六〜一一七頁）

光源氏と夕顔が過ごした廃院は六条御息所の一族のものであったこと、邸には六条御息所の先祖の女の霊がうごめいていたこと、その一族の霊に誘われて六条御息所の魂が邸にやってきたこと、夕顔をいたぶっていたのは一族の女の霊たちであったこと、その女の霊のうちの一人が六条御息所を枕元に押し出して恨み言を口にしたこと。これらが真相であると六条御息所の亡霊は明かす。要するに、六条御息所は女の霊たちに連れられてその場にいただけで、自身は夕顔に対して何も危害を加えていないということになる。

『源氏物語』の研究においては、浅尾広良が「物の怪の正体を六条御息所の母や祖母とする連想も成り立つかもしれない」と指摘しており、[3]『林源氏』の解釈はこれに近い。林真理子が浅尾の論を知ったうえで採用したのかどうかは措くとして、問題としたいのは、ほかの翻案作品では、六条御息所を物の怪の正体であるように描かれることが多いなかで、なぜ六条御息所の祖先が正体だという説を採用したのか、ということである。次節で見るもうひとつの物の怪事件とあわせて考えてみたい。

葵の上に取り憑く物の怪

次に見るのは、葵巻にて発生する、葵の上と呼ばれる女性に取り憑く物の怪をめぐる事件である。六条御息所が光源氏の冷淡な態度に苦悩していた折、光源氏の正妻である葵の上が懐妊する。出産に臨む葵の上と二人きりになった光源氏は、葵の上に取り憑く六条御息所の生霊と対面する。葵の上は男児を産んでまもなく命を落としてしまう。

葵の上に取り憑いた六条御息所の生霊と光源氏が対面する場面について、まずは翻案元である『源氏物語』の本文を見てみよう。

さすがにいみじう調ぜられて、心苦しげに泣きわびて「すこしゆるべたまへや。大将に聞こゆべきことあり」とのたまふ。（中略）御手をとらへて「あないみじ。心憂きめを見せたまふかな」とて、ものも聞こえたまはず泣きたまへば、例はいとわづらはしう恥づかしげなる御まみを、いとたゆげに見上げてうちまもりきこえたまふに、涙のこぼるるさまを見たまふは、いかがあはれの浅からむ。（中略）慰めたまふに、「いで、あらずや。身の上のいと苦しきを、しばしやすめたまへと聞こえむとてなむ。かく参り来むともさらに思はむも、もの思ふ人の魂はげにあくがるるものになむありける」となつかしげに言ひて、

なげきわび空に乱るるわが魂を結びとどめよしたがひのつま

とのたまふ声、けはひ、その人にもあらず変りたまへり。いとあやしと思しめぐらすに、ただかの御息所なりけり。（葵巻②三八～四〇頁）

（そうは言うもののやはり物の怪は激しく調伏されて、苦しそうに泣き嘆いて、「御祈禱を少しおゆるめくださいな。大将（光源氏）に申し上げたいことがある」とおっしゃる。（中略）光源氏は葵の上のお手をとって、「ああ、ひどい。私を辛い目に遭わせなさるのだね」とおっしゃって、その後は何も申し上げなさらずお泣きになるので、葵の上はいつもなら大層憚られて気が引けるような御眼差しを、とてもだるそうに見上げて、じっと光源氏を見つめ申していらっしゃるうちに、その目から涙がこぼれてくる。光源氏は、その様子をご覧になるにつけても、どうして深い愛着をそそられずにいられようか。（中略）光源氏が葵の上をお慰めになると、「いや、そうではない。私の身が本当に苦しいので、しばらく楽にさせてくださいと申しあげようと思って。こうしてここに参ろうという気も一切ないのに、物思いに苦しむ者の魂は、なるほど身から離れてさまよってしまうものだったのね」と親しげな様子で言ってから、

なげきわび……（嘆き苦しむあまり身を離れて空にさまよっている私の魂を、下前の褄を結んで繋ぎとめてください）

とおっしゃる声や雰囲気が、葵の上のものではなく、変わりなさっている。大層おかしなことだ、と光源氏は思いめぐらせなさると、これはまさしくあの六条御息所であったのだ。）

葵の上に取り憑いた物の怪の調伏中、いつもと違って慕わしい眼差しを向けてくる葵の上に、光源氏は胸を打たれる。だが次第にそれが葵の上に取り憑いた六条御息所の生霊であることが明らかになっていく。この場面を『林源氏』は次のように描く。

その時、私の胸が苦しくなりました。何やら強い力が私を押さえつけたのです。私は声に出して言います。「ご祈禱をゆるめてくださいませ。大将にどうしても申し上げたいことがあるのです」几帳の中に、あの方が入ってきました。いとおしげに私の手を握ります。こんなやさしい目で見つめられたのは久しぶりです。「お加減は苦しいのでしょうか。この私を、こんなにつらいめにあわせないでください。本当にいとおしく大切に思っているのですよ」嬉しさのあまり、私は涙が流れます。やはりこの方は私のことを思っていてくれたのです。「きっとよくなりますとも、そして元気なお子をお産みになるのですよ」私は気づきました。あの方は私を葵の上さまと思っているのです。どうやら私は葵の上さまに乗ったままらしいのです。「そんなことではありません。

どうかご祈禱をゆるめてください。私は苦しくてたまらないのです」あの方の顔がみるみるうちに変わりました。そして震える声でこう叫んだのです。「お前はいったい誰なんだ」（上巻二五二〜二五三頁）

葵上に取り憑いた六条御息所の視点でこの場面が語られるが、最初の傍線部からわかる通り、六条御息所は光源氏の言葉が自分に向けられたものだと思い込んでいることがわかる。つまり六条御息所は、自分が葵の上に取り憑いていることに気づいておらず、光源氏が出産について言及したとき、ようやくそのことを自覚するのである。こうした描写は『源氏物語』では見られない。このことを踏まえたうえで、このあとの展開も見てみたい。まずは、翻案元である『源氏物語』の本文から見ていく。

……「御湯まゐれ」などさへあつかひきこえたまふを、何時ならひたまひけんと、人々あはれがりきこゆ。いとをかしげなる人の、いたう弱りそこなはれて、あるかなきかの気色にて臥したまへるさま、いとらうたげに心苦しげなり。御髪の乱れたる筋もなくはらはらとかかれる枕のほどありがたきまで見ゆれば、年ごろ何ごとを飽かぬことありて思ひつらむと、あやしきまでうちまもられたまふ。「院などに参りて、いととうまかでなむ。かやうにて、おぼつかなからず見たてまつらばうれしかるべきを、宮のつとおはするに、心地なくやとつつみて過ぐしつるも苦しきを、なほやうやう心強く思しなして、例の御座所にこそ。あまり若くもてなしたまへば、かたへは、かくものしたまふぞ」など聞こえおきたまひて、いときよげにうち装束きて出でたまふを、常よりは目とどめて見出だして臥したまへり。（葵巻②四四～四五頁）

（「御薬湯を召しあがれ」などといったことまでも光源氏がお世話申し上げなさるのを、いつの間に覚えなさったのだろうと、女房たちはしみじみと感心申し上げる。大層美しい人（葵の上）が、ひどく弱りやつれられて、すっかり衰えた様子で臥していらっしゃっているさまは、大層可愛らしく痛々しい。御髪が一筋の乱れもなく、はらはらと枕元にかかっている様子は、この世にめったにないものとまで見えるので、長年このお方のどこに不足があると思っていたのだろうと、光源氏は不思議なほど思わずじっと見つめていらっしゃる。「院などに参上して、早々に退出してこよう。このようにして、打ち解けてお目にかかるのでしたら嬉しいことだろうけれど、母宮がぴったりとそばにいらっしゃるので、不躾かと遠慮しながら過ごしているのも心苦しいので、やはり徐々に元気をお出しになって、いつものお部屋にお戻りください。あまりに子供のように振る舞っていらっしゃるから、一つにはいつまでも回復なさらないのですよ」などとお申しおきになって、大層美しく装束を着けてお出になる光源氏の様子を、葵の上は、いつもよりも、じっとお目を注いで見送って臥していらっしゃっている。）

六条御息所の生霊が去って、葵の上が体調を持ち直した場面である。これまでずっとぎこちない関係だった光源氏と葵の上が、この場面では仲睦まじく過ごす様子が語られる。この場面を『林源氏』は大胆に翻案してみせる。

「さあ、少しお薬を召し上がれ」あの方は私を抱き起こし、薬湯の椀を口に近づけてくれます。「まあ、ありがとうございます」私はあの方をじっと見つめます。本当に美しい私の男。「なんというやさしい目で私をご覧になるのだろう」あの方は言って、私を自分の胸にひき寄せます。「今までとはまるで違った心持ちですよ。今までのあなたは、ご立派過ぎて少し近づきがたいところがありました。が、ご出産で体が弱っておられるせいか、あなたは本当に愛らしく素直におなりだ。たまらなくいとおしく感じられてなりません。そう、そんな風に私を見上げるまなざしなど、本当に嬉しく思いますよ」「私はずっとあなただけを思って生きてきましたもの」この時母上さまもあの方も気づいていませんでしたが、葵の上さまはやはりご出産に耐えられず亡くなっていらっしゃいました。私は葵の上さまの体に移っているので、よくわかります。「ずっとずっと、あなたのことを本当に思っていたのですよ」「それに気づかなかった私をどうか許してください。これから私たちは仲のよい夫婦になるのですよ」そしてあの方は私の手をさらに強く握り、こう言いました。「おや、冷たいお手だ。さあ、お休みなさい。お目が覚めたら、前よりずっと楽しい日々が始まるのですよ」「何て嬉しいんでしょう」私は微笑んで答えました。（上巻二五五〜二五七頁）

光源氏と葵の上の仲睦まじい場面であるはずが、なぜか六条御息所と光源氏の抒情的場面に置き換わっている。そして傍線部にあるように、この時点ですでに葵の上は死んでいたという事実が明かされる。つまり葵の上の亡骸に六条御息所が憑依していて、そのことに気づいていない光源氏が、葵の上に向けた愛の言葉を六条御息所に対して投げかけている、という場面に再解釈されているのである。

注意したいのは、前節で見た夕顔の死と同様に、葵の上を死に至らしめたのは六条御息所ではないことになっている点である。あくまで「ご出産に耐えきれず」亡くなった葵の上の体に取り憑いているだけで、彼女の死には関与していないということになる。葵の上の死について、林真理子自身は文庫版あとがきにて、次のように言及をしている。

そしてやがて、源氏物語の中でいちばん強烈な個性を持つ、六条御息所に目をつけ、彼女の一人称にすることを思いついたのだ。彼女なら、本妻にとり憑いて殺したりはしないだろう。彼女がのり移ったときは、葵の上はもう死んでいたことにしたら、続く場面がとても書きやすかった。おかげさまで葵の上の死の場面は「本当に怖い」という反響があった。（下巻四九一頁）

『林源氏』は、葵の上に取り憑きはするものの、六条御息所を決して葵の上の命を奪う人物としては描こうとしない。なぜ『林源氏』は、夕顔や葵の上の身に降りかかった悲劇を、こうまでして六条御息所と切り離そうとしたのだろうか。

物の怪というシステムからの脱却

『林源氏』ではこれまで見てきた通り、夕顔の死は六条御息所の先祖の霊によるもの、葵の上の死は出産に耐えきれなかったことによるものということが、それぞれ真相として語られていた。共通するのは、どちらも六条御息所の生霊が死因に直接関わっていないということである。

すでに述べた通り、翻案元である『源氏物語』作中には、物の怪に責任を押し付けることで、当事者同士は責任を回避するというシステムが存在する。夕顔の死も葵の上の死も物の怪によってもたらされた悲劇として描かれ、多くの翻案作品においてその責任は六条御息所の生霊に押し付けられていた。ところが『林源氏』は、物の怪の当人であるといえよう六条御息所の亡霊が、いずれの事件も自らの関与を否定しているのである。こうした改変が行われた要因について考えてみたい。

『林源氏』の作者である林真理子の作品について、斎藤美奈子は「登場人物の欲望や怨念や復讐心や優越感といった『負の感情』が暴露される」という特徴があると指摘している。[4]『林源氏』においても、六条御息所が吐露する嫉妬心や独占欲は、林真理子の卓越した筆致で赤裸々に生々しく描かれ、共感を呼び起こしながら読者の心を揺さぶっていく。だが林真理子はこうした鬱屈した感情と物の怪による悲劇とを決して結びつけることをしないのである。そこには読者をめぐる問題が深く関わっていると考えられる。

冒頭でも述べた通り、この作品は『和樂』という雑誌に連載されていた。この雑誌の読者層については、編集長である高橋木綿子が「女性が7割を占め、50代から70代までのオトナ世代が中心。美術や文化に関心が高く、自立し、自分でモノを買う富裕層が多くを占めています」と述べている。(5) 要するに教養意識の高い富裕層の中高年女性がメインターゲットの雑誌であるということになる。こうした読者層と、極めて高貴な身分でかつ教養にあふれた知的な女性である六条御息所とは共鳴するところが多いといえるだろう。

この歌で私は女が決して高貴な出ではないとわかりました。世の中にはよくこういう女がおります。なよなよといじらしく、男の心をとらえて離さない女です。賢くないことで、かえって男心をそそるのです。自分の身を頼りなく思い、男を頼りにしなくては生きていけないという思いは、この階級の女だったら誰でも持っているものでしょうが、こんな稚拙な歌はつくりますまい。女は思う心が多ければ多いほど、歌に工夫をし、格調高く伝えなくてはなりません。それが洗練ということだと私は教えられてまいりました。（上巻四〇頁）

これは夕顔の詠んだ歌を批判する六条御息所の語りである。批評の折々で、夕顔の出自について持ち出されているところに注意が必要である。こうした語りには高貴な身分であることの矜持が滲出していると言える。林真理子自身は特に言及していないが、教養意識の高い富裕層の中高年女性が主な購読者である『和樂』で『源氏物語』の翻案小説を連載するにあたって、読者が最も共感しやすい人物として六条御息所が主人公・語り手に選ばれた側面もあるのではないかと推察される。

こうした事情を踏まえると、『林源氏』の六条御息所が、他作品のように夕顔や葵の上に手をかけない理由が見えてくる。六条御息所の気位の高さに重きを置いたとき、理性を抑えきれず感情に任せて疎ましい女に手をかけるという展開は、彼女に共感しようとする読者にわだかまりを残すことになりかねない。その代わりに、夕顔や葵上の死について、自分は悪くないのだ、仕方なかったのだと読者に納得させるような構図をとることで、六条御息所の高貴ゆえの矜持は保たれ、読者も安心して六条御息所に共感できるメカニズムができあがっているのである。従来のシステムにおいては、悲劇の元凶として場から排除される存在であった物の怪は、『林源氏』においては、自らの潔白を宣言することで読者との連帯感を強める存在として機能しているのである。

おわりに

『源氏物語』や、それを元として作られた多くの翻案作品においては、不可解で直視したくない出来事を物の怪の所業として排除するという社会的システムが根付いている。だが、『林源氏』ではむしろ、物の怪である六条御息所がことごとく悲劇の関与を否定するという独自の方法がとられていた。『林源氏』のこうした翻案の特異性は、偶発的に生まれたわけではない。『和樂』という場と、そこにいる読者を見据えることで自ずと導かれた改変だと言えよう。

本稿では検証するには至らなかったが、他の翻案作品もまた、各々の翻案者、受容者、時代、地域、状況によって独自の翻案の形に仕上がっていく。こうして『源氏物語』というひとつの作品から生み出された翻案作品は、その数だけ多様な広がりを見せるのである。

※本稿で引用した『源氏物語』の本文は、『新編日本古典文学全集　源氏物語』(全六巻。小学館一九九四～一九九八年)に拠り、それぞれ直後に稿者による現代語訳を記した。『林源氏』の本文は、文庫版(上下巻。小学館　二〇一六年)から引用した。いずれの引用本文も末尾に巻数や頁数などを示し、必要に応じて傍線を私に付した。

注

(1)リンダ・ハッチオン(片渕悦久・鴨川啓信・武田雅史訳)『アダプテーションの理論』晃洋書房、二〇一二年(原著：Linda Hutcheon, A Theory of Adaptation New York,Routledge, 2006)。
(2)三田村雅子「もののけという〈感覚〉―身体の違和から―」、フェリス女学院大学編『源氏物語の魅力を探る』翰林書房、二〇〇二年。
(3)浅尾広良「源氏物語における物の怪」、『源氏物語の準拠と系譜』翰林書房、二〇〇四年。初出一九八五年。
(4)斎藤美奈子「林真理子　シンデレラガールの憂鬱」、『文壇アイドル論』岩波書店、二〇〇二年。
(5)「暮らしのなかに、日本文化や伝統美術の奥深さを取り入れて、豊かな生き方を提案していきます。『和樂』高橋木綿子編集長インタビュー」小学館AD POCKET、二〇二三年一月一一日公開　https://adpocket.shogakukan.co.jp/adnews/2613　二〇二四年八月一三日閲覧。

復帰五十周年における沖縄現代演劇上演の諸相
――『島口説』と『ライカムで待っとく』の上演をとりあげて――

今井《いまい》　克佳《かつよし》
本学教授。専門は日本近代文学・演劇研究。著書に、『つかこうへいの世界―消された〈知〉―』（共著、社会評論社）、『福田善之の世界』（共著、社会評論社）など。

二〇二二年は、沖縄の日本復帰五十周年にあたる年であった。コロナ禍にあって、報道としての注目度は高くなかったように思えるが、現代演劇の上演に関しては、東京を中心とした関東圏でも、多くの沖縄に関する上演があり、旧作の再演と新作の上演も豊穣な成果があったと感じられた。本稿では、まず、沖縄独自の演劇文化の歴史的流れを概観し、続けて筆者が二〇二二年から二〇二四年にかけて実際観劇し、戯曲が公刊されている作品として、二つの舞台作品をとりあげたい。謝名元慶福作の『島口説《しまくどぅち》』と、兼島拓也作の『ライカムで待っとく』である。前者は、旧作の再演であり、後者は新作上演である。この二作をとりあげるのは、たまたま、関東での上演があり、筆者が足を運びやすかったこともあるが、いずれの作も、観客を作品世界にひきこもうとする工夫がなされており、その手法は異なるが、観客を巻き込む、という意味で共通するものを感じたからでもある。

本稿の最後には、二〇二二年に主に沖縄と東京で上演された「沖縄」の現代史的事象をモチーフとした現代劇上演の中で、あくまで筆者の目をひいたものであるが、代表的なものを簡単に挙げておきたいと思う。ゆえに本稿は、戯曲分析の論文というよりも、実際の演劇上演を批評する劇評的側面を持つエッセイと考えていただければと思う。

沖縄演劇史概観

まずは、沖縄演劇になじみのない読者のために、沖縄独自の近代演劇の流れを概観したいと思う。明治維新以前、琉球国として独立を保っていた沖縄にはすでに日本の歌舞伎や能の影響を受けた、組踊《くみおどり》という独自の芸能があった。組踊は沖縄王朝の儀礼として発達し、現代まで沖縄独自の古典芸能として上演され続けている。

その後、日本で明治維新が起こり、いわゆる「琉球処分」が行われ、日本の領土である「沖縄県」が誕生する。そして前述の沖縄の伝統演劇と、本土で発達した新しい演劇のかたちである新派や新劇の影響をも受けた、独特の「沖縄芝居《ウチナーシバイ》」が、発達していくこととなる。「せりふ劇」と「歌劇」の二つの分野があったという。「琉球歌劇」は、現在でも国立劇場おきなわなどで上演され続けている沖縄演劇の大きな流れである。

太平洋戦争の末期の悲惨な地上戦を経て、敗戦後はいわゆる「あめりか世《ゆ》」(アメリカ統治下)の時代となり、本島を中心に沖縄芝居の復興が目指されたが、実際に演劇運動が活発になるのは、一九七二年の復帰を機に本土との交流が増えて以降ととらえることができよう。

芥川賞を受賞した小説家としても有名な大城立裕(一九二五~二〇二〇)、テレビのウルトラマンシリーズ脚本家としても知られる金城哲夫(一九三八~一九七六)、『人類館』で、一九七八年度岸田戯曲賞を受賞し、沖縄出身者で初の同賞受賞者となった知念正真(一九四一~二〇一三)らが活動した。

彼らと同時期に活動を始め、現在でも存命の演劇人としては、歴史研究者大城将保として知られているが、『密航者』や『洞窟《がま》』などの戯曲も書いている嶋津与志《しまつよし》(一九三九~)がいる。『洞窟』は、沖縄戦の現状を研究する歴史研究者らしく、戦時中の状況を日本兵や民間人が立てこもった、「ガマ」という閉塞空間の中に凝縮した秀作であり、何度も再演されている。また、沖縄本島と奄美諸島との関係に引き裂かれた男女を描く『密航者』も二〇二二年に沖縄で、二〇二四年には東京で再演されている。

さらに近年、現代版組踊(沖縄版ミュージカル)という分野が出現し、『肝高《きむたか》の阿摩和利《あまわり》』などが中学高校生の参加演劇として発信され、全国に波及しているが、嶋はこの『肝高の阿摩和利』初演に戯曲を提供していることでも知られる。

このように、復帰後の沖縄では、さまざまな現代劇のつくり手が活動してきた。そのうちの一人が、次にとりあげる『島口説』の作者である謝名元慶福《じゃなもとけいふく》である。

謝名元慶福『島口説《しまくどぅち》』

謝名元慶福は一九四二（昭和一七）生まれの劇作家で、前述の嶋津与志と並んで、一九八〇年代から活動し続けている存命の沖縄の演劇人である(1)。

『島口説』の初演は、一九七九年、東京池袋にあった「パモス青芸館」であった。「パモス青芸館」とは、一九七九年に創立された「劇団青芸」が拠点とし、一九九〇年代まで池袋に存在していた小劇場である。オープン時から、「沖縄シリーズ」と称して、沖縄に関する演劇やコンサートなどを催していたようである。この「沖縄シリーズ」の演劇上演が『島口説』初演であった。つまり、地元沖縄ではなく、東京が初演ということになる。次は謝名元自身の回想である。

その年、東京芸術座にいた若い人たちが青芸という劇団を発足させ、発表の場としてパモス青芸館を池袋の駅近くに開館した。

責任者の下山久さんから、オープンにあたって、沖縄シリーズをやりたいとの相談を受け、北島角子さんを呼んでくれたら、一人の芝居を書きましょうと。それが「島口説」（山岸秀太郎演出）である。一人語りではなく、一人芝居という新しい領域への劇的挑戦である。前半が一晩、後半も一晩で書き上げた。執筆は、ほとんど夜で、家族が寝たあとの一人の時間だ。声を出してセリフを書く習性の僕の声が、いつのまにか、北島さんの声になっているのに驚いた。

岸田戯曲賞の候補作にもなった。当時、僕は頸肩腕症候群を患っていて、思うように字が書けず、清書してくれたのは、妻洲子である。(2)」

ここに出てくる、下山久は現在でも「エーシーオー沖縄」の代表として演劇プロデュースを手がけており、二〇二二年にあたっても、精力的に活動している。特に、名取事務所と組んだ新作『カタブイ、1972』（内藤裕子作・演出）の制作により、名取敏行とともに第十回ハヤカワ「悲劇喜劇」賞を受賞している。二〇二四年に至っても、『カタブイ、1972』の続編となる『カタブイ、1995』、『密航者』の東京上演、沖縄における嶋津与志『洞窟』の再演など、注目される活動が続いている。

さて、『島口説』はどのような物語だろうか。この芝居は二部に分かれており、全体が、沖縄の基地の街（当時のコザ、現在の沖縄市）にある民謡酒場の経営者である女性の自分語りという枠で進められる。

第一部は、語り手である主人公「山城スミ子」と、夫との関係が語られる。自分たちは「艦砲《かんぽう》の喰《く》え残《ぬく》さ」つまり戦争末期の米軍の艦砲射撃の生き残りである、との話から始まる。しかし内容に反して、語り口はあくまで明るく、軽口を交えて、酒場の客に語られるように語られはじめる。スミ子は、第二部でわかるように、沖縄本島の西北部に位置する伊江島の出身である。戦後の荒廃による貧困の時期に、そこから、夫の出身地である本島から見ると東部に位置する平安座島《へんざじま》にスミ子は嫁ぐこととなる。夫となる「にいさん」が迎えに来て、見合いをし、そのままスミ子は「にいさん」に連れられて、平安座島に向かう。平安座島は、特殊な地形の島で、本島からは浅瀬でつながっており、当時は、引き潮の際に歩いて渡ることができた。スミ子は美しい浅瀬の海を夫に途中からおぶってもらい、平安座島に渡り、新生活が始まる。夫は船大工である。

やがて、朝一という息子ができるが、朝一が高熱を出し、本島の医者に見せるために、暴風雨の中を夫婦で連れて行こうとするが、朝一はその中であえなくなくなってしまうという事件が語られる。

島人たちは、浅瀬に石を敷き、海中道路を作ろうとするが、完成する前に、本島での基地の建設に夫も駆り出され、基地関係の仕事に住み込みとなる。スミ子もそれに着いていき一緒に暮らすが、復帰直前になると、夫は基地の仕事をクビになり、意気消沈して、平安座島に帰ることもなく自殺という道を選んでしまう。

実は平安座島は、アメリカのガルフ社により石油備蓄基地化され（後に「沖縄石油基地株式会社」の傘下となる）、海域の埋め立てが行われ、石油タンクが並ぶようになるのが、一九七〇年、翌年には、海中道路が完成し、本島と自動車で行き来できるようになる。

このように様変わりした平安座島に、スミ子は夫の遺骨を持って帰ったと語られる。平安座島のCTS（石油備蓄基地）建設に対しては、復帰前から復帰後も反対運動や裁判が起こり、沖縄の社会問題の一つとなっている。しかし、作品内では、そうした背景には多くは触れられず、民謡酒場という設定、また沖縄の歌芝居の伝統を引き継ぐように、ウチナーグチの歌が頻繁に挿入され、明るいコミカルな語りが続く。

後半の第二部は、スミ子の父について語られる。アメリカ占領下での米兵の話から、スミ子の父の青年期の話に戻っていく。「毛遊《もうあしびー》びーの大将」（毛遊びーは若い男女が歌い踊る社交の遊び）で三味線ばかり弾いていた父は、やがて、紡績会社に女工として売られる娘を連れていく仕事に就く。そこで貧しい娘たちの悲哀を見た後、戦争で防衛隊にとられる。どうやらスミ子の母はこの紡績女工から抜けさせた娘の一人であったようだ。アメリカ軍の艦砲射撃で、スミ子のまだ幼かった兄は命を落とす。

戦後の父は、伊江島土地闘争からはじまる島ぐるみ闘争に関わる。伊江島土地闘争とは占領米軍が、伊江島住民の土地家屋を強制的に接収した事件である。(3) 戯曲では、民謡酒場でのスミ子の語りであるから、あくまでもユーモアを交えた、語り口であるが、米軍の土地接収の恐怖が語られる。


とびおきて、外へ出ると、戦車とブルドーザーが来ている。

アメリカの兵隊ぐわが、私たちに銃を向けて、立っているわけさあ。

お父は「おいスミ子―」と言って、私の手をひっぱってさあ、戦車の前に歩いて行こうとするさあ。

こわいさあねえ、ガタガタしていたらお父は笑ってさあ、こうして、私の頭をなでて、

「スミ子―は、お父の子だな」

「ウン」

私をさあっと持ち上げて肩車してよ、戦車に向かって歩いて行った。

「スミ子―。お父といっしょだ、いっしょだぞ。大丈夫、大丈夫、スミ子は、わあ子どやる」(4)

史実としてはこの出来事は一九五三年のことであり、この事件の報道から、沖縄全土の米軍への抵抗運動として「島ぐるみ闘争」と呼ばれるデモ行動が始まる。スミ子の父はこれにも参加しているようだが、あまり詳しくは語られない。父は、闘争の指導者、共産主義者とみなされて逮捕され、裁判にかけられ投獄されるが、釈放されて後も運動をやめることはない。

最後に、この戯曲はアメリカ占領時代の、最大の反米軍暴動事件である一九七〇年の「コザ騒動」(5)にも触れるが、ここには父の姿はない。スミ子の父は存命で、どこかで三味線を弾きながら暮らしているだろう、とされる。前半、スミ子の夫は、自ら命を断つという、悲観的な性格を見せるが、後半で語られるスミ子の父は、弾圧され続けても、明るく楽天的な男として語られ、対照的である。

このように、沖縄歌芝居の伝統を引き継ぐような多数の歌や、ユーモラスな語りでつなぐ芝居ではあるが、「あめりか世」＝アメリカ占領下の時々の事件を通して、沖縄人の苦悩が、スミ子の夫や、父の生き様に合わせて、語られていくのがこの『島口説』である。

筆者はこの『島口説』の、二〇二二年五月の東京上演を観劇することができた。初演では北島角子が一人芝居として演じていたことが知られるが、この上演では、城間やよい、知花小百合という二人の俳優(城間はお笑いタレント、知花は琉球舞踊家)が、交代で主人公を演じるかたちに変わっている。この二人バージョンの『島口説』は、二〇一八年からの新演出で、藤井ごうによるものである。藤井は一九七四年生まれ、新劇系の演出家で社会派的な芝居の演出が多いが、特に沖縄に出自があるというわけではないようだ。

実際に観劇しての、筆者の評を記したい。まずは、歌芝居の伝統と観客に呼びかけ巻き込む演出、二人の俳優によるユーモラスなかけあいの語りなどが素晴らしく、また、平良大の三味線と歌の生演奏が入り、小劇場空間がそのまま民謡酒場に見立てられ、非常に楽しく感銘深い上演であったと感じた。その上で、多少気になった点を付け加えておく。

まず、観客を、沖縄の民謡酒場に来た観光客として見立てるのだが、初演である一九七九年の観光客なのか、上演の二〇二二年の客なのか、設定がややあいまいである。というか、基本的には戯曲の設定どおり、一九七九年の客として進めているのであるが、座席に座っているのは、もちろん現代の観客であるので、その観客を一九七九年までタイムスリップさせなければならないはずだ。その一工夫があれば、さらにスムーズに観客は舞台に没入できたのではないかと感じた。

また、語り手(酒場の女性経営者)という一人の役を二人の俳優が交代で演じるが、この二人のやりとりがやや冗漫に感じられ(これは筆者がすでに戯曲を読んでいたせいかもしれない)早く、夫と父の話(沖縄現代史の話)に入ってほしいと感じてしまった。主人公を二人で演じる演出をとったことについては、演出家の意図を確かめてはいないが、一人芝居では主演俳優への負担がかなり大きく、また初演の北島角子にあてがきされたとも言える芝居のため、そのイメージとは全く違う方法でいきたいと考えたのではないかと推測する。

これらは、過去作の再演であるからこその限界であり、復帰五十年に合わせるためには、戯曲の大胆な脚色、改作、演出の更なる工夫が必要になってくると感じるが、それをしてしまうとまた別の作品になってしまうとも言えるので、難しいところである。

なお、『島口説』は、二〇二四年三月にも東京で再演されている。この上演を筆者は見ることができなかった(演出家、出演者は二〇二二年と同じ)ため、脚色、演出等が若干変わっている可能性もあることを付記しておく。

兼島拓也『ライカムで待っとく』

こうした旧作の再演に対して、新作上演は、まさに、時宜を得た上演を行うことができるという意味で強みがあるといえよう。兼島拓也作の『ライカムで待っとく』は、二〇二二年十一月、十二月に、KAAT神奈川芸術劇場で初演された。この上演は評判となり、SNSにも多く感想が流れたのを目にしたが、筆者自身は観劇することができなかった。筆者が観劇したのは、二〇二四年五月、六月の再演バージョンである。

兼島拓也は、一九八九年生まれ、沖縄県沖縄市出身、現在も沖縄在住の劇作家である。この『ライカムで待っとく』は上演後、第三十回読売演劇大賞優秀作品賞を受賞、第二六回鶴屋南北戯曲賞および第六七回岸田國士戯曲賞で最終候補となっている。

演出の田中麻衣子は兵庫県出身だが「沖縄にルーツを持つ」とのこと。(6) 兼島は、この話を二〇二二年の横浜から始める。これはまさに制作・上演された神奈川芸術劇場がある場所であり、その意味では、この芝居を劇場に見に来た実際の観客に身近に接続している。観客は地元の今の出来事として、この物語を見始めるのである。
雑誌記者をしている浅野悠一郎《あさのゆういちろう》は、伊礼《いれい》ちえという沖縄出身の若い女性が上司の藤井に持ち込んだ、彼女の祖父の持っていた資料から一九六四年に沖縄で起った米兵殺害事件を調べることとなり、たまたま沖縄出身の妻知華が祖父の葬儀で沖縄に戻っていたこともあり、妻子の帰省している沖縄に自分も飛ぶこととなる。
写真で見る伊礼の祖父と、浅野が瓜二つであるというコミカルで非現実的な設定は、この芝居が二〇二二年と一九六四年を行き来し、それぞれの登場人物が同じ俳優によって演じられるという二役の効果につながっていく。題名にある「ライカム」については、次の東京新聞の紹介記事からの引用が的確だろう。

題名にある「ライカム」とは、本島中部に戦後置かれた琉球米軍司令部（Ryukyu Command Headquarters）の略称で、今は大型商業施設「イオンモール沖縄ライカム」の通称。高齢者には米統治時の重く苦い思い出で、若者には日常のにぎわいの場だ。沖縄の光と影の象徴として、ライカムの小ぎれいな店舗部分とバックヤードを本土と沖縄の関係になぞらえた。(7)

この米兵殺害事件は、一九六四年、アメリカ占領下の普天間で実際に起こっている。この事件の裁判の陪審員を務めた伊佐千尋が書いたノンフィクション『逆転』(8)が原作的な位置をしめる。舞台では殺人シーンはないのだが、裁判シーン（関係者の証言）はなんども挿入される。浅野は沖縄についてすぐに、亡くなったばかりの妻の祖父が、この事件の容疑者の一人であったことを知り、事件の調査にのめり込んでいく。史実としての裁判の結果は、傷害罪は認められたが、傷害致死罪は冤罪ということで無罪とされているがその詳細を知るために浅野は取材を続けようとする。

一方では現代の登場人物たちがこの事件と裁判の詳細を知るために、調査や取材が進行し、一方では事件当時、裁判当時の関係者たちの生活や証言が描かれる、という二つの時空がパラレルワールドのように入れ替わりながら芝居は進んでいく。それぞれの登場人物たちを、何人かの出演俳優が二役で演じていくところも二つの時空の接続に効果的であるとともに演劇的な面白さを表出している。

現代のパートで、資料を最初に持ち込んだ女性伊礼は、事件について米兵を悪者、ウチナンチュを悲劇の人のように扱う態度に違和感を持ち、次のように言う。

伊礼　逆に沖縄はいつまでも過去に縛られて。なんていうかあそこはいつまで経っても大人になれない場所なんですよ。なんでもイヤイヤ、反対反対。横須賀なんて街ものどかで綺麗だし、大人の余裕というか。(9)

伊礼は沖縄出身だが、今は神奈川に住んで、パン屋で働いている。こうした若い世代の沖縄の基地問題についての違和感は、筆者も沖縄出身者から直接聞いたこともあり、リアルであると感じた。まこうした若い世代の実感を書いているという点もアップデートな劇として新鮮さを感じることができる。

一方で過去のパートでは、後に事件の容疑者とされるウチナンチュ（沖縄人）の男たちが集まる大城多江子の店（おでん屋）での会話が中心となる。リーダー的な存在である佐久本雄信《さくもとゆうしん》が、ゴルフ会員権を持っているので、ゴルフ場（現在はライカムイオンになっている場所）が使えるとして楽しみにするが、結局ウチナンチュはできないと米軍から排除されてしまうことや、その中の一人である嘉数重盛《かかずしげもり》と恋人である栄麻実子《さかえまみこ》が海を見ながら、沖縄戦で死んだ家族のことを話すシーンなど、この時期の沖縄が抱える悲しみや怒りが描かれる。また前後して事件の裁判における関係者の証言のシーンもある。当然、事件そのもののシーンや、判決のシーンが描かれて舞台は終幕に向かうと、期待されるが、終盤には物語は一見破綻してしまうように思える。

二つの時空は次第に混在していき、現代の登場人物と過去の登場人物が、混乱した時空で出会い、会話を交わすようになる。たとえば、横浜にある伊礼の勤めるパン屋に伊礼を訪ねた藤井（浅野の上司）は、店の「バックヤード」に見知らぬ男に引き込まれるがそこは、敗戦間近の沖縄のガマ（洞窟）になっており、藤井は日本兵の一人として、ガマにいるウチナンチュに自決を迫るように上官となった男に言われる。上官だけではなくそこにいる「住民」にさえも次のように言われる。

住民　はい、もうあれですよ。早く追い出してください。別に私たちは抵抗とかしないですよ。

赤ちゃんとか小さい子はもういないので、もうアレしたので、敵にバレるとかもないし、安心してください。

沖縄近代史の様々なシーンが混在し、現代の登場人物たちは、そこに巻き込まれていく。舞台はリアリズムの域を超えて、メタの領域に入っていく。浅野が取材で書いていたはずの記事は、浅野自身も知らないうちに書き換えられているとされる。鋭い観客であれば、この書き換えられた記事こそ、観客が今まで見ていた、過去の沖縄の物語であり、この舞台そのものだと気づく。最終部、舞台には出てこないが一緒に沖縄に来ていたという設定の浅野の中学生の娘であるちなみが行方不明となる。ちなみの身を案じた浅野と妻知華は必死にちなみを探す。ちなみを探すためにタクシーに乗り込んだ浅野は、沖縄に着いてから時々現れるその謎のタクシー運転手に次のように話しかける。

浅野　……とにかく、読んでみて、沖縄が味わってきた苦しみとか、そういうの知らなかったなって。知ろうともしてなかったなって。だからこの記事もちゃんと完成させて、沖縄の人の苦しみに寄り添いたいって、そういうふうに思ったんです。多くの人に読んでもらって、内地と沖縄の間に引かれた境界線を壊したいって、そう思ったんです。

しかしこれを聞いた「運転手」は、できない、という。それは「境界線」ではなく「水平線」のようなものだから、と。

運転手　歩いても歩いても、泳いでも泳いでも近づかなくて、いつまで経っても越えられない。だからこっち側はあっても向こう側はないんですよ。自分なんかには、こっち側しかないんです。沖縄に生まれた人間は、どこまで逃げてもこっち側なんですよ。

ここで浅野の沖縄に寄り添うという言葉は虚しく響く。それは「物語」の外にいて、「物語」を高みから見ている「観客」そのものの態度でもあるのだ。運転手は行方不明の娘を必死にさがす浅野に向かって次のように言う。

運転手　大丈夫ですよ、娘さんには、私が寄り添いますから。大丈夫ですよ。

この運転手の言葉が皮肉となっており、浅野の沖縄に寄り添うという言葉の浅薄さを逆照射している。こうして、戯曲中の現代の登場人物（向こう側）が、時空の混乱の中で、沖縄の人々しかいられない「バックヤード」（こっち側）に、引き込まれるという構図になっている。これはやや難解で、現代演劇の観劇体験が少ない観客には、理解しにくい構造ではあるが、今まで、安全、平和な観客席から沖縄の物語を見ていた、わたしたち観客をも撃っているのだ。自分の娘の命が理不尽に危うくなること、は、沖縄では日常の現実であること、このことを感じることをこの作品は要求している。終盤、これ以外にも心を刺されるセリフがいちいち多く、筆者にとっては衝撃の観劇体験だった。

最終部、ちなみを探すライカムの中で、浅野と妻、藤井たちは、なぜか、一九六四年の事件の容疑者たち、佐久本、平、嘉数らに出会う。伊礼の祖父にあたる平、浅野の妻の祖父にあたる佐久本を含めた三人は一人残った浅野に向かって、次のようにいう。

平　だからあなたは、この犠牲の物語を書き続けないといけないいんですよ、あなたが平和であるために。

（間）

佐久本　そしてあなたは、自分の子どもか、孫か、どっちかを失うことになる。そんなふうにしてもこの物語を書き続けないといけない。わかるでしょ？

平　ただし……

浅野　……ただし？

平　この犠牲の物語は、誰にも読まれちゃいけない。

浅野　どうして……。

平　犠牲が目に見えちゃいけないでしょ。

（略）

佐久本　あんたのひ孫の代になっても、この物語は続いてるかね？
浅野　……わかりません。
佐久本　続いてるはずね。

沖縄が本土の平和を担保する隠された「バックヤード」であるという現実は、変わることがない、という悲観的な結論で、この芝居は終わっていく。沖縄現代史の悲劇を「物語」として書き、読み、芝居として見たとしても、それは「向こう側」と「こっち側」の分断を強化することに過ぎないというのだ。

しかしながら、この作で、リアリズムの物語構造を壊し、混乱させながら、観客に「バックヤード」である沖縄を感得させようとした試みは、このような悲観的な終幕の言葉にもかかわらず、成功していたと筆者は思う。「希望」とまでは言えないが、現実を突きつけた、とはいえるのではないか。少なくとも筆者の心には深く打ち込まれた苦い杭のように留まっている。二〇二二年の年末に現れたこの舞台は、沖縄復帰五十周年をしめくくるにふさわしい、最も優れた成果ではなかったか。

その他の上演

二〇二二年には、沖縄や関東でも沖縄近代史を取り扱った現代劇が多く上演された。筆者は沖縄を訪れて現地での演劇を見ることはできなかったが、東京あるいは横浜での上演にはいくつか通った。それらと、惜しくも観劇できなかったが、注目した上演を簡単に記し、この年の沖縄に関する現代劇上演の多様さを指摘しておきたい。

一月には、ホリプロ制作の『hana-1970 コザが燃えた日』が東京芸術劇場で上演された。青森で活動する劇作家、畑澤聖悟が脚本、ベテランの演出家栗山民也が演出し、松山ケンイチ等、有名俳優が出演した舞台で、題名の通り一九七〇年の「コザ暴動」が背景となっている。

岸田戯曲賞受賞作家である、藤田貴大が主宰する「マームとジプシー」は、二月に那覇文化劇場なはーとと共同制作した『Light House』、七月には、二〇一三年初演の『cocoon』の再々演を上演した。上演は東京を起点に、沖縄をはじめ全国各地を巡演している。いずれも作演出は藤田である。前者は沖縄の現代の生活を、取材を背景に表現したもの、後者は、今日マチ子の漫画を原作とした沖縄戦末期の女子学徒隊を素材とした舞台である。後者は再演を繰り返すうちに物語性よりも、この集団独特の反復する台詞回しと身体性、現地取材で録音された自然音素材などの使用により抽象化されており、一種の演劇的インスタレーションとなっていた。

劇団チョコレートケーキは、その名のイメージとは異なり、社会派演劇を上演する小劇場系の劇団であるが、八月に「生き残った子孫たちへ　戦争六篇」と称して、日本の戦争に関連する過去作を一挙に再演した。その中に新作である『ガマ』も含まれていた。『ガマ』は、沖縄戦末期に本島に点在する「洞窟《がま》」にこもって、米軍から隠れ、あるいは抵抗し、逃亡や自決をしていった人たちを描いた作品であり、すでに言及した嶋津与志の『洞窟』と、描かれた状況の類似性が見られる。

九月には新劇の老舗劇団である「秋田雨雀・土方与志記念　青年劇場」が『豚と真珠湾　―幻の八重山共和国』を上演した。斎藤憐作のこの作品の初演は二〇〇七年、俳優座が行っている。今回は大谷健治郎の演出である。日本の敗戦後、石垣島や宮古島といった南西諸島は、沖縄本島とは異なり一時期無政府状態となり、そこで力強く生きて行こうとする人々の群像を描くこの作は、沖縄本島とはまた別の南西諸島の歴史があったことを記憶させてくれた。

十二月にはすでに言及した『カタブイ、１９７２』が東京下北沢で上演され、ある家族の生活を通して、沖縄復帰前後の本土と沖縄の状況が描かれた。

そして暮れも押し迫った、十二月二十三～二十五日に、横浜人形の家、赤い靴劇場で、与那国町・台湾花蓮市　姉妹都市締結40周年　影絵芝居『鯨生～Geio～』が上演され、筆者も観劇した。これは「台湾児童文学で数々の賞を受賞している作家リン・モンホワンが、日本の与那国島と台湾の花蓮を舞台に創作した海の物語」（公演サイトより）である。日本語上演と与那国語（与那国島方言、日本語字幕付き）での上演があり、筆者は時間の都合で日本語公演を見た。

このように多様な公演が行われた二〇二二年であったが、コロナ禍にあったため、中止や延期を強いられた公演もあり、また沖縄に関連する公演を、東京公演だけであってもすべて網羅できていない可能性があることを書き添えておく。

注

（1）嶋津与志「謝名元慶福」、『日本戯曲大事典』白水社、二〇一六年。
（2）参考文献『謝名元慶福戯曲集　島口説』の「あとがき」にあたる、「おもいつくままに」二七四〜二七五頁。これに先立つ「パモス青芸館」についての記述は、同戯曲集の「資料　企画意図」七一〜七三頁を参照した。
（3）「伊江島土地闘争」および「島ぐるみ闘争」については以下を参考とした。宮城修『ドキュメント〈アメリカ世〉の沖縄』岩波新書（新赤版）1921、二〇二二年。
（4）（2）と同戯曲集、五一〜五二頁。
（5）「コザ騒動」については、（3）の「第9章　コザ騒動」の章を参照。
（6）兼島拓也、田中麻衣子についての記述は次の各サイトの記述を参考にした。
KAAT神奈川芸術劇場プロデュース「ライカムで待っとく」二〇二四年八月三十一日閲覧。
https://www.kaat.jp/d/raikamu2024
ステージナタリー「巨大な迷路の中で待っときます、「ライカムで待っとく」再演が神奈川でスタート」二〇二四年五月二五日　ステージナタリー編集部、二〇二四年八月三十一日閲覧。
https://natalie.mu/stage/news/574869
（7）「「沖縄は本土のバックヤード」基地への怒りを若者のせりふに　演劇「ライカムで待っとく」十一月に横浜で上演」東京新聞ウェブ版　首都圏ニュース神奈川　二〇二二年十月七日。二〇二四年八月三十一日閲覧。
https://www.tokyo-np.co.jp/article/206964

(8)伊佐千尋『逆転　アメリカ支配下・沖縄の陪審裁判』岩波現代文庫 社会45、二〇〇一年。
(9)参考文献の『悲劇喜劇』所収の「ライカムで待っとく」戯曲テキストから引用。ここから後のセリフ引用も全て同。

参考文献、および上演記録

謝名元慶福『謝名元慶福戯曲集　島口説《しまくどぅち》』ゆい出版、二〇一三年八月
『島口説』二〇二二年上演、演出：藤井ごう　沖縄公演　五月六～八日　ひめゆりピースホール、東京公演　五月十三～二十日　R'sアートコート
兼島拓也「ライカムで待っとく」、早川書房『悲劇喜劇』二〇二三年一月号、P.102—142
『ライカムで待っとく』初演、作兼島拓也、演出田中麻衣子　二〇二二年十一月二十七日～十二月四日、KAAT神奈川芸術劇場、中スタジオ
再演　二〇二四年五月二四日～六月二日　同劇場、同スタジオ、作演出も同。

〈公園〉というシステム

――「パーク・ライフ」「魔都」「世界の終わりとハードボイルドワンダーランド」の日比谷公園――

神田《かんだ》　由美子《ゆみこ》

元本学教授。日本近現代文学専攻。著書に『芥川龍之介と江戸・東京』、『スタイルの文学史』、『ロンドン幻視行』、『渡航する作家たち』、『文学の東京』等。近年も、東京と文学との関係を中心に論文を発表。

はじめに

〈公園〉とは、誰もが自由に出入りでき、そこで憩い散策も出来る公開された場所である。特に、自然保護のための〈自然公園〉ではない〈都市公園〉は、公衆の休養、景観の創造、環境の改善、防災の向上、地域づくり等、人間保護のための空間である。

だがこのような、都市の人々の生活を守る〈都市公園〉が出来たのは、十九世紀からだった。まず、一八三〇年、欧州での後進国という自覚を持つドイツが、統一国家創出へ向け、国民の啓蒙・教育施設の一環として、マグデブルク市にフリードリッヒ・ヴィルヘルム公園を創設した。また、一八四七年、市民革命を通して「心身ともに衛生的な環境での生活」を市民の権利と考えたイギリスが、貴族の狩猟用の領地(park)を公衆に解放し、バーケンヘッド・パークを開園した。

一方、日本には古来、花見・紅葉狩り・水辺の納涼・潮干狩り・舟遊び・花火など、民衆が自然を楽しみ集う空間があった。一八六〇年代(幕末・明治初期)になると、海外視察に出かけた指導者層が、欧州の「機械文明」と「都市景観」に驚嘆し、近代的帝都の重要な要素として、「公園」開設が推進されることになった。それによって一八七三(明治六)年に公園法が出来たが、この時には、浅草公園(浅草寺境内)、上野公園(寛永寺境内)、芝公園(増上寺境内)など、国が接収した江戸以来の寺社境内の公園化が中心だった。その後《のち》に、都市景観の要《かなめ》として、欧州を範とする西洋式公園を一から造る初めての試みが、日比谷公園だったのである。

「パーク・ライフ」(「文學界」二〇〇二年六月号)は、この日比谷公園を主な舞台とする小説である。十九世紀のヨーロッパで近代都市の象徴となった〈公園〉を、二一世紀初頭の東京を描く作品で、なぜ吉田修一が自作の背景に取り上げたか? さらに、どうしてその公園が日比谷公園でなくてはならなかったのか? こんな疑問を出発点として、二〇〇二(平成一四)年度上半期芥川賞を受賞した「パーク・ライフ」の世界に分け入ってみたい。

吉田修一の〈公園〉への想い

吉田修一は芥川賞受賞直後のインタビューで、次のように答えている。

なぜ自分が公園を書いてみたいのかというところを探りながら数年時間をかけて考えてきたような気がするんです。公園の中で流れている時間と公園の外で流れている時間の違いみたいなものを自分なりに感じてたのかなあ…。（略）（上京してきた時に）日比谷公園のような立派な公園は新鮮でした。この公園に来ている人たちはここで何をしているんだろうと思ってたんですね。（略）二十四、五のときに、ちょうどあの辺で働いてたことがあって、とても気に入った。（略）（この小説の男女は）地下鉄で出会って、公園でほんとの知り合いになり、最後は公園の外で別れてしまうんですけど、公園で出会う男女と、外で出会う男女というのは、どこか違うような気はします。（略）これが恋愛小説だとしたら、普通はこの後から物語が始まります。でもこの小説はそれが発展するのかどうかという直前で終わっている。（略）何かが始まるというのは、終わりが始まるということなんですけど、その直前の瞬間みたいなもの、それだけで小説を書けないものだろうかという気持ちがあったんで、（芥川賞受賞の記者会見で）「何かが始まるその直前の光景を書きたい」と言いました。

（「文學界」二〇〇二【平成一四】年九月号）

さらに吉田は「〈文学的なるもの〉を、文学よりプール、公園、映画、写真、雑誌、人との付き合いの過程で発見していった」（「文學界」二〇〇二年九月号）と述べ、「場所が定まらないと小説が書けない。「パーク・ライフ」だったら日比谷公園」（「楽天ブックス」二〇〇五年一月）と語っている。

〈公園〉特有の時間の流れと男女の出会いに関心を持ち、〈公園〉に〈文学的なるもの〉を発見し、作中の〈場所〉に強い拘りを持つ吉田が、上京した自分にとって新鮮で立派だった〈日比谷公園〉を、明確な意図と共に「パーク・ライフ」の背景に選んだことは間違いないだろう。ただその意図は、単に〈公園〉が〈特有の時間の流れと男女の関係を生み出す場所〉であることを作品化するだけだったのだろうか。「何かが始まる直前の光景」も、（男女関係の光景）だけを指すのだろうか。

時間の流れと男女の関係を変える不可思議な空間である〈公園〉を描くことで浮上する、吉田が書きたかった「何かが始まる直前の光景」の核心を考察していく。

〈ぼく〉が語る〈パーク・ライフ〉

〈ぼく〉の語りで綴られる「パーク・ライフ」のあらすじは、次の通りである。

霞ヶ関駅で突然止まった日比谷線の車内で、〈ぼく〉は、先に六本木駅で降りた同僚〈近藤さん〉がまだ居るものと錯覚し、車窓から見えるホームの日本臓器移植ネットワークの「死んでからも生き続けるものがあります。それはあなたの意思です」と書かれた広告を「ぞっとしませんか」と、背後の人に話しかけてしまう。だが、後ろに立っていた見知らぬ女は、「ほんと、不気味な感じがする」と、連れを装って答えてくれる。

その後、日比谷公園で〈近藤さん〉と待ち合わせた〈ぼく〉は、心字池を見下ろす崖上のベンチで、スターバックスのコーヒーを片手に座っている〈日比谷線で話しかけてしまった女〉を発見する。〈ぼく〉が思わず彼女の方へ駆け出していくと、彼女は「心字池の前のベンチにいつも座っているあなたが、前から妙に気になっていた」と笑顔で話しかける。三日後、〈近藤さん〉が〈スタバ女〉と名付けた彼女は、〈ぼく〉のスタバコーヒーも用意して、〈ぼく〉を自分のベンチに座らせる。そして「スタバにいる女たちが、ぜんぶ〈私〉に見えるの」と呟く。さらに〈ぼく〉が、「心字池を挟んで向いのベンチに座るぼくが、何を見ているかわかりますか」と問いかけると、「大丈夫。あなたの見ているものなんて見えないから」と返事をする。

バスソープや香水を扱う会社で広報兼営業を担当する〈ぼく〉は、店舗営業の途中に、毎日日比谷公園のベンチで昼食をとる。そして、先輩の宇田川夫妻の駒沢公園近くのマンションで、彼らの飼っているリスザルのラガーフェルドと暮らしている。宇田川夫妻は、夫がビジネスホテルに、妻が友人宅に居て、サルの世話を〈ぼく〉に頼み別居生活を続けている。〈ぼく〉のアパートは彼らのマンションから徒歩三分のところだが、そこには〈ぼく〉の母親が父親を置いて上京し、滞在している。

〈ぼく〉は、宇田川夫妻のマンションで書棚からレオナルド・ダ・ヴィンチの「人体解剖図」を取り出す。テレビでは戦禍を伝えるニュースを音なしで眺め「人間とは、ただ、からだのことなのだ」と気づき愕然とする。またラガーフェルドとの散歩では、雑貨屋の店先の「人体模型」に見入ったりする。〈スタバ女〉にコーヒーを奢ってもらった翌日、〈ぼく〉は、お返しのコーヒーを買うためスターバックスに入るが、女客たちから「私を見ないで」というオーラを感じる。そこで公園で会った〈スタバ女〉に「スタバにいる女性たちは皆、触れられたくない隠し事があるのか」と聞くと、彼女は「自分に隠すものがないことを、必死になって隠しているのだ」と答える。また〈スタバ女〉は〈ぼく〉

に、世界各国から送られてきた心臓弁、血管、肝臓、軟骨、アキレス腱を加工して販売する米国企業の話をする。さらに、「明日は銀座の写真展にいかないか」と〈ぼく〉を誘う。

翌日、三十分早く日比谷公園に行った〈ぼく〉は、〈スタバ女〉に「噴水広場で赤い気球を上げている老人に、何をしているか聞いて」と頼まれる。老人は、「上空からこの公園を見るためにカメラを仕込んだ気球を上げている」と答える。〈スタバ女〉は老人を「きっと現役時代、日比谷公園を利用した我々の先輩よ」と話し、〈ぼく〉と公園内の松本楼で、カレーを食べる。

後日〈ぼく〉は〈スタバ女〉と銀座の写真展へ行く。この地下ギャラリーには、秋田県角館近くの〈スタバ女〉の故郷の写真が展示されており、彼女の生まれた産婦人科や、実家の屋根や、彼女が小児喘息で通った病院が写っていた。

そしてその写真ギャラリーを出た彼女は〈ぼく〉を見つめ、「よし、……私ね、決めた」と呟き、〈ぼく〉と反対方向へ去っていく。日比谷公園の外で初めて〈スタバ女〉と別れた〈ぼく〉は、彼女と二度と会えない予感がして「明日も公園にきてくださいね」と叫ぶ。その時〈ぼく〉は、自分まで何かを決めたような気になるのである。

作品の舞台

このあらすじからもわかるように、作中には「日比谷公園」「駒沢公園」「銀座」という三つの場所が登場する。

主な舞台となる「日比谷公園」は、〈ぼく〉がランチをとり、〈スタバ女〉と過ごし、様々な人と出会う場所として描かれる。

①　日比谷公園

日比谷公園は、江戸時代、毛利家などの上屋敷があり、一八七一(明治四)年、「陸軍操練所」が置かれ、一八八五(明治一八)年、「日比谷練兵場」と改称された場所に創設された。練兵場跡には、はじめ官庁の建設が予定されたが、この辺りが日比谷入り江だったため地盤が悪く、大掛かりな建物は不向きと判断され、公園設置が提案されたのである。そして一八九三(明治二六)年、東京市が軍から払い下げられた跡地を、正式に市営の「日比谷公園」と命名した。

一九〇〇(明治三三)年、日比谷公園造園委員会から設計を依頼された林学博士の本多清六は、その留学経験からドイツの公園を範として、園内に花壇、噴水、音楽堂、運動場を計画した。そして一九〇二(明治三五)年四月に着工し、翌一九〇三(明治三六)年六月に開園した。本多は、江戸城に連なっていた堀を埋め立てる時、一部を心字池として埋め残し、鶴の噴水のある雲形池とともに、日本庭園の景観も残した。

開園と同時に、洋風喫茶松本楼、和風喫茶三橋亭(のちのパークセンター)、結婚式場高柳亭(現日比谷パレス)、洋風レストラン麒麟亭(のち南部亭、今は閉店)が開業し、日露戦争後は献木が盛んで樹木が充実した。一九〇五(明治三八)年に野外音楽堂(現野外小音楽堂)、一九二三(大正一二)年、野外大音楽堂が出来た。日露戦争祝賀会、大隈重信の国民葬、西園寺公望・山本五十六の国葬など政府に利用されるとともに、東京市電争議、普通選挙運動、シーメンス事件に対する第二次山本内閣弾劾国民大会など、民衆の社会運動の拠点ともなった。関東大震災（大正一二年）では、仮設住宅を建て、多くの避難民を受け入れた。

太平洋戦争下の一九四二（昭和一七）年から園内は軍用地となり、松本楼は海軍省将校宿舎に、花壇は食糧難を補うため、ジャガイモ畑となった。戦後は、GHQ（連合軍最高司令官総司令部）に接収されたが、一九五一（昭和二六）年に解放された。一九六一（昭和三六）年九月、大広場に噴水が出来、一九七一（昭和四六）年には松本楼が沖縄返還運動の騒動に巻き込まれ、炎上した。まさに、近現代史の表裏を目撃してきた、激動の都市公園だった。

次に、〈ぼく〉の住むマンション、アパートがあり、〈ぼく〉の散歩、通勤、日常の生活圏として駒沢公園が登場する。

② 駒沢公園

この公園は元来、一九一三（大正二）年に設立された「東京ゴルフ倶楽部」で、当時摂政宮だった昭和天皇と英国のエドワード皇太子がここでプレーしたことでも知られる。その後、一九四〇（昭和一五）年開催の東京オリンピックの競技場が、この駒沢ゴルフ場に建設される予定だったが、日中戦争下で国際的緊張か高まり、同年七月に開催を返上し、駒沢競技場は着工されなかった。戦中は陸軍軍用地となり、防空緑地や畑となったが、戦後の一九四九（昭和二四）年、駒沢総合運動場として整備された。また、一九五三（昭和二八）年、東急電鉄が運動場内に「東急フライヤーズ」（現日本ハム）野球場を設置した。

一九六四（昭和三九）年開催の東京オリンピックでは、代々木の国立競技場に次ぐ第二会場となった。緑豊かな園内には、サイクリングコース、ジョギングコース、テニスコート、スケートパーク、ドッグランがあり、周辺住民と駒澤大学、日本体育大学の学生の憩いの場、トレーニングの場となっている。そして、作品の最後で、銀座が、〈ぼく〉と〈スタバ女〉が唯一、日比谷公園の外で会う場所として選ばれている。

③　銀座

銀座は作中で〈ぼく〉の営業活動と飲み会の場として描かれていくが、結末では、〈スタバ女〉が故郷の写真と出逢う地下のギャラリーがあり、その写真との出逢いによって、彼女が「何かを決めた場所」として著される。

登場人物が暗示する〈公園〉の役割

近現代史と深く関わる二つの〈公園〉と近代の象徴的な〈盛り場〉で展開される「パーク・ライフ」の作品世界では、登場人物の人柄《キャラクター》や生き方が、〈公園〉の役割と繋がるように設定されている。

まず、主人公兼語り手の〈ぼく〉は、名前が与えられていない。入浴剤や香水を扱うという女性色の濃い会社の二四、五歳の営業マンで、自ら何かに挑戦するのではなく受動的に生きる若者である。特に女性に対しては、〈スタバ女〉との日比谷公園でのやりとりや、片思いの〈ひかる〉と女友達の〈近藤〉と大学の先輩の〈宇田川瑞穂〉に、まるで女同士のような細やかな心遣いをしている。また〈ぼく〉の方も、〈ひかる〉や〈近藤〉や〈瑞穂〉との会話によって孤独を癒し、〈スタバ女〉には地下鉄で窮地を救われた上に、日比谷公園では、常に優しい視線で見つめられている。(1) こんな〈ぼく〉は、日比谷公園を訪れると必ず俯いて噴水広場まで行き、そこのベンチにゆったり座り、ネクタイをゆるめ、数秒目を閉じて深呼吸した後、カッと目を見開いてトランス状態を味わう。いわば、日比谷公園は〈ぼく〉にとって、営業活動という日常から一時ワープできる、癒しの恍惚空間だったのである。だが一方、住まいのある駒沢公園近くでは、真夜中の散歩で、落ちていた洗濯物をそのアパートの部屋に返してあげた行為を、近所の人に下着泥棒と噂される。職場と公園を離れた生活空間においては、〈ぼく〉は、周囲の偽善的な監視にさらされ、緊張して暮らしているのである。

そしてもう一人の中心人物である〈スタバ女〉にも名前がない。彼女は三十代前半で海外出張経験もあり、日比谷公園近くの企業で働いている。いわば都心のキャリアウーマンと考えられるが、「スタバに居る女が皆自分に見える」という心の病を抱え、スタバを嫌悪している。(2) そして、それでもスタバに通い続けるほどのストレスを和らげるために、日比谷公園でスタバコーヒーを飲みつつランチを食べ、特に、いつも心字池畔の同じベンチで昼食をとる〈ぼく〉と、噴水広場で赤い気球を上げる六十代の男性の二人に注目している。熾烈な競争社会を生き、様々な人の視線に晒されて疲弊した彼女が、人目を気にせず、〈ぼく〉や〈赤い気球を上げる老人〉を見つめる側に回って、ゆったりと過ごせる場所が日比谷公園だったのである。

また、〈ぼく〉の会社の先輩として三五歳の〈近藤さん〉という男性が登場する。彼には、離婚した妻との間に春子という幼稚園児がいて、二週間に一度面会している。彼の元妻は、離婚後も、何回も恋人を替えている。

さらに、〈ぼく〉に、自分たちのマンションを提供するとともに愛猿の世話を任せる三十代の宇田川和博・瑞穂夫妻が描かれる。アパレル業界で広報を担当し経済的に自立した瑞穂は、「夫の和博は大好きだが、ふと気がつくと、彼以上の人をいつも望んでいる」という人妻である。このような人物像の造形には、以下のような作者の思惑が読み取れる。まず、作中の人物(サルも含めて)には皆名前があるのに、中心となる〈ぼく〉と〈スタバ女〉だけ固有名がない設定には、まだ明確な自我を持てず、自覚的に何かを決定した経験のない二人の生き方が暗示されている。そして、公園内の人物でも特に、若手社員の〈ぼく〉と定年過ぎの六十代の男性に着目する〈スタバ女〉の視点にも、人生の岐路に佇む彼女の、逡巡が具象化されている。また、作中の誰もが本来の自宅に居ないという住まい方と、夫を残して息子のアパートで息抜きする〈ぼく〉の母と、外で娘に会う近藤さんの姿には、家庭という居場所が現代人に与える、潜在的な閉塞感と束縛感が形象化されている。さらに、近藤さんの元妻と瑞穂は、その閉塞感と束縛感から「より良い男」を求め続ける。以上、作中の人々は皆、現代社会のシステムに、何らかの閉塞感と束縛感を抱きつつ生きているが、なかでも名無しの〈ぼく〉と〈スタバ女〉にとって、日比谷公園は、周囲の監視から逃れ、閉塞感、束縛感に塗れた空間から一時脱出できる避難所《アジール》として設定されていることは明らかだろう。

日比谷公園が見せる、不穏な様相

だが、作中の日比谷公園は、主人公二人を癒す避難所としてだけでなく、次に列挙するような、過酷さと不気味さが漂う空間としても描かれている。

①売店で買ってきた餌を巻こうとして百羽もの獰猛な鳩に囲まれ、「広場の中央の人の形をした鳩模様のオブジェ」となり、悲鳴を上げる「公園新参者のおばさん」の姿。

夥しい鳩が群がり〈鳩模様のオブジェと化したおばさん〉の様相は、〈公園〉に潜む残酷な悪意の具象化とも考えられる。

②第一花壇の入り口の桜の蕾を見ようとして樹の下で背伸びした老婦人の、「靴のサイズが大きいのか、踵が飛び出していて、その丸い踵に絆創膏が貼ってある」描写。

老女の踵の絆創膏は桜の蕾と対比され、公園外の日常の味気無さを印象付ける。

③テニスコート裏の記念碑「自由の鐘」付近は巨木が生い茂り昼間でも薄暗く、どのベンチにも浮浪者が毛布にくるまって寝ている。その浮浪者の一人がかけていたのは、現在（ぼく）が部屋で使っているものと紛れもなく同じだった。その毛布から足が「少しだけ出ており、真っ黒に汚れた親指が敗れたスニーカーから突き出していた」。

老朽化した「自由の鐘[3]」付近は、明るく華やかな日比谷公園の暗部ともいうべき寂れた場所である。そこのベンチに寝ていた浮浪者の毛布が自分と同じだという事実を発見した〈ぼく〉は、その浮浪者に己の今後を重ね戦慄する。

④深夜十二時に噴水広場に来た〈ぼく〉は、無人の公園の心字池、並木道、中幸門、日比谷公会堂、雲形池、第二花壇を、それぞれ、心臓、食道、腸、肛門、膀胱、肝臓、膵臓に準《なぞら》え、大勢の人々が、汗の様に外へ出ていく情景を幻視する。

地下鉄のホームに貼られた「日本臓器移植ネットワーク」の広告をめぐる会話から〈ぼく〉と〈スタバ女〉との関係が始まるこの小説では、「人体解剖図」「人間とは、ただからだのことだ」「人体の各部を加工して販売する米国企業」など、人体への言及が散見されるが、作者は日比谷公園とそこに出入りする人間を、同じ有機体として描出し、人間が創った〈公園〉が、真夜中に人知れず呼吸し人体化して、逆に人間を支配する怪しい様相を写している。

日比谷公園と東京の地下世界

このような日比谷公園の過酷さと不気味さを決定づけるのは、公園の地下への作者の眼差しだろう。因みに「パーク・ライフ」は、次のような描写から始まっている。

日比谷交差点の地下には、三つの路線が走っている。この辺り一帯を、たとえば有楽町マリオンビルを誕生日ケーキの上飾りに譬え、上空から鋭いナイフで真っ二つに切ったとすると、スポンジ部分には地下鉄の駅や通路がまるで蜂の巣のように張り巡らされているに違いない。地上のデコレーションが派手でも、中身がすかすかのケーキなどあまりありがたいものではない。

春の日比谷公園を主な舞台とするこの作品は、冒頭で、長閑な内容とそぐわない、「地下鉄の駅と通路が蜂の巣のように張り巡らされている」東京の地下の危なげな様相を伝える。実は「パーク・ライフ」以前に、東京の地下世界と日比谷公園をつなぐ、二つの現代小説がある。その一つの「魔都」は、次のような内容である。

①久生十蘭「魔都」（『新青年』昭和一二年十月号〜同一三年十月号）

昭和九年の大晦日の深夜、新聞記者の古市加十《ふるいちかじゅう》は銀座のバーで「日比谷公園の鶴の噴水が歌を唄うという噂は本当か」と東京滞在中の安南王(現ベトナム)に話しかけられる。その夜、古市は安南王に誘われるまま彼の愛人の住む赤坂山王台の高級アパートに行くが、そこで愛人はベランダから墜落死し、安南王は、国宝級のダイヤモンドとともに、行方不明となる。

古市は、国家上げての大捜査と別に、日比谷一帯の江戸以来の神田上水の大伏樋《おおふせど》を辿り、安南王が鶴の噴水の真下に潜んでいることを突き止め、暗殺者達から彼を匿ったのち、自身が安南王の身代わりとなって、服部の時計台に吊るされる。

「日比谷公園の噴水の鶴が唄う」趣向は、フランスのスーヴェストル＆アラン著の「ワイマール国の王がパリで行方不明になった時から、コンコルド広場の噴水が毎晩歌を唄う」小説(「ファントマに囚われた王」(一九一一年)から借りている。「魔都」の背景となる時代は、満州事変(昭和六年)、五一五事件(同七年)、国際連盟脱退(同八年)など戦時体制が強化されるとともに、銀座四丁目の服部時計台完成(昭和七年)、日比谷公園の東京音頭盆踊り大会(昭和八年)、地下鉄浅草・新橋間開通(同九年)など、戦前の都市文化の絶頂期でもあった。この作品も探偵小説としてより帝都東京案内としての価値がある。特に、日比谷公園鶴の噴水とそこにつながる地下迷路が、繁栄する帝都の底に潜む不穏な時流への不安を、巧みに暗喩している。ここでは日比谷公園が、地上の繁華な東京と地下の剣呑な東京の境界となっている。

もう一作は、村上春樹が初めて書き下ろしで発表した「世界の終わりとハードボイルドワンダーランド」である。

②村上春樹「世界の終わりとハードボイルド・ワンダーランド」(昭和六〇年、新潮社)

この長編は、高い壁で外界と隔てられた街で、一角獣の頭骨から夢を読んで暮らす〈僕〉の「世界の終わり」という物語と、老科学者に(世界の終わり)という意識を組み込まれた〈私〉が自己の存在意義を求めて、東京の地下世界を彷徨う「ハードボイルド・ワンダーランド」の話が交互に進行し、最後に交わる小説である。

「ハードボイルド・ワンダーランド」の世界では、「計算士」所属の「組織(システム)」と、「記号士」

所属の「工場〈ファクトリー〉」が、暗号の作成と解読の技術を争っている。「計算士」の「私」は、「組織」と「工場」が実は一つのシステムだという事実を知った老科学者が地上世界から地下研究室に逃れたため、「組織」と「工場」の両方から狙われることとなる。そして老科学者の孫娘と共に、〈やみくろ〉という凶暴な妖怪が多数生息する東京の地下迷路を、逃亡し彷徨い続ける。

その後、地下鉄青山一丁目駅から何とか地上に出ることが出来た「私」は、老科学者に〈世界の終わり〉という意識を組み込まれていたため、自分の生命が既に二四時間しかないことに気づく。そんな「私」は、現実社会で過ごす最期の場所として日比谷公園を選ぶ。「私」は十月の良く晴れた公園の芝生で、身なりの良い母と幼女が鳩と戯れるのを眺めながら、ビールを飲み煙草を吸い、売店でポップコーンを買って鳩に与え、公園を出る。そして東京湾の見える港で、永遠の眠りにつく。

作中の〈地下に蠢き人間を食う「やみくろ」という存在〉は、作品発表後に発生し多くの犠牲者を出した「地下鉄サリン事件」を予告する描写として、評判となった。

この作品では、日比谷公園が、組織〈システム〉の計算士としての「私」が〈世界の終わり〉という意識を消滅させ、新しい生に入る境界の役割を担っている。

以上、「魔都」と「世界の終わりとハードボイルドワンダーランド」は、近代の首都東京の象徴として日比谷公園が担ってきた明暗併せ持つ歴史を踏まえ、現実の東京の裏面に潜伏するもう一つの東京の本質を、日比谷公園と地下世界との関りによって訴えた小説といえよう。

「パーク・ライフ」における日比谷公園の描かれ方と役割

〈ぼく〉の先輩〈近藤さん〉に作者は、現代の公園を「何もしなくても誰からも咎められず、逆に何かやろうとすると追い出される」場所と語らせている。常に〈今〉を映す作家と言われる吉田修一は、何も起こらず、誰も何も起こさない現代の日比谷公園を、無名の男女の淡々とした触れ合いによって、巧みに暗喩した。

だが、明治の開園から昭和四十年代の学生運動の時代まで、日比谷公園は「何かをやり、何かが起こる空間」だった。このような激動の公園史も作者は、過酷で不気味な公園の描写と、公園地下の構造を述べる冒頭によって、読者に暗示している。さらに、日比谷公園を舞台にした吉田の意識下には、前述した「魔都」と「世界の終わりとハードボイルドワンダーランド」が描出した、東京の地下世界と日比谷公園の怪しい関係も浮かんでいたと想像される。そのため、「パーク・ライフ」の世界を覆う春の日比谷公園の長閑さが、「何かが起こる直前」の、胸騒ぎを誘う静けさとしても伝わってくるのである。

また〈ぼく〉には、生活圏である駒場公園周辺では、下着泥棒にされてしまうような煩わしい日常がある。〈スタバ女〉も、自分の分身がたむろするスターバックスを嫌悪しつつ、そこに日参している。こんな二人の、苛立ちを忘れる空間が日比谷公園だったが、〈スタバ女〉は、自身の生育地の写真を見る機会を得て、自身が〈こころ〉だけでなく〈からだ〉を持つ存在であることを再認識する。その結果、自らの〈からだ〉が欲する何かを選択し決定する力、つまり確かな自律性を獲得する。その彼女の姿によって〈ぼく〉も、〈スタバ女〉に「明日も公園に来て」という欲求を伝える自我を得る。

日比谷公園は、明確なアイデンティティを持てなかった二人が〈こころ〉と〈からだ〉のバランスを取り戻し、精神的自立への道に踏み出す過程での、境界としての役割を果たしている。

そしてさらに、この日比谷公園の長閑さが、「何かが始まる直前の光景」特有の、不穏な空気と表裏一体に描かれている点も、忘れてはならない。

〈ぼく〉と〈スタバ女〉が初めて出逢った地下鉄日比谷線が、霞ヶ関駅で臨時停車した時、〈ぼく〉は「場所が場所だけに何か異臭がしないかと辺りを嗅ぎまわりたく」なる。この箇所からは、一九九五年に都心の地下鉄内で多くの犠牲者を出した「地下鉄サリン事件」が想起される。そしてそれは、「魔都」や「世界の終わりとハードボイルドワンダーランド」で描かれた、日比谷公園と東京の地下世界との関りに繋がるものでもあった。吉田修一は、何も起こらない現代の日比谷公園を描き、そこで憩う男女が、〈こころ〉と〈からだ〉の一体感を取り戻し、自覚的な人生を歩みだすという、一見平穏なドラマを創作した。だが、この作品は、そのあまりのアンチ・ドラマティックな内容ゆえに、かえって何かが起こる直前に留まりつつ、まだ「何も起こらない」〈今〉に忍び寄る、近づく惨劇を示唆する小説ともいえないだろうか。

二〇〇一年九月一一日、米国同時多発テロ事件で標的となったニューヨークのツインタワービルが崩壊する瞬間が、全世界に映し出された。二一世紀は、このような大事件によって幕を開けた。そして二〇世紀初めの開園以来、多くの事件が起こった日比谷公園が背景となる「パーク・ライフ」は、あえて、何も起こらない、何も起こさない、でも確かに何かが起こりつつある直前の東京の恐さを描くために、二一世紀初頭の〈長閑な日比谷公園〉を、作品化したと考えられよう。〈公園〉というシステムは、首都東京の近代化に大いに貢献した。でもだからこそ、近代化の底辺に蠢く地下世界の深い闇への通路ともなりえる、境界的空間だったのである。

注

(1) 林道郎は、〈ぼく〉は「古典的な男性性の符牒がことごとく剥ぎ取られた若者で、女性との関係も異性愛より、女性間の友愛を想起させる」と述べる。(「ベンチに座って─『パーク・ライフ』論」『10+1』NO・30　都市プロジェクト　二〇〇三年一月。)

(2) 疋田雅昭は「仕事や読書、学習する姿が格好良く『見られる』という新しい空間を確立させた」米国のスターバックスが、一九九六(平成八)年に銀座に一号店を出して以来、「新しい世代の銀座・丸の内OL達の需要と見事に一致し、日本にカフェ・ブームを巻き起こすことになった。女の『自己嫌悪』という言い方は、カフェという空間における『意識高い系』と揶揄されるような姿それ自体が一般的に定着しつつあったことをよく示しているとも言えるだろう」(「近代の飛翔あるいは近代的主体の終焉─吉田修一「パーク・ライフ」論」、東京学芸大学リポジトリ　公開日二〇二〇年二月七日。)と論じている。

(3) 「自由の鐘」は敗戦直後、連合国総司令官マッカーサーの提案で、アメリカ市民有志が、フィラデルフィアの独立記念館前の鐘と同じものを日本の新聞協会に贈り、それを東京都が譲り受け、一九五二(昭和二七)年十月二四日に日比谷公園内に建立された。二〇一一年十月一日に修復が完成したが、作品の背景となる二〇〇二年当時は、老朽化し、周囲も荒廃していた。

カズオ・イシグロの『クララとお日さま』が問いかけるもの

北田《きただ》　敬子《けいこ》

元本学教授。専門は英語・英文学。著書「小説に現れる心」（『ことばのスペクトル　こころ』東洋学園大学、二〇〇八年）、「カズオ・イシグロの越境『忘れられた巨人』―よみがえる記憶」（『ことばのスペクトル　越境』東洋学園大学、二〇一八年）

カズオ・イシグロとクララ

二〇一七年度のノーベル文学賞受賞後初めての長編小説を、世界中の読者が待ち構えていた。作品ごとに舞台も形式も登場人物も様々に変容するイシグロの作風は大方の予想を裏切る。前作『忘れられた巨人』（二〇一五）は中世のブリテン島に立ち込める霧の彼方から騎士たちが現れ、人々の記憶を奪う竜を退治するという奇想天外なファンタジーであった。およそあの端正なイングランドの大邸宅で繰り広げられる『日の名残り』（一九八九）の世界とはかけ離れた、荒々しくも神秘的な、寓話の如き小説である。

『クララとお日さま』は二〇二一年に世界で同時に発売された。物語の語り手クララは人間ではない。

作中ではＡＦ（Artificial Friend）と呼ばれる人工知能搭載の人型ロボットである。それを知った読者の多くが先ず思い起こすのは、『私を離さないで』（二〇〇五）に登場した臓器提供を目的に生み出されたクローン人間たちのことではないだろうか。ヘールシャムという特異な寄宿学校で教育を受けた後、次々に臓器提供者となりまたその介護人となって短い生涯を終えて行く若者たちに、希望や明るい未来などはなかった。それにもかかわらず、この小説は人気を博し映画化もされて読み継がれている。ＳＦというには科学技術への言及は最小限で、眼目はそこにない。「クローンに人としての尊厳は認められるのか」という問いが全編に通底している。読者は戦慄を覚えつつ読み進むうちに、ヒトの形をしたヒトならざる者への共感や反発を経験することになる。

ではクララはどうなのだろうか？「ヒトの形をしたヒトならざる者」と共存する未来があるとしたら、われわれはどのようにそれを受け止めることができるのか。それを自然の成り行きのように受け入れて生きる未来はあるのだろうか。

凄まじい勢いで発達しつつあるChatGPTや生成ＡＩの現状を目のあたりにすると、それをただ科学技術の専門家だけに任せておけばよいと受け流すことは出来そうもない。人間が既得領域としてきた分野への活用によって従来人間が担っていた仕事がＡＩに取って代わられるという局面が過大視される。しかし、技術の先行ないしは人間に作られたＡＩが人知を凌駕し、独走し始めるのではないかという危惧が囁かれるようになった現在、凡そ科学技術の発達とは無縁のところに位置すると思われてきた文学の領域でも、作家は想像力を武器に、ＡＩについて思いを巡らせ、未来へのヒントを掲げられるのではないだろうか。少なくとも文学上のシミュレーションは可能だ。クララの登場が示唆するものを「子供だましの単純なロボットのお話」と見過ごすことはできない。

捨てられたクララ

広い「廃品置き場」に、多種多様な品物と一緒に少女の姿をした人工知能搭載のロボットが打ち捨てられている。空から鳥の一群が舞い降りてきても、食べるものが何もないと知るとすぐに飛び去ってしまうような場所である。ロボットは首を回して辺りを観察することはできても、自分で別の場所へ移動することはできない。

その人型のロボットにはまだ意識が残っている。物事の認識能力もひところよりはスローになっているものの、消えてしまったわけでもない。つまり完全な「廃品」ではないにもかかわらず、ヒトから不要だと見做されて、家具や家電製品と同様に放置されている。クララは依然として個別の特性を備えた人造物として「存在」しているにもかかわらず、である。こんな情景を前にしたら読者は何を思うだろう。

カズオ・イシグロの小説『クララとお日さま』の最後のシーンは不可解な余韻に満ちている。例えば少年少女の人工親友（Artificial Friend）として作製され販売された、この人工知能搭載ロボットのクララと同じ年頃（十代半ば）の読者は最後のシーンにどう反応するのか興味深い。年齢は別にしても、クララに一定の親近感を抱きながら小説を読み続けてきた読者なら、平静を保って本を閉じるとは思えない。むしろ「こんな終わり方をしていいのか?」という疑問や一抹の不安を抱くはずだ。何故か? おそらく、クララとその持ち主だった少女ジョジーの間にあったはずの「親しみの情」などというものは幻想だったのかという失望、あるいは所詮ロボットはモノに過ぎなかったのかというやるせなさ、さらには結局ヒトとモノの境界を超えるものは提示されないのかという不満、などの混沌と交じり合う読後感を持たざるを得ないからなのではないだろうか。

しかし、カズオ・イシグロがそんな読者の反応を予測しないわけがない。作家は意図的にこの場面を最後に設定したはずである。とするなら、クララに託されたものを推測することが読者への問いかけなのかもしれない。少女の形をとった人工頭脳が体現するものは何か、何故それは少女の形でなくてはならないのか。近い将来、現実に登場するかもしれない「ヒトの友達として作られるロボット(AF)」と我々はどう向き合い、付き合っていくことが可能なのか、この小説は読者にシミュレーションの機会を提供すると言えるだろう。そのように考えると、クララの最後を哀れと思う必要もない。そもそも悲喜劇はAI(Artificial Intelligence)—人工知能—なりAFなるものに感情移入する人間のほうに起こる。外見からも機能からもヒトと対等(か、それ以上)であるように造られながら、消費されてしまうクララとはいったい何者なのだろう。

クララの登場

おそらくアメリカの中西部あたり、茫漠と広がる草原の中にポツンと家が建っている。歩いて行ける距離にもう一軒。二つの家は砂利道でつながっている。クララが住むことになった家の女主人クリシー・アーサーは毎朝車を運転してここから仕事に出かける。片言の英語を話す家政婦メラニアを雇っている。娘のジョジーは在宅でオブロン端末なるディバイスを通じて遠隔個人指導を受けている。ゴミ屋敷に近いもう一軒の家には、奇態な言動を続けるヘレンとそれを見守る息子リックが蟄居している。

ジョジー（推定十四歳半）とリック（推定十五歳）は幼馴染で、将来は一緒になるという計画を立てている。子どもたち二人の大きな違いはジョジーが「向上処置」と呼ばれる遺伝子編集を受けた選別された子供であるのに対し、リックの方は処置を受けていない階級の子供だという点である。ジョジーはこの処理を受けたために、常に体調不良を託ち一時は生命の危機にまでさらされる。一方処置を受けていないリックは身体壮健で、鳥のドローン編隊を飛ばすプログラムの製作に熱中している。

こうした環境の下にクララが導入される。クララは街の店舗で他のＡＦ達と共に展示され売りに出されていた。子供のためのＡＦ販売が専門のこの店には「店長さん」がいて、クララやローズ、レックスなどと名付けられた商品の販売を担っている。ちょうど新型Ｂ３モデルが導入され始めた時期で、客の関心はＢ３に行きがちなところ、店長はＢ２モデルの良さをアピールし、Ｂ２のＡＦ達にも自信と誇りを持たせるよう努めている。（この段階でＡＦがヒトと視覚・聴覚・言語を介しての意思疎通が可能であること、ＡＦ同士の交流も起こることが明示されている。）

店長は個別のＡＦの特性について熟知している。彼女はクララの「観察と意欲」を特別な性質として挙げ、「周囲に観るものを吸収し、取り込んでいく能力は、とびぬけています。結果として…どのAFより精緻な理解力をもつまでになりました。」(p.65)とジョジーの母親(クリシー)に説明する。それは「情報収集能力の高さ」とも言い換えることができるだろう。また同時に、取り込んだ情報をよく理解することで顧客の要求に応えていく「応用能力の高さ」があることをも示唆している。母親はクララに今見たばかりのジョジーの外見や声音のピッチを言わせ、更には歩き方を模倣することを要求する。クララの再現能力の優秀さを目の当たりにした母親はジョジーの願いを聞き入れ、クララをその場で購入する。

買われてきたクララ

クララは既製品であり、商品である。だが人形ではない。変化していく可能性を秘めた人工頭脳であり人の形をしたロボット、すなわちヒューマノイド(humanoid)である。二〇二四年現在の時点でそのようなロボットは現実社会に未だ普及していないものの、類似品は深く静かに生活の中に拡がってきている。例えばペッパーはどうだろう。各種店舗や公共施設の受付として、音声と画面を通じて訪問者や顧客対応の一端を担うことはできる。明確に人の形はしていなくても部分としてなら簡単な模倣品はもっとある。昨今ファミリーレストランで「配膳ロボット」に接したことのある人は多いのではなかろうか。「お待たせしました」という声に客が振り向くと、自走式のワゴンが注文した料理を載せて席まで運んできている。家庭内の掃除ロボットは「清掃を開始します」「動きが取れません。何かが絡まっています。メインブラシを点検して下さい。」「清掃を終わります」「充電を開始します」などという言葉を随時発しながら床を走り回る。どこで掃除を終えても自ら充電ポートへの最短距離を探し出してその場所へ帰って行く。あたかも思案するように進行方向を判定しようとしている円盤型の機械は、これまでは名もなき労働であった掃除を手堅く代行する主体であるようにすら見える。電化製品の一つの形に過ぎないと言えばそれまでながら、自走し発話でヒトの反応を促すところが電気釜や洗濯機とは異なる。

クララは単純労働の代行者ではなく、さらに上位の知的・感情的サポートを目的とした製品であるよう設定されている。クララがジョジーの友達（話し相手であり見守り役）となることを期待されているのは明らかである一方、ヒトに敵愾心を抱かせる場合もある。当初、家政婦のメラニアはクララを敵視している。「ついてくるなAF。どっかいけ」（p.74）と怒鳴るし、初対面のリックは「AFなんていらないって言ってた」（p.90）と不快感を隠そうともせず、ジョジーとの関係に割って入る邪魔者という先入観を持っている。

だが時の経過とともに、メラニアはクララをジョジーの守り手と認め「オッケー、AF、二人は同じ組」（p.255）と認定するようになる。詳述はされないものの、メラニアがこの家の裏表を観察してきたこと、姉娘サリーが死んだ経緯とそれをめぐる母親クリシーの苦悩を熟知していること、ジョジーに再び同様の災厄が襲う可能性を予感していることなどが伝わってくる。リックも一旦クララの純真さやジョジーに対する献身を目の当たりにすると、そのよき理解者になる。同時に自分とジョジーの関係についても忌憚ない説明を行うところから、リックはクララが人間の心理や行動を学ぶ恰好の研究対象にもなる。

クララとお日さま

前述の通りこの小説の語り手はクララである。クララの観察、認知、判断、行動などがクララの言語表現能力の範囲で記述される。したがって小説のナレーションの総てはクララという受信装置を通して理解・把握されたことだけである。ある意味で読者はクララと一体になって世界を見ることになる。クララから見た人間界や周囲の自然環境、クララの持ちえた感覚と感受性、そしてそれらに対する疑問や驚嘆など、通常の人間には常識以前のことがらも新たな学びの対象となって立ち現れる。それ故に、常識的な大人の読者から見たら笑止千万なこともまことしやかに語られることとなる。その筆頭がクララの「お日さま信仰」だろう。

ＡＦを動かしているエネルギー源は太陽光である。クララはどんなに人間界に馴染んでもヒトと共に飲み食いはしない。ベッドに横になって眠ることもない。求められなければ冷蔵庫の脇や部屋の隅に立っていて、モノとしての分際をわきまえている。五感のうち味覚と嗅覚は備わっておらず、触覚に関してはごくわずかな描写から「あるにはある」と判定するしかない。例えば爽やかな風、クリシーやジョジーに抱きしめられた時の幸福感など。だが、知覚に関していえば極めて単純で未発達な状態と思わせられる。クリシーに連れられてモーガンの滝見物へ行く途上見かけた雄牛に「怒りと破壊のサイン」を認め、「この雄牛は重大な誤りだ」（p.145）と断じる様子。逆に草原の草を食むだけの羊たちには「親切心と思いやり」が満たされていると判断する様子など、観察と結論の短絡は否めない。だが、「わたしにも感情があると思います」とクララは主張し、「多くを観察するほど、感情も多くなります。（中略）さっきもジョジーが一緒に来られず、悲しみを感じました」（p.142）とクリシーに説明する。このあえかな感情表明は見逃せない。クララの行動の動機となる機能を果たし、ヒトに寄り添う契機を成すものと考えられるからである。

そのようなナイーヴな感性のクララが、ことお日さまに関しては確信的で大胆なことは全編を貫くミステリーを成していると言えよう。クララは太陽エネルギーが自分の存在基盤であることを実感している。たまたま店に展示されている時目にした、ホームレスと犬が路上で息絶えたかに思えた後、太陽光を浴びて復活したと思しき場面を目撃して感激し、太陽には生命を蘇らせる力があると信じ込む。そしてそれは病弱なジョジーにも有効だと考え、太陽にジョジーの健康回復を祈願する。但し、リックに「ＡＦの迷信」と揶揄されることもあるように、筋道だった説明は避け続ける。途中で口外したらお日さまの機嫌を損ね、満願が叶わなくなるかもしれないというのがその理由である。

クララはジョジーの部屋の窓から日没の場面を観察し、草原の中に建つマクベイン氏所有の納屋に太陽は休息所を持っていると考える。沈む寸前の太陽光を納屋の中でとらえ、ジョジーの回復祈願をすることがクララの使命となり、彼女が重篤になった時の祈りの場面は、ＡＦという科学技術の粋を極めた存在の対極にある原始宗教の絵図のようであると言わざるを得ない。この極端な結びつきをどう解釈すればよいだろうか。ＡＦを太陽の申し子と描くイシグロの設定には、現代人のエコロジー信奉への疑義の片鱗がありそうだ。

クララを取り巻く人々

いわば「太陽ミステリー」とでもいうべき構想をこの作品の一つの軸とすると、もう一つの軸にはクララを取り巻く人々の思惑の絡まり合いがある。クリシーとジョジー母娘に、ヘレンとリックという母・息子が対置されている。幼い頃には屈託なく睦みあっていたジョジーとリックを次第に疎遠にしていくのは、「向上処置」の有無である。クララが母娘に購入されたのは、折あたかも大学進学を視界に入れてジョジーがこれからの人生を構築していく準備期間に当たっていた。大学進学は「向上処置」を受けた富裕層の子どもたちに限られ、彼らは時折仲間内で「交流会」なるものを催す。そこにジョジーが幼馴染のリックを呼んだために会は大荒れとなり、部外者リックが侮辱されるばかりか、クララは粗野な男子連中に「モノ」として乱暴に扱われそうになる。ジョジーは介入せず(むしろB3モデルを選ばなかったことを悔やむかのような発言さえして)、いわばハラスメント実行直前に、のけ者のリックがクララを救う。あたかも「未処置」であることが人間性保持の要であると言えそうな場面である。

大人たちにはまた別の思惑がある。クリシーは時折ジェシーを街に連れて行き、カパルディなる人物に「肖像画」を描かせている。だが、実際にはそれは平面上の絵画ではなく、ジョジーの３Ｄモデルの創作作業であった。しかも、最終的にはそのオブジェにＡＩ技術を駆使してヒューマノイドを作成し、ジョジーを「再現」するというプロジェクトであることが明らかになって来る。クララがそのロボットにジョジーについて学習したすべてを注ぎ込み、遂には体躯の部分を交換してクララをジョジーに成り代わらせるという「ジョジーを継続する」計画まで密かに進行していた。

この計画には離婚したクリシーの夫ポールが介入してきて異を唱える。そのような「身代わり」作製をクリシーが発想したのは、長女のサリーを「向上処理」のあとで亡くした悲嘆を、再びジェシーで繰り返したくないがためである。クララは制作途上のジョジー型のＡＩが宙づりになっている現場を目にし、ジョジーを徹底的に学ぶことを依頼される。

さらに、ヘレンは「向上処置」を受けていない子供が救済される途を、アトラス・ブルッキングスカレッジへの例外的な入学許可という方便に求めて、才能豊かだと信じる息子リックに有力者との面談の場を設ける。その人物は過去にヘレンが不実の限りを尽くしたバンスという男だったために、面談は修羅場を呈する。クララはその場面にも立ち会うことになる。

クララと心

かくて人間たちの思惑や、男性と女性の縺れた関係性が次々に示されることでクララはヒトの心理について学んでいく。街ではポールとクララが他の人たちを離れて二人でドライブする機会がある。直接的には環境汚染の元凶とクララが目した「クーティングス・マシン」一台をポールと共謀して破壊することが重要なエピソードとして含まれている。だが、それに先んじてポールとクララは人の心についてこのように語り合う。

「ポールさんの言う『心』はジョジーを学習するうえでいちばん難しい部分かもしれません」とわたしは言いました。たくさんの部屋がある家のようだと思います。でも、AFがその気になって、時間が与えられれば部屋の一つ一つを調べて歩き、やがてそこを自分の家のようにできると思います」（中略）

「だが、きみがそういう部屋のひとつに入ったとしよう。すると、その部屋の中にまた別の部屋があったとしたら？その部屋に入ったら、そこにもさらに部屋がある。部屋の中の部屋の中の部屋・・・きりがないいんじゃないのか。ジョジーの心を学習するというのは、そういうことになると思わないか。いくら時間をかけて部屋を調べ歩いても、つねに未踏査の部屋が残る……」

わたしはしばらく考えてこう言いました。「もちろん、人の心は複雑でないわけがありません。でも、限度があるはずです。ポールさんが詩的な意味で語っているとしても、学習することには終わりがあると思います。ジョジーの心は、たしかに部屋の中に部屋があるような不思議な家かもしれません。でも、それがジョジーを救う最善の方法であるなら、わたしは全力を尽くします。成功する可能性はかなりあると信じます」（pp.312-3）

ここで明らかになるのは、ロボットが捉えた「心」の定義であると同時に、クララに付与された言語能力と思考力の実際であろう。情報収集が先行するにしても、得てきたデータをわがものとして思考する(ように見える)活動を行う。さらにクララに加えられているのは、観察対象に対する心情的な思い入れだろう。それをヒトが共感や情緒と名付けるか否かは別として、心を学ぶことは心に寄り添うことであるというメッセージをこの表明からくみ取ることが可能なのではないか。つまり、カズオ・イシグロは「心」を学べるＡＦには「心」が備わっていることとしようという設定をしたと理解してよいのではないかと思われる。

小説につきものの、人間同士の心理的葛藤が『クララとお日さま』ではどう描かれているのだろうか。将来を誓い合ったという割に、ジョジーとリックの関係は淡白なものである。リックは病むジョジーの元をしばしば訪れ、彼女が描く人物画像に「吹き出し」の台詞を書き込むというゲームに延々と付き合う。時にリックが癇癪を起して見舞いが途絶え、クララがジョジーの使者として仲介に乗り出すこともある。だが二人の関係にもまして重要なのは、リックがクララを背負って草原のマクベインさんの納屋へ送り届けるという行為であり、クララの必死なジョジー救済の欲求の方であろう。

ジョジーは私とお日さまの約束を知らず、今も知りません。そして日に日に弱っていっています。わたしがいまここにこんな風に来ているのは、お日さまがいかに親切な方であるかを忘れていないからです。お日さまはあの物乞いの人とその犬に親切にしてくださいました。あの大き

な親切を、ぜひジョジーにもお願いします。ジョジーには、今あの特別の栄養が必要です。（p.387）

このような祈りと太陽エネルギーの関係を証明するものは何もない。「祈る」という他力本願の宗教的行為が功を奏するなら、科学技術や医療への現代人の信頼や依存など如何ほどのものだろう。だが、一つ言えるのはヒトの思惑とは別のところに気力や活力を支えるものがあるかもしれないという「希望」をAFが持ち込んできたということである。人々はクララが「希望」を口にするとき、ヒトには見えない何かをAFが見て予見しているのかもしれないと期待する。よもやお日さまとの約束だの、お日さまの親切などがAFの秘密だとは想像もしていない。

クララの祈りと願いがジョジーの回復という形で奇跡的な成就を見た後、クララは報われるのだろうか。ジョジーを助け、見守るというクララのミッションへのヒトの側からの応答ないし感応はあるのだろうか。この小説を概観する限り、殆ど無いに等しいと言わざるを得ない。健康になったジョジーは同世代の友人たちとの交流に忙しく、もはやクララの助けを必要とはしなくなる。友人たちがしばしば泊まりに来るようになってジョジーの寝室にクララの居場所はなくなり、クララは家屋の中の物置を自分の居場所に定める。それを知ったジョジーがこの「秘密基地」に太陽好きなクララのために、物の配置を変えて高窓から外が見えるようにしてくれるのがせめてもの思いやりと言ったところだ。

ジョジーの回復によってプロジェクトが頓挫したカパルディ氏は、世間のAFへの反感や偏見を拭い去るために、クララに「リバースエンジニアリング」を施して、ブラックボックスの解明を図ろうとクリシーに持ち掛ける。「クララには、世に残る貢献ができるチャンスだ・・・・・」と言って。しかしクリシーは猛反発する。「クララにそんな不当な扱いは許さない。そっと引退させてあげたいの」(p.420)というのが彼女の言い分だ。

ジョジーが成長し、大学進学と共に家を離れるときには、既にクララのAFとしての役目は終わっている。クリシーはそれを「引退」と呼ぶ。ジョジーが休暇で帰宅するときにクララがまだ家にいるかどうかは定かでない。「あなたは本当の親友よ」と言い残して去っていくジョジーは既にクララより大分背丈も延び(クララは肉体的成長を遂げない)、クララへの執着は皆無だ。「親友」という割には、物語の中でジョジーとクララが二人だけの秘密を分かち合うなり、共謀して行動するということもない。クララが周囲を観察し続け、ジョジーの安寧を注視し続ける一方的なアクションの方向性があるばかりで、ジョジーからクララへの積極的なアプローチは特に見当たらない。クララはかつて店のショーウィンドーから、一人の少女の三歩後ろを男子AFが歩いているのを見た経験がある。

その三歩が偶然の遅れではないと見てとるには十分でした。あれは少女が決めた遅れです。自分が前、AFは三歩後ろ、と。周りの通行人には、あのAFが少女に好かれていないことが一目瞭然だったでしょう。それを知りながら甘んじて歩いているAFは見るからに足取りが重く、その心中はどんなだろうとわたしは思いました。やっと家が見つかったのに、その家の子にいらないと思われているというのは・・・仲よくすべき子にさげすまれ、拒絶されながら、それでも一緒に

暮らすＡＦがいる。それはこの少女とＡＦのペアを見るまで、わたしが思ってもみないことでした。（p.18）

これほどの乖離はジョジーとクララの間になかったものの、ここで浮かび上がってくるのは「ヒト＝主人、ＡＦ＝従者」という関係である。イニシアチブをとる人間が無用と判断すればＡＦは容赦なく破棄され、関係を断ち切られる。そこには人間とペットが結ぶ絆さえもない。あたかもそうしなければ人の優位性が揺らぐとでもいうかのように。したがってカパルディ氏の提案するＡＦの社会「貢献」より、クリシーの主張する「静かな引退」の方が家族だったＡＦには相応しいという考え方が前面に押し出される。かくて、クララは家庭内の物置から広域の「廃品置き場」へと退いていく。

クララの行く先

『クララとお日さま』の最初の場面と最後の場面は、ＡＦ販売店の「店長さん」の登場で呼応している。打ち捨てられたクララはＡＦの残骸を捜し歩く店長と再会する。数年を経て店は閉じ、店長自身にも老いの影が差し、ジョジーと同じように片側に傾きながら歩いている。ＡＦ販売が隆盛を極めたわけではなさそうなことが推測できる。それでも彼女はクララが買われていった家庭で役目を果たせたかどうかに関心があり、「できるサービスをすべて提供してジョジーが寂しがるのを防ぎました」（p.429）というクララの答えに安堵する。クララが報告するＡＦとしての人間観察の結論、人の心には何

か特別のものがあるかどうかという問題については

（人に）特別な何かはあります。ただ、それはジョジーの中ではなくジョジーを愛する人々の中にありました。だから（「ジョジーを継続する」という）カパルディさんの思うようにはならず、わたしの成功もなかっただろうと思います。わたしは決定を誤らずに幸いでした。（p. 431）

と語る。話し相手が欲しいならG3モデルのいる一角へ移動してはどうかと問う元店長にクララは「当面、振り返って整理すべき沢山の記憶がありますから」（p. 432）と断る。では、クララには記憶や判断力はあっても、寂しさや悲しみに苛まれることはないのだろうか？人の心を占める最大の要素である喜怒哀楽が希薄なAFにヒトへの共感が成立するのかどうか。クララ自身が危惧した、持ち主に疎んじられるAFの「心中（しんちゅう）」とクララ自身はどう折り合っているのか。

現代人は「ペットロス」ですら心に負う深い傷として語る。愛玩ロボットを所有する人々は少なくない。将来、ディバイス上で作動するChatGPT（広義のAIロボット）ではなく、それと等価のシステムを搭載したよりリアルな人や動物の形態を持つメカニズムが登場したら、ヒトが手を出さずにいられるだろうか。近未来小説の中には優れたAIとヒトが性的関係を結ぶ物語[1]が既に存在するし、そこではヒトがAIをライバルと見做す理由が十分にある。失われた身体機能を補填する人工四肢がパラリンピックで絶大な成果を上げるところを目にする限り、トータルな人間の姿を再現するヒューマノイドの登場はむしろ時間の問題とすら言えるかもしれない。人間側の心構えが整わないうちにその事態が出来したなら、どれほどの混乱が生み出されるだろか。

そこで、クララが「継続」のプロジェクトを拒絶した根拠を再検討する必要が生じる。作中では死を乗り越えるための特定人物の継続・再現には無理があるとされている。だが、新品の人型ロボットならば最初から関係性が構築できるかもしれない。その場合ヒトからモノへの愛着の流れが生まれる可能性も大いにある。単に消費して捨てるというプロセスを辿るだけでは済まない心情がヒトに芽生えるかもしれない。『クララとお日さま』の読者がジョジーやクリシーに期待していたのはそこなのではないだろうか?イシグロが敢えて登場人物たちにクララへの思い入れを表現させないのは、クララにそのことへの感受性が未だ不足しているからかもしれないし、双方から過大なセンチメントを排除することでヒトとロボットの交情に敢えて踏み込まない姿勢が取られているのかもしれない。

読者はクララという語り手に全権をゆだねている以上、書かれていることと書かれていないことの両方に目配りする必要がある。クララには未発達の感覚や感性があって当然である。この物語の「ヒトの形をしたヒトならざる者」はスーパーウーマンではない。愚かさも未熟さも抱える少女である。その脆弱さゆえに、捨てられてもネガティブな思考をしない愚直さゆえに、AFは「希望」という手垢のついた言葉にも清新な意味を吹き込む。クララの「引退」は「死」と等価ではなかろう。

二〇二二年にイシグロは黒澤明監督の『生きる』をリメイクした映画『Living 生きる』のシナリオを書いた。アカデミー賞にノミネートされたその作品は、彼の名前を小説にとどまらず改めて世に知らしめた。その重厚さの対極で『クララとお日さま』が若い読者への訴求力を持つことは想像に難くない。ＡＦ／ＡＩと共に生きる人々の未来を照らす作品として、これが一つのスタンダードになる可能性は十分にある。光とエネルギーの根源「お日さま」が担う役割と、クララに芽生えた「心」のありさまは、科学技術一辺倒では明かしきれないミステリーの存在を静かに訴えている。

注

（1）ＡＩとヒトが性的関係を結ぶ物語　イアン・マキューアン『恋するアダム』（松村潔訳　新潮社　二〇二一年）

出典

本文中の引用・日本語訳は全て原作Kazuo Ishiguro Klara and the Sun（(Alfred A. Knopf, New York 2021）の日本語版『クララとお日さま』（カズオ・イシグロ原作　土屋政雄訳　早川書房　二〇二一）による。示したページ数は日本語版。

システムに組み込まれた「死」
――作品世界を手掛かりに

増満《ますみつ》　圭子《けいこ》
本学教授。専門は、日本近代文学・意識研究。著書に、『夏目漱石論』（単著・和泉書院）、『坊っちゃん事典』（共著・勉誠出版）、『文学における「意識」（単著・武蔵野書院）など。

はじめに

二〇二四年六月二日、フジテレビのドキュメンタリー番組『ザ・ノンフィクション』で、『私のママが決めたこと～命と向き合った家族の記録～』が放映され、いまだに多くの反響を呼んでいる。そこには、再発を繰り返し、想像を絶する癌の苦しみに耐えながら、自らの人生を「安楽死」という形で終結させることを決意した一人の女性、マユミさんとその家族の記録がありのままに映し出されていた。

日本では合法化されていない「安楽死」ではあるが、二〇〇二年、ヨーロッパ諸国の中で初めてオランダで、厳格な条件の下、医師が安楽死を許容する法律が施行されて[1]以来、各国で様々な議論が繰り返されている。

一般的に、辞書的解釈としては、「生きることと死ぬことについて、判断や行為の基盤となる考え方。生と死に対する見方」と定義される死生観については、既に様々な論文が提出されている。

例えば、天沼香は、「そもそも、『生涯かけて学ぶべきことは死ぬこと』（セネカ）であり、『〝死への行進〟をしているのが人生』（日野原）で、『生きている目的は死ぬこと』（無着成恭）に尽き、『人は生きてきたように死ぬ』（ユング）だとするのなら、人間たるもの誰しもが自らの十全な『生』と『死』のために施行し、自らを啓発する必要がある」という自らの文章を引き合いに、「死生学」の必要性を語っている。[3] そこには、戦時中の「死」が、国家権力の強制に基づき、美化されつくしていたことの史実を辿りながらも、二十一世紀の今日にあっては、「人生観が人間の一生の価値や目的そして意味等についての考え、見方といったものであるとするなら、死生観は当然のことながら「死」の方に重点を置きつつ、人生の意味を問う、「生」や「死」に関する見解」であって、「人生観同様、すぐれて個々の個に帰属するものであり、軽々に類型化などなしうるものではない」との見方を示している。[4]

また、フランスの歴史家アリエスが「「死」がタブー視されていた時代があった[5]」ことを指摘した一方で、「いわゆる『終活』という言葉の流行を見ると死のタブーから解放されたともいえる」との澤井説[6]を手掛かりに、死生観の認識がどのように研究の対象となっているのかをまとめた友居和美の考察[7]もある。この論の中でも触れているように、確かに、行政の側としても、人生会議（アドバンス・ケア・プランニング）の必要性を謳い、「本人と医療・ケアチームとの合意形成に向けた十分な話し合いを踏まえた本人による意思決定を基本とし」た、個々人の「最期」を、我がこととして考える大切さを提唱し始めているのは事実である。

二〇一〇年に発表された京田亜由美らの論文「死を意識する病を抱える患者の死生観に関する研究内容の分析」(8)には、特に看護者側からの見解として、通常は「死を生活からも意識からも排除して生きて」いた患者たちが、「生の有限性」を否応なく突きつけられた時の、個別の死生観について、様々な研究を総括している。

すなわち、この尊厳死・安楽死を巡る議論こそが、まさに、法的・倫理的システムに縛られた「生」と「死」をめぐる社会と個人とのありかたへの問い、なのである。

各研究成果を踏まえ、本稿では、死をテーマとした文学作品を手掛かりに、誰もが必ず迎える「最期の時」への意識について、あえて(研究という領域ではなく)広く一般に提示されている虚構の世界だからこそ問うことができ得る、その多様性について考えたい。

尊厳死・安楽死の定義

周知のように、我が国では安楽死は認められていない。その定義については、公益財団法人日本尊厳死協会(9)によれば、「尊厳死」は、「人生の最終段階において延命措置を断わり自然な死を迎えること」であるのに対し、「安楽死」は、「耐え難い苦痛を持つ人の要請により、医師など第三者が直接薬物を投与、あるいは医師が処方した致死薬を患者自身が体内に入れたことによる死」を示しており、どちらにも「本人の意思による」という共通項」はあるが、両者として決定的に異なるのは、「命を積極的に断つ行為」の有無だという。

そこで重きを占めて来るのが、医療者の関わりである。松井茂記著『尊厳死および安楽死を求める権利[10]』では、次のように記されている。

「尊厳死」は、従来の意味での尊厳死とは異なり、医師に依頼して薬物を処方してもらって薬局で交付を受けるか、医師から直接交付を受け、それを（筆者注・依頼者本人）自ら服用して死ぬことを意味する。（略）「安楽死」は、医師に依頼して薬物などを直接投与してもらい、死なせてもらう行為を指す。従来の定義では、安楽死は、特に医師に限らず、安らかに死ぬために生命を短縮する行為と理解されてきた。しかし本書では、むしろ医師による自殺の幇助、医師による死ぬことの補助という意味で、「安楽死」という言葉が使われている。（傍点・筆者）

更に、憲法十三条に最近の学説などで、「人生の最後の生き方を決める権利として再定義しようとする傾向が強くなってきている」として、個人自らの「死」の選択を是とする考えを提示している。

又、松井が尊厳死・安楽死を法的に問う同著の中で、特に筆者の眼を引いたのは、「人格的自律権」に関する論考である。一例をあげれば、「すべて国民は「個人として尊重される」と定める憲法第十三条について、「個人の尊重原理を受けて、「人格的自律の存在として自己を主張し、そのような存在であり続ける上で重要な権利・自由を包括的に保障する権利」（包括的基本的人権）であることを主張した佐藤論[11]や、「人権を支える究極の根拠として「人間の尊厳」に言及、それは結局、「人権が人間の尊厳に由来し、人間であることに固有するものである」ことを意味する」芦部論[12]を提示したり、また、全く逆の立場から、「憲法第十三条の幸福追求権が、「生命を享受する権利すなわち生きる自由を保障していることに疑いはない」としつつ、「それが死に対する権利をも保障しているかどうかについては」「自らの存在意義に対する否定的評価に基づき、自己の生命および身体を重大かつ不可逆的にないし永続的に侵害する行為を、それ自体として憲法上の権利と位置付けるべきではない」とする土井論[13]など、様々なる学説を提示している。

　筆者は法の研究者ではないので、数々の学説や判例について考察を述べる立場にはないが、「生きる権利」が個人としての幸福追求であるところの「人格的自律」を担保するものであるなら、例えば、同著にも挙げられている、一九九八年川崎協同病院の「気管支喘息の重積発作に伴う低酸素性脳損傷で意識不明となった患者」に纏わる安楽死事件の判決の中に示された、「終末期における患者の自己決定の尊重は、自殺や死ぬ権利を認めるというものではなく、あくまでも人間の尊厳、幸福追求権の発露として、各人が人間存在としての自己の生き方、生き様を自分で決め、それを実行していくことを貫徹し、全うする結果、最後の生き方、すなわち死の迎え方を自分で決めることができるということのいわば反射的なものとして位置付けられるべきである」(傍点・筆者)という文言こそが、いかに憲法を始めとする社会的規範の中で法的・倫理的にその存在を規定されている「生」ではあっても、その「最後の生き方」に対する自己決定権は、様々な面で多様性を尊重する現代だからこそ、さらに積極的に自分事としての課題として示されてよいのではないか。

　次章から、諸研究者が語る聊か難解なる論考ではなく、広く一般に示された作品の中に、生の多様性、そして終末期における死のあり方について、その手掛かりを探りたい。

描かれた安楽死

前章でも述べたように、我が国においては、法的には一切、安楽死は認められていない。そのため、「最後の生き方、すなわち死の迎え方を自分で決め」、尊厳死・安楽死を求めても、それが自ら履行不能な場合、医療行為が不可欠となり、国内では是とはされない。そのため、一般的理解として、冒頭のドキュメンタリー番組にも映し出されていたように、安楽死を認める海外にそれを求めざるを得ない。

近年、文学・芸術（エンタメを含む）の中にも、こうした安楽死をテーマとした作品がいくつも示され、一般にもその是非を問う問題作として提示されている（その中には、実際の事件を具体的に想起されるものもある）。

創作物に表された意識世界を辿るにあたり、まずは、香川知晶著『命は誰のものか』[14]から、我が国における具体的概念について確認する。同著でも触れられている通り、日本で安楽死が顕在化されるきっかけとなったのが、一九九五年の東海大安楽死事件をめぐる横浜地裁判決で示された以下のような指標であった。

横浜地裁は、「医師による末期患者に対する致死行為が、積極的安楽死として許容されるための要件」として、（一）耐え難い肉体的苦痛があること、（二）死が避けられず、その死期が迫っていること、（三）肉体的苦痛を除去・緩和するために方法を尽くし、他に代替手段がないこと、（四）

生命の短縮を承諾する患者の明示の意思表示があることの四つをあげている。

そしてこの基準が、その後の実際に起こった安楽死事件（「事件」と呼んでよいものかいささか疑問も残るが）の根拠として用いられることとなる。

安楽死を扱った作品には、近代における森鴎外『高瀬舟』はもちろん、現代においても、例えば、二〇〇八年日下部羊『神の手』[15]、二〇一三年葉真中顕『ロスト・ケア』[16]、二〇一七年中山七里『ドクターデスの遺産』[17]、二〇二〇年楡周平『終の盟約』[18]、など様々あり、いずれも、読者側に様々な問題を提起している。

まずは、次の描写を提示したい。

末期がん患者の病室には、特有のにおいが漂っている。死臭を先取りしたような、甘酸っぱく、饐えたにおい。それは、全身に広がったがん細胞からにじみ出る独特の臭気である。若い患者のそれは、旺盛な身体の代謝や髪の汗と混じり、ことさら濃密になる。古林章太郎。二十一歳、肛門がん、末期。部屋の明かりを常夜灯だけにしているのは、本人がそう望んだからだ。彼には蛍光灯の光さえ、耐えがたいようだった。

これは、医師でもある作家・久坂部羊著『神の手』第一章にある。痛みの描写は更に続く。

これまで一日たりとも途切れることのなかった苦痛。鎮痛剤も鎮静剤も、麻薬さえも使い尽くし、それでも抑えることのできなかった痛み。がんは会陰部で潰瘍状になり、ガーゼを替えるたびに千本の針を突き刺すような痛みを引き起こした。リンパ節への転移は腹に食いつき、灼けた鉄を押し当てるような疼きをもたらした。さらに、ふいに突き上げてくる吐き気。身体をねじ切るような空えずき。胸水で溺死しそうな呼吸困難。ウジ虫のように全身を蝕む身の置き所のないだるさ。こうした痛みの有様について、「二十五年間、がん医療に携わってきた」担当医・白川は、「この苦しみに耐える意味はない」と確信する。何度手術を繰り返しても、転移し、神経を圧迫し、「灼熱感を伴う」耐えがたい痛みを引き起こす。モルヒネを含む数々の強い麻酔薬の副作用で猛烈な吐き気が出て、苦しみもだえる患者の有様に、医師は無力感と焦りに苛まれる。そんな中、患者は力ない声で必死に訴える。

「お願い、します。もう、……この、痛みは、我慢……、できない」目を大きく見開いて、必死にうなずく章太郎は、まるでライオンに食い殺されかけている草食動物のようだった。

医師・白川の葛藤は次のように表されている。

鎮静剤だけでは不十分なことは、白川にもわかっていた。あとは死ぬしかないのに、この苦痛に耐えさせるのはあまりにも酷い。しかし、安楽死が許されない状況で、ほかにどんな方法があるのか。（略）肝臓も腎臓も正常で、若い臓器が全力で肉体を生かそうとしている。その一方で、がんは全身に転移し、神経に食い込み、途方もない痛みを生み続ける。安楽死は高齢者の問題だと思われがちだが、そうではない。ほんとうに必要なのは、若い患者だ。生命力がありすぎて、どんなに苦しくても死ぬに死ねない。安楽死で彼らを救わなければ、とてつもない悲惨が続くばかりだ。なのに、自分は何もしていない。ただじっと終わるのを待っているだけだ。これでいいのか。

ここにおいて、家族である伯母の、「なんとか、この子を眠らせてやってください」「望んで選ぶんじゃないんです。それしかないから頼むんです。これ以上この子を苦しめるのは耐えられません。いつかまた元気になれるのなら、我慢もします。でも、もうどんなに苦しみに耐えても、望みはないんでしょう。それなら頑張らせるのはかわいそうすぎます。だから先生、お願いします」との必死の訴えに、とうとう白川が自ら「手を下す」。

これは、先に提示した横浜地裁の、「医師による末期患者に対する致死行為が、積極的安楽死として許容されるための要件」に合致するものではあるのかもしれない。果たして読者はどうとらえるか。この先、作品は、承諾した家族が患者の「伯母」であったこと、実母は、最期まで息子の現状を知ろうともしなかったにもかかわらず、当該医師を告発、安楽死問題をマスコミを利用して顕在化し、さらには、安楽死法制度の成立を狙う政治勢力による大きな問題へと進んで行く。

どうすることもできない痛み、逝くことが確定している現状の中で、その痛みと最後まで戦えと、果たしてどこまで強要できるのか。ここには、前章で示した、松井の指摘、「各人が人間存在としての自己の生き方、生き様を自分で決め、それを実行していくことを貫徹し、全うする結果、最後の生き方、すなわち死の迎え方を自分で決める」ことの是非が問われていよう。

そして家族とのかかわりについては、次のようにも描かれる。

「身内の死は、だれだって悲しいものです。しかし、それを少しでも先延ばしするために、患者の苦しみを放置するのは、やはり自分のエゴでしょう。〝死ぬな〟と言うのは、ときに〝死ね〟

と言うより残酷なことがあるのですよ」。

過酷な苦痛が延々と続くことが自明であるとき、安楽死を望んでは罪なのか。もちろん、筆者は安楽死についての立場は現状、まだ確固たるものを示すに至っていない。ただし、こうした虚構の世界だからこそ、表わされている「疑似現実」のさまを提示し、注視する必要性を大いに感じる。

『ドクターデスの遺産』にも、耐えがたい痛みは記されている。

…その頃から桐乃は死にたい、安らかに死にたいと繰り返すようになりました。当然でしょう。全身性エリテマトーデスは国から特定疾患に指定されている難病です。桐乃のようにある程度まで病状が進行してしまえば完治も緩解も難しい。桐乃の毎日は激痛と絶望との戦いでした。（略）すべてを断ち切られ、この先は苦痛しかない。そんな風になれば娘が死にたがるのを責めるわけにもいきません。

まだ、二十歳になったばかりの桐乃に、もう死以外の行く末はなかった。父親は、その娘の過酷な病状を見るに見かねて、インターネット上で見つけた「ドクターデス」に連絡する。そのサイトで父親が「一番目を引いた」のは、「人間には自分で死ぬ権利が与えられている事、そしてドクターデスの言葉を信じれば、依頼者は安らかで苦痛の無い死が約束されているという二点」だったという。「これがどんなに魅力的な言葉なのか、終末期医療に見放された患者と家族以外には到底お分かりいただけないでしょう」との言葉にも、重い意味が示されよう。結局、桐乃は、ドクターデスに頼ることなく、容体が急変して死に至る。

容態が急変した時の桐乃は、とても見ちゃいられなかった！　痛がって、苦しんで、私に向ってお願いだから殺してほしいとまで懇願したんですよ。だけど、わたしには、そして主治医の先生もどうすることもできなかった。最後の最後まで苦痛と絶望に塗れた死でした。あんな目に遭わせるくらいなら、もっともっと早く安楽死させてやればよかった。な、何故もっと早く……

ここには、家族としての葛藤も描かれている。横浜地裁の判決による、「堪えがたい苦痛」は、家族にも大きな負担を負わせている。

時代が前後するが、こうした堪えがたい痛みからの解放に纏わる安楽死問題は、既に大正五（一九一六）年一月『中央公論』に発表された森鴎外『高瀬舟』でも、多く議論がされている。京都の高瀬川を下る「高瀬舟」は、遠島を申し渡された罪人を運ぶ船であった。「護送を命ぜられて、一諸に舟に乗り込んだ同心羽田庄兵衛は、只喜助」が弟を殺したとしか聞いてはいなかったが、道中、その生い立ちや経緯を知ることとなる。

濟まない。どうぞ堪忍してくれ。どうせなおりそうもない病氣だから、早く死んで少しでも兄きに樂がさせたいと思つたのだ。笛を切つたら、すぐ死ねるだらうと思つたが息がそこから漏れるだけで死ねない。（略）これを旨く拔いてくれたら己は死ねるだろうと思っている。物を言うのがせつなくって可けない。どうぞ手を借して抜いてくれ』というのでございます。

生まれてからすぐに、二親をなくし、「これまでわたくしのいたして參ったような苦みは、どこへ參ってもなかろう」と振り返るほど、極貧なその日暮らしを続けていた喜助が、弟に乞われるまま、自殺の幇助を行った。

弟の目は恐ろしい催促を罷めません。（略）それを見ていて、わたくしはとう〳〵、これは弟の言った通にして遣らなくてはならないと思いました。わたくしは『しかたがない、抜いて遣るぞ』と申しました。すると弟の目の色がからりと変って、晴やかに、さも嬉しそうになりました。

この作品は、兄弟関係の特殊性や語り手の問題（庄兵衛からの偶像視等）などからも様々な読み方が提出されているが、まずはここでは、単純に、自死をし損ね苦しんでいる弟を目前にして、「弟の言った通にして遣らなくてはならない」と、刀を抜いてしまう、痛みからの解放幇助であることは確かであろう。この作品については、後章で、改めて言及する。

「生」の尊厳

さて横浜地裁判決（四）生命の短縮を承諾する患者の明示の意思表示について、次の作品を取り上げたい。葉真中顕『ロストケア』からの一節で、「つらい介護から逃げ出すために父親を殺した」と責める検事に、主人公・斯波が告白する場面である。

父は僕に言ったんですよ。『もう十分だ、殺してくれ』って。介護生活を始めて四回目の十二月でした。その日は比較的安定していて、自分のことも僕のことも分かっていたようでした。こんなときの父は自分が認知症になっていることも自覚していました。『俺はもう身体だけじゃなく、頭もおかしくなっている。そのせいでお前を苦しめてるんだろう？　俺はもうそんなふうにして生きていたくないよ。もう十分だ。もうこの先は生きてても俺もお前も辛いだけだろう。だったら終わりにしたい。殺してくれ』父はそう言って泣きました。

この作品は、二〇二三年三月に映画化されているが、この斯波の告白の中で、父親役の柄本明が自らを「殺してくれ」と乞う回想シーンが映し出される場面には、さらに台詞が加えられており、演者の鬼気迫る演技により、壮絶な実写となっている。

おれは…体…だけじゃなく、頭も、おかしく…なっている…。おれのせいで、お前を苦しめて…いる。おれは、そんなふうにして生きて…いたく…ないんだ。もう、じゅうぶんだ…(略)どんどん、わからなくなって…自分が自分で…なくなっていく…なにもかも…忘れてしまうことが怖いんだ…とてつもなく…こわ…いんだ…(略)たのむ…おまえのことを覚えている間に…あの世にい…き…た…い…ひととして…死にたい…(傍点筆者)

「人として死にたい」という願いが「自死」という手段では到底叶わぬ時、他者の介入は否応なく罪なのか。映画化された作品は、検事の性別やミステリーとなる作品展開を大胆に変更して、わかりやすく創り上げられているが、作品として、文字を追うだけでは掴み切れない壮絶で悲惨な介護風景が可視化されている。

認知症に纏わる安楽死の問題は、『終の盟約』でも提起されている。紙幅の関係で詳細は割愛するが、医師同士の間で「事前に認知症になった場合の合意があり、馬渕(同僚医師)によってもたらされる死が確約されていた」ことが明らかになる、安楽死問題である。これも先に取り上げた、「自分が自分でなくなっていく…」ことへの恐怖、決して完治せず、ただ死へと向かうだけの時間（自覚できない醜態）を拒否する権利、などが提起されている。

一章でも取り上げた香川著『命は誰のものか』の一説に、次のようにある。

二〇一六年の年末に話題になった「私は安楽死で逝きたい」という有名な脚本家の文章には「いま病院は、認知症の人をいつまでも預かってくれません。悪い言い方をすれば、病院から追い出してしまう。追い出すくらいなら、希望する人は死なせてあげたらいいではないですか」という言い方が出てくる。「人生会議」には経済的な背景とともに安楽死の問題をひらく側面があることには注意すべきなのである。

ここで取り上げられている「有名脚本家の文章」とは、橋田寿賀子『安楽死で死なせてください』(19)の一節である。橋田は同著の中で、「私が主張している安楽死は、あくまでも本人が希望して、家族が納得して医師や弁護士など第三者の専門家が認めればかなえられるという制度です」、「安楽死の意思を示して居ない人は、認知症の老人だろうと、障碍者だろうと、生きる権利を大切にされなければいけません」とした上で、自らの人格（アイデンティティ）を失ってまで生きていたくないと願い、安楽死を認知症の患者にまで広げる提起をしている。これこそ、先の作品に示された「ひととして…死にたい…」「自分が自分でなくなっていく…」という「生の尊厳」にかかわる問題であろう。

近代作家が問うた「安楽死」（補足的提示）

先に『高瀬舟』を示したが、鴎外自身『高瀬舟縁起』で次のように明かしている。

> この話は『翁草』に出ている。（略）私はこれを読んで、その中に二つの大きい問題が含まれていると思った。一つは財産というものの観念である。銭を待ったことのない人の銭を持った喜びは、銭の多少には関せない。（略）二百文を財産として喜んだのがおもしろい。今一つは死にかかっていて死なれずに苦しんでいる人を、死なせてやるという事である。（略）ここに病人があって死に瀕して苦しんでいる。それを救う手段は全くない。どうせ死なくてはならぬものなら、あの苦しみを長くさせておかずに、早く死なせてやりたいという情は必ず起こる。（略）これをユウタナジイという。楽に死なせるという意味である。高瀬舟の罪人は、ちょうどそれと同じ場合にいたように思われる。私にはそれがひどくおもしろい。（傍点筆者）

もちろんこの「縁起」についてもいくつもの解釈が提出されているが、鴎外が言うように高瀬舟は二つの問題、「財産」、「安楽死」をテーマとしていよう。それは、同心庄兵衛の心中、「しかしいかに桁を違へて考えて見ても、不思議なのは喜助の慾のないこと、足ることを知っていることである」や、「苦から救つて遣ろうと思って命を絶つた。それが罪であらうか。殺したのは罪に相違ない。しかしそれが苦から救うためであつたと思うと、そこに疑が生じて、どうしても解けぬ」などに読み取ることができる。所詮、喜助の生い立ち、弟殺し（自殺幇助）も、庄兵衛の「自分より上のものの判断に任す外ないと云う念、オオトリテエに従ふ外ないと云ふ念が生じた」「そうは思つても、庄兵衛はまだどこやらに腑に落ちぬものが残つてゐるので、なんだかお奉行様に聞いて見たくてならなかつた。」という思いは、時代の階層に組み込まれた者たちは、結局のところその枠組みの中に生き死にをゆだねるほかはない、という宿命的不条理を顕在化したとも読める。

ただ筆者がこの『高瀬舟』を特に安楽死の問題として再読し、前掲「高瀬舟縁起」を見たとき、どうしても作者・鴎外の視点として気になる部分がある。それが傍点部である。鴎外は、『翁草』をもとに、『高瀬舟』を執筆したというが、そこでテーマと定めた「財産」、「安楽死」が「ひどくおもしろい」という。「銭を待ったことのない人の銭を持った喜び」の感情も、「早く死なせてやりたい」という慈悲まがいの感情も、鴎外という高みからの視点にあればこそ、の「おもしろ」き主題となったのではないか。当時、名家に生まれ、立身出世の最先端にいた鴎外自身も、「仕方のないこと」「理不尽なこと」に対峙しながら、生き抜いていたことは明らかではあるが、ありのままの嘉助や庄兵衛の諦念については、所詮、野に下るイメージの中での、「おもしろ」さに過ぎないようにも思える。この作品については、語り手の移動（庄兵衛視点・嘉助視点）や、作者自身の介入などの点から論究されていることも多いが、筆者はむしろ、「財産」「安楽死」を描くというその行為自体について、作者鴎外の、「おもしろ」さを感じる発想に、どこか傍観的余裕の態度を感じざるを得ない。すなわち、本論のテーマである「安楽死」の是非とは、そもそもの意味が異なっているように思えるのである。

又同時代の夏目漱石も、作品の中にもいくつもの死を描いているが、ここで取り上げたいのは、『硝子戸の中』[20]にある、安楽死を彷彿とさせるくだりである。ある日「私に自分のこれまで経過して来た悲しい歴史を書いてくれないか」と訪ねてきた女が漱石に、「私を息苦しくしたくらいに悲痛を極めた」過去を語ったのち、「もし先生が小説を御書きになる場合には」「女の死ぬ方がいいと御思いになりますか、それとも生きているように御書きになりますか」と問い、さらに

「私は今持っているこの美しい心持が、時間というもののためにだんだん薄れて行くのが怖くってたまらないのです。この記憶が消えてしまって、ただ漫然と魂の抜殻のように生きている未来を想像すると、それが苦痛で苦痛で恐ろしくってたまらないのです」

という。漱石は、

不愉快に充ちた人生をとぼとぼ辿りつつある私は、自分のいつか一度到着しなければならない死という境地について常に考えている。そうしてその死というものを生よりは楽なものだとばかり信じている。ある時はそれを人間として達し得る最上至高の状態だと思う事もある。／「死は生よりも尊い」こういう言葉が近頃では絶えず私の胸を往来するようになった。

との見解を示しながらもやはりそこから動くことはできない。それらの境地は、同時期に執筆されている後期三部作中でも詳しく読み取ることができるのである。

おわりに

本論執筆にあたって、「システムと多様性」という壮大なテーマを聞かされた時、文学研究の立場か

ら何が問えるのか考察を繰り返したが、おりしも冒頭で紹介した安楽死を扱ったドキュメンタリー番組をヒントに、昨今現実社会でも、又それを映し出す虚構の世界でも提起されつつあるそれが、果たして文学的視点からはどのように描かれているのかに、まずは興味を抱いた。そして、こうして幾つかの作品を抜粋しながら考察した。生と死に纏わる人間の人格、尊厳、そしてその意味について、今後も更に多くの作品と社会とのかかわりの中に問うていきたい。拙論は、ほんの序章に過ぎない。

注

(1)シンポジウム　ベネルクス三国の安楽死法比較検討　リュック・デリエンス「安楽死：ヨーロッパ及びベルギーおけるスタンスと実務」、『比較法学』四七巻一号、二〇一三年。

(2)天沼香「死生観の歴史人類学～『生』のための『死』の熟慮を」、「岐阜新聞」二〇〇一年五月六日朝刊、サンデーコラム欄。

(3)天野香「日本精神史としての「死生観」研究序説」、『東海女子大学紀要』二〇〇二年。

(4)ただし氏は、「「個々の人間はそれぞれに時代の個であり、その時代の空気を吸って、その時代相に染まりながら生を営んでいる。そうしたなかで発酵してくる個々の思考・見解等――なかんずく、ここでは死生観――は自ら独自のものを持ち合わせながらも、自らその時代を反映したものとなる。」とも述べているので、必ずしも、現代における「死生観」が極めて個別なものである、ことは強調していない。

(5)アリエス・P（伊藤晃・成瀬駒男訳）『死と歴史』みすず書房、一九八三年。

(6)澤井敦『死と死別の社会学』青弓社、二〇〇五年。
(7)友居和美「日本の死生観に関する研究知見と課題：世代継承性概念による考察(二)」大阪公立大学 二〇二二
(8)「死を意識する病を抱える患者の死生観に関する研究内容の分析」、『北関東医学』二〇一〇年。
(9)公益財団法人 日本尊厳死協会HP https://songenshi-kyokai.or.jp/
(10)松井秀記『尊厳死および安楽死を求める権利』日本評論社、二〇二一年。
(11)佐藤幸治『憲法』青林書院、一九八一年。
(12)芦部信喜『憲法学Ⅱ 人権総論』有斐閣、一九九四年。
(13)土井真一 長谷部恭男編『注釈日本国憲法(2)』有斐閣、二〇一七年。
(14)ディスカヴァー・トゥエンティワン 二〇二一年
(15)二〇〇八・九～翌三まで、「北日本新聞」等で順次連載、二〇一〇年単行本(NHK出版)
(16)光文社 二〇一三年。
(17)初出『日刊ゲンダイ』で二〇一五～一六年。
(18)初出二〇一八年、その後加筆修正され二〇二〇年に単行本化。
(19)文藝春秋、二〇一七年
(20)初出、一九一五年『朝日新聞』に連載。

第三部　心理

塩谷《しおや》　隼平《しゅんぺい》
本学教授。臨床心理士。公認心理師。専門は臨床心理学。研究テーマは児童養護施設における心理臨床や心理教育的なグループアプローチ。著書『公認心理師・臨床心理士のための福祉心理学入門』（共著、北大路書房）ほか。

グループワークにおけるシステムと多様性

はじめに

近年、大学をはじめとした教育現場では、教員が一方向的に話して学生が受動的に聞く講義形式の授業だけでなく、学生が主体的・積極的に参加するアクティブラーニングが求められている。その教育手法の一つとして、学生が自ら設定した課題や目標に対してチームを作って協力して取り組む「PBL（Project Based LearningまたはProblem Based Learning）」なども注目され、授業でグループワークに取り組む機会も増えている。しかし、グループワークをするだけで、学生が主体的に学べるわけでも、学びの質が向上するわけでもない。グループワークによる学習効果を高めるには、その目的に応じた方法や工夫が必要となる。

筆者は、これまで大学の授業や福祉領域を中心とした研修の場で、受講者が主体的に参加できる心理教育的なグループワークを実践してきた。本稿では、その経験をもとにグループワークの有効性や効果的な実施方法について「システム」と「多様性」という二つの視点から論じる。

グループワークにおける「システム」

「システム（system）」を辞書で調べると「制度。組織。体系。系統。方法。方式。装置。」などの意味がでてくる。グループワークにおけるシステムとは、設定された課題や使用する教材、実施方法やルールなどのグループワークの構成であると考えられる。私が専門とする臨床心理学の分野ではさまざまなシステムのグループアプローチが展開しており、その種類はグループの構成の違いによって「非構成的グループ」と「構成的グループ」に大別できる。

非構成的グループの代表はロジャーズ(Rogers,C. 1970)が提案した「ベーシック・エンカウンター・グループ」である。集まったメンバーで何をするのか、何を話すのかなどについて前もって何も決められていない。一セッションの時間は二〜三時間くらいで、二〜三泊ぐらいの合宿形式で実施されることが多く、グループがどのように進展していくかは集まったメンバーにゆだねられる。自由度が高いため、グループの進行役であるファシリテーターの想定を超えるような出来事が起こることもあり、メンバーたちは他者との出会いのなかで深い気づきに到達することもできる。しかし、その一方で、メンバーにかかる心理的な負担も大きく、話し合いが全く進展しなかったり、傷つき体験になったりするリスクもはらんでいる。

それに対し構成的グループには、國分康孝の提案した「構成的グループ・エンカウンター」(國分 1981)や、津村俊充らの「ラボラトリー方式の体験学習」(津村・山口 1992)などがあり、はじめにファシリテーターがグループワークの目的やねらいを提示し、取り組む課題や話し合うテーマなどがあらかじめ決められている。一セッションの時間も一～二時間ほどで学校教育にも取り入れやすい。コミュニケーションやチームワーク、リーダーシップ、価値観、感情表現、自己理解、他者理解など、主に対人関係に関連したテーマについて気づきを得やすいようにルールや手順も明確に決められている。そのため、学習目標に効率よく到達でき、グループで起こることも予想しやすく、メンバーも安心して楽しく取り組むことができる。しかし、その一方で、課題をただこなすだけになってしまい、学びの幅やメンバーの主体性が削がれてしまう可能性もある。

大学の授業で実施するグループ活動もどの程度構成されているかで、起こることに違いが出る。例えば、授業の前半で説明した内容について学びを深めるために、後半でグループで話し合いを行う場合、近くの席に座っている学生で適当に集まってグループをつくり、「本日の授業で説明したことについて自由に話し合ってください」とだけ指示することもできる。この手続きは非構成的なグループに近い。学生が自由に話し合えるので、盛り上がればお互いの意見の違いなどが相乗効果を生み出し、教員が説明した以上の深い学びになることもある。その一方で、話し合いがすぐに終わって沈黙が続き、生産的ではない時間が流れてしまう可能性もある。多くの教員にとっては後者のほうがなじみのある授業風景かもしれない。それに対し、まず、授業の前半で説明した内容について特に考えてほしい課題を示したワークシートを配布して個人で記入し、そのあとグループを作って、グループ内でワークシートに書いたことを発表してもらい、グループで話し合ったことをグループ用のワークシートにまとめ、最後にグループごとに発表してもらうという手順を提示することもできる。こちらは構成的なグループといえる。課題や手順がはっきりしているので学生たちは安心してグループでの作業に取り組むことができる。しかし、各自がもともともっている意見以上の考えは生まれにくいかもしれない。

以上の例から、同じことを目的としていても、グループのシステムをどのように構成するかでグループ活動の様相が異なってくることがわかる。どちらが良い悪いではなく、それぞれに長所と短所があるため、どのようなシステムのグループワークを実施するかは、そのときの学習目標にあわせて、対象となるメンバーの状況に配慮しながら決めていく必要がある。

グループワークにおける「多様性」

「多様性（diversity）」を辞書で調べると「いろいろな種類や傾向のものがあること。変化に富むこと。」と出てくる。私が勤務する大学で実施されている授業評価アンケートに「担当教員は、学生に質問の機会を与えたり、他の学生の意見（質問等を含む）を知る機会を与えたりしていましたか。」という項目があるように、現在の大学教育では教員が一方通行で知識を教授するだけでなく、学生がお互いに意見を述べ合い、それぞれの学生がもつ多様な考え方や疑問、価値観について知りあう機会を提供することが求められる。

そのために最適な教育方法の一つがグループワークである。例えば、自分や他者の価値観について考えるためのグループワークでは、甲乙つけがたい項目のリスト（例えば、「健康」「お金」「愛情」など）に対して、「自分が大切にしている順に順番をつけよう」などの指示のもと、自分自身の価値観に基づいた個人作業から始まることがある。個人作業の段階では「きっとみんなも同じような順位になるだろう」と思い込んでいる人も多い。しかし、その後、お互いのランキングを発表すると一人として同じ順位はなく、価値観の多様性に気づくことができる。さらに、グループ内で話し合うことで自他の価値観の違いについての気づきが深まり、グループ内で話し合った内容を発表することで、他のグループの価値観を知ることもできる。このようにグループワークでは、メンバー間のやりとりを通して、お互いの多様性について体験的に触れあうことができる。

ある大学ですべての内容を対人関係について学ぶグループワークで構成した授業をしていたときのことである。初年度は心理学科の学生十五名程度の受講者であったが、「グループワークが楽しそう」という噂（実際には「楽に単位が取れるから」かもしれないが）が広まり、数年後にはいろいろな学部からさまざまな学年の八〇名を超える学生が集まり毎回二〇くらいのグループをつくって授業をすることになった。教育学や社会福祉学などの人文科学系の他、法学や経済学、また理系学部の学生も集まり、海外からの留学生も参加する年もあった。毎回、なるべく異なる学部や学年の学生と出会えるようにグループピングすることで、多様性に溢れた刺激的な授業となった。授業準備の負担は大きかったが、私にとってても楽しい体験であった。

しかし、いろいろなメンバーが集まれば、それだけでお互いの多様性が発揮されるわけではない。むしろ、異質なメンバーが集まるとお互いに不安や警戒心も高まり、自由な表現が阻害されてしまうこともある。現在、大学生のほとんどがSNSを利用しているが、SNSの発展は世界の多様性に人々を誘う一方で、同じ「推し」をもち、同じ考え方や価値観をもつ者同士をつながりやすくもした。同質なメンバー間の心地よい関係に慣れている学生にとって、異質なメンバーとの対面での出会いは緊張を強いられる場面でもある。多様性に触れるための一歩は、教員が思っているよりも高いハードルなのかもしれない。そのため、大学生を対象にグループワークを行う場合、多様性への扉を安心して開くことができるような工夫が必要となる。

多様性のための「心理的安全性」

グループのシステムの自由度が高ければ、メンバーのもつ多様性がより自由に発揮されるというわけではない。私の趣味の一つはサッカー観戦だが、サッカーにはゴールキーパー以外の選手は手を使ってボールを扱ってはならないというルールがある。そのため、不自由を強いられるのだが、だからこそ、阿吽の呼吸で繰り広げられるチームワークや観客を魅了するような創造的なプレーがうまれるとも考えられる。文学の世界を眺めても、短歌には五・七・五・七・七、俳句には五・七・五のような音数の決まりがあり、表現方法が制限されている。しかし、だからこそ、人々の想像力を掻き立て、感性を刺激するような多様な作品が生まれてきたと言える。私が専門としている心理療法でも、治療構造という概念があり、相談する部屋や時間、頻度などの枠を決めてすすめられる。その枠に守られる形でクライエントは自分の内的世界について自由に表現することができる。

このように、システムによる設定や制限があるからこそ、それぞれのもつ多様性が発揮されやすくなることもある。では、グループワークにおいて多様性が発揮されやすいシステムとはどのようなものだろうか。

そのヒントとして、世界的な大企業であるGoogleがチームの生産性を高めるうえで最も重要な要素であると発表したことで一躍有名になった「心理的安全性(Psychological Safety)」を紹介したい。心理的安全性とは、エイミー・C・エドモンドソン(Amy C.Edmonson　2019)が提唱した概念で、「率直に発言したり懸念や疑問やアイデアを話したりすることによる対人関係のリスクを、人々が安心して取れる環境」のことである。グループワークでもメンバーがリスクを恐れずに自分の話したいことを率直に発言し、お互いの多様性を安心して表現するためには、この心理的安全性が必要となる。また、心理的安全性は、「単なる職場の個性ではなく、リーダーが生み出せるし、生み出さなければならない職場の特徴」であると説明されているように、ファシリテーターが設定するシステムによって作り出すことができる。

ある職場での会議を例に考えてみよう。全てのメンバーが自由に発言できる状況だと、役職者や経験豊富なベテランが発言しやすく、若手は委縮して発言しにくくなってしまう。そのような雰囲気では、それぞれが持つ多様性は発揮されない。しかし、全員が順番に発言しなければならず、しかも、どんな発言も批判してはならないというルールを設定すれば、普段は声の小さいメンバーも自分の意見を表明することができ、職場の多様性が発揮されやすくなる。このように、システムを工夫することによってグループに心理的安全性をつくりだすことができる。

それでは、グループワークに心理的安全性を生み出すにはどのような工夫が必要だろうか。普段、私がグループワークを実施する際に留意していることや工夫していることを紹介していく。

気の利いたアイスブレイク

グループワークの前にウォーミングアップのために行うワークのことをアイスブレイクと呼ぶ。授業や研修などでいきなりグループワークを始めるのではなく、五分から一〇分程度の簡単なゲームや集団作業などを行うことで、初対面の緊張感をほぐし、話しやすい雰囲気をつくったり、互いのことを知るきっかけを提供したりできる。スポーツでも、急に激しい運動をすれば肉離れなどのケガをする危険があり、その予防のために体の柔軟性を高める準備運動を行う。グループワークでも同じように、集団での作業の前に心と頭をやわらかくするためのストレッチが必要となる。

また、これから取り組むグループワークのテーマにつながるような内容のアイスブレイクが実施できると、グループワークへの心の準備となり、グループ体験からの学びを促進することができる。メンバーで協力することをねらいとしたグループワークを実施する際に、私がよく取り入れるアイスブレイクに「心をひとつに」というワークがある。メンバーに白紙を数枚配布し、ファシリテーターが出す「お題」（例えば「夏の食べ物と言えば？」）について、それぞれ相談せずに思いつくこと（例えば「かき氷」など）を書いてもらい、その内容が全員一致すれば拍手をするというシンプルなゲームだが、回答が一致してもしなくても、これからメンバーが力を合わせて作業をする前のよいウォーミングアップになる。

アイスブレイクという言葉通り、メンバー間の緊張や懸念という氷を解かすことができれば、心理的安全性をつくるきっかけとなり、その後のグループワークのスムーズな取り組みを促し、ねらいどおりの学習効果につながりやすい。

自己紹介＋α

最近は一〇〇分授業の大学も増えてきたが、九〇分授業だとグループワークを実施する前にアイスブレイクのための十分な時間が確保できない状況も多い。その場合は、同じグループになったメンバー同士で簡単な自己紹介をしてから、ワークに取り組むのだが、その自己紹介を少し工夫してアイスブレイクの効果を持たせることもできる。

例えば、価値観について学ぶグループワークをする際の自己紹介で、名前を述べるだけでなく、自分が最近「はまっていること」や「推しているもの」を付け加えるだけで、お互いの人柄の片鱗に触れることができる。また、グループワークのために準備した道具をつかった自己紹介も手軽な方法である。グループ作業でカラーペンのセットを使用する場合、自己紹介とともに自分の今の気持ちを表す色のペンを選んでもらい、その理由を述べるだけで、ただの自己紹介にアイスブレイクの効果を持たせることもできる。

さらに、グループ活動に不慣れなメンバーが多い状況では、自己紹介する順番をファシリテーターが指示してもよいかもしれない。大学の授業で私がときどき使う方法は「グループのなかで髪色が一番明るい人から順番に自己紹介してください」という指示である。最近の大学生はオシャレなのでグループに一人くらいは髪の毛を明るくカラーリングした学生がおり、ややステレオタイプ的な見方ではあるが、そのような学生は社交的なことも多いので抵抗なく自己紹介してくれる。いずれにしても大切なことは、グループのメンバーが安心してグループ活動をはじめるために工夫することであり、あまり難しい要求はしないほうがよい。

ワークの見通しが立つこと

グループに心理的安全性をもたらすためには、作業の見通しが立つことも大切である。そのため、グループワークをはじめる前に必ずワークの目的（ねらい）や手順を説明し、余裕があればタイムスケジュールも明示する。そうすることで、自分たちが取り組むワークは何を学ぶための作業なのか、そして、どのような手順で行われるのかをあらかじめ把握することができ、メンバーに安心感をもたらすことができる。

また、初めの説明は時間をかけて丁寧に行うことも重要である。作業の手続きを明確にすることで、メンバーが不安や迷いをもたずに作業に没頭できる。そのため、ワーク前の指示をした後は、きちんと理解できたかを必ず確認し、質問がある場合はわかりやすく説明する。指示を理解しきれていないメンバーが一人でもいれば、同じようにわかっていかなかった人が複数いたと考え、質問してくれたメンバーに感謝の声掛けをすることも大事にしている。さらに、その作業はいつまでに行うのかという制限時間も明確に提示している。ただし、グループワークの作業時間は展開によって大きく変化するので、柔軟に延長したり、ときには短縮したりすることもある。その際は、何分延長するのかをきちんと伝える。いずれにしても時間の枠をはっきりと設定することで、その時間内は自由にふるまってもよいという安心感を生み出すことができる。

作業前の説明を丁寧にすること、作業時間を明確にすることは、当たり前のことだと思うかもしれないがグループワークに安心感をもたらすためにとても重要な要素であると感じている。

シンプルなシステム

実施するグループワークを自分で作成する場合や、既存のグループワークを目的に合わせて変更する場合は、シンプルなシステムにすることが大切である。ルールや手続きが複雑だとメンバーの意識は、課題を遂行することに向けられ、その体験から学ぶというグループワークの本質が見えにくくなってしまう。たくさんのことを学ばせようと欲張ってあれもこれもと盛り込んでしまうとグループがどんどん複雑になってしまう。筆者も自分自身でオリジナルのグループワークを作成することもあるが、よりシンプルなシステムでより豊かな学びができることがよいグループワークであると考えている。

ただし、システムをシンプルにすためには多くの推敲を重ねる必要がある。メンバーに配布するワークシートなどを作るときも、メンバーが作業しやすくするためにできるかぎりの工夫と配慮をする。例えば、メンバーが自分の考えを記入する空欄などのサイズについても、その大きさによってメンバーの記入する量だけでなく内容も変わってくる。そのため、どのくらいの大きさにするのかはグループワークの目的や、メンバーの様子にあわせて丁寧に推敲する。これらの気遣いもメンバーが迷わずに安心してグループワークに取り組むための大切な工夫である。

グループメンバーの人数

単純に考えると、グループメンバーの人数が多ければ多いほど、多様性の幅は広がる。しかし、それに比例してメンバー間の緊張感や懸念も高まり、心理的安全性は失われていく。メンバーが成熟していて、コミュニケーション能力にも長けていれば六〜八人くらいのグループでも多様性に富んだ学びを深めることができるだろう。しかし、私が大学でグループワークを実施する際は四人グループを中心に、四で割り切れない人数のときは五人グループにすることが多い。五人以上だとどうしてもグループ活動にうまく参加できないメンバーが出てしまうため、できるだけ四名になるようにグループ分けをおこなう。さらにグループ活動に不慣れなメンバーが多い場合には三名のグループを中心にすることもある。

しかし、人数が減るとコミュニケーションは取りやすくなる一方で、多様性は不足する。グループの人数を何名にするかはグループワークのシステムにおいて重要な要素であり、グループの目的を見失わないようにしつつ、メンバーのレディネスにも配慮し、多様性と安全性を秤にかけながら決めていく必要がある。

また、グループ分けをする際には、なるべく異質なメンバーが集まるように意識する。グループワークを繰り返して行うような授業では、毎回メンバーを変えて、できるだけ多くの学生と出会えるように工夫する。私が大学の授業でよく使うのは、毎回のグループワークでふりかえり用紙を提出してもらうのだが、そこにグループを区別するための記号を書いておき、次回のグループは前回のメンバーと異なるメンバーになるようにグループ分けしていく方法である。これも多様性の幅を広げるための工夫である。

楽しさとユーモアを大切に

世の中に数多くあるグループワークからどれを選択するか、また、自分でグループワークを作成する際にどのようにデザインするか。私はメンバーが楽しく取り組めるかという視点も大事にしている。自分の知らない世界に触れる、新しいことにチャレンジするという学びの本質は内発的動機づけによって行われる活動であり、元来楽しいものである。また、笑いや笑顔にはリラックス効果があり、楽しい雰囲気は心理的安全性にもつながる。心理的安全性とはただ楽しいだけのぬるま湯のような環境を指すものではないが、やはりメンバーの楽しいという気持ちは大切である。

代表的なグループワークに、断片的な情報カードをメンバーに配布し、お互いの情報を統合することで課題をクリアするワークがある。その際、課題達成には全く関係ないが、メンバーが思わず笑ってしまうようなユーモアを含んだ情報カードを混ぜることがある。その情報を共有することでグループに楽しい空気を生み出すことができ、柔らかく自由な雰囲気が多様な意見の表出を促進し、課題の解決に役立つこともある。

最近の大学生は、小学校時代からさまざまなグループワークを体験しているが、だからこそ「グループワークが苦手」と感じている人も少なくない。そのような人にとって「グループワークが楽しい」という感覚は、心理的安全性を担保し、その人たちのもつ多様性の表現を助けてくれる。さらに対人関係が苦手で「グループワークが怖い」とすら感じている人にとっては、グループでの作業を楽しむこと自体が大きな目標となる。何かを誰かと一緒にして楽しかったという体験は日常生活にも役立つはずである。

ふりかえりから学ぶ

心理教育的なグループワークに対する批判として、レクリエーション活動とどこが異なるのかという疑問をもたれることも多い。先にも述べたようにグループワークにおける楽しさを重視すれば、ワークの内容自体はレクリエーションと変わらないところもある。しかし、筆者が考える大きな違いは「ふりかえり」の作業があるかないかである。

心理教育的なグループワークでは、ワークを体験したあとに必ずふりかえりの作業がある。多くの場合、ふりかえる項目の書かれた用紙(ふりかえりシート)を配布して、グループでの体験を省察しながら、学んだことや気づいたことについて個人で記入する作業と、記入した内容をメンバー間で話し合うわかちあい(シェアリング)の作業から構成されている。グループでの自分の体験を省察し言葉にすることで、学びや気づきを明確にすることができる。そして、その内容をグループ内で共有することで、他のメンバーの気づきからも学ぶことができる。グループが成熟すればするほど、このふりかえりの時間の有意義さに気づくようになり、そこから多くのことを学べるようになる。

ふりかえりの作業に慣れているメンバーならば、ワークの後に感想を述べ合うだけでも、自身の気づきについて十分に言語化できるかもしれない。しかし、グループ体験に不慣れでグループで作業することに精一杯のメンバーや、自分の考えていることの言語化が苦手なメンバーにとってふりかえりの作業は簡単ではない。そのため、ふりかえりシートを工夫して、体験からの気づきの言語化を助けることもできる。例えば、「あなたのグループ活動への関わりを一〇点満点で評価すると何点ですか?また、その理由を書いてください」というようにグループ活動への関わりを点数化したり、「あなたは、グループでの作業においてどのような役割を果たしましたか?具体的にお書きください」のように質問の内容を詳しくしたりすることで、ふりかえりのプロセスを促進できる。

グループワークにとって、ふりかえりの作業は不可欠なシステムである。同時にメンバーが効果的にふりかえりできるようにシステムを整えていくことも重要である。

さいごに

グループワークによる学習の到達目標は、グループワークがうまくできるようになることではない。授業でグループワークを実施すると、グループ体験を楽しんだ学生から「もっと多くのグループワークを体験したい」という感想をもらうことがある。その際には、「日常生活は、グループワークでは体験できない多くの出会いやさまざまな出来事であふれています。ぜひ、その出会いや出来事からたくさんのことを学んでください。」と返事をしている。グループワークを通して身に着けて欲しいことは、日常生活のなかで起こる体験をふりかえり、その体験から学ぶ姿勢である。日々の出会いや体験は豊かな「多様性」にあふれており、その体験から学ぶという学習の「システム」を身に着けることがグループワークの本質である。

文献

Amy C.Edmonson『The Fearless Organization Creating Psychological Safety in the Workplace for Learning, Innovation, and Growth』John Wiley & Sons, Inc. 2019 エイミー・C・エドモンドソン

（著）野津智子（訳）・村瀬俊朗（解説）『恐れのない組織―「心理的安全性」が学習・イノベーション・成長をもたらす』英治出版　二〇二一年
國分康孝『エンカウンター　心とこころのふれあい』誠信書房　一九八一年
Rogers,C.『On Encounter Groups』Herper&Row,Publishers,Inc.　1970　畠瀬稔・畠瀬直子訳『1982　エンカウンター・グループ　人間信頼の原点を求めて』創元社　一九八二年
津村俊充・山口真人『人間関係トレーニング―私を育てる教育への人間的アプローチ―』ナカニシヤ出版　一九九二年

健康を志向する運動行動への動機づけを考える

澁谷《しぶや》　智久《ともひさ》
本学教授。専門分野はスポーツ心理学。著作『新スポーツ健康科学の基礎』（創成社）、『スポーツ精神医学』（診断と治療社）他。

現代において、健康を志向する行動の一つとして運動があることに異を唱える者はいない。しかし、実際にそれを実行するとなると、もうひとつ大きなステップを乗り越える必要がある。

そこで、わが国の健康づくり施策を概観し、現在のスポーツ実施状況をふまえた上で、健康行動の実践に影響を及ぼす個人の努力部分に関して運動行動への動機づけという心理学的視点から、健康運動の習慣化について考える。

我が国における健康づくり施策

わが国における健康づくり施策は、第二次世界大戦後から特徴的になった人口の高齢化や生活習慣病をはじめとした慢性疾患の増加に対応すべく、積極的な健康増進を図るための国民健康づくり運動を展開してきている。

一九七八年から第1次国民健康づくり対策として、市町村保健センターの設置や健康診査体制の確立といった病気の早期発見・早期治療（二次予防）を重視した対策が取られた。現在五〇歳になる筆者が、幼いころ、テレビのコマーシャルで「早期発見・早期治療」と何度も流れていたことを今でもよく覚えている。その十年後の一九八八年からは、第2次国民健康づくり対策としてアクティヴ80ヘルスプランが策定された。八〇歳になっても自立した生活と社会参加によって明るく生き生きとした社会を目指すという趣旨の下、運動指針の策定や運動施設の推進などといった運動習慣の普及に重点を置いた対策が図られた。これは疾病予防・健康増進（一次予防）に重きが置かれるようになり、そもそも病気にならないようにするという視点が強調されるようになった点で重要である。そして、二〇〇〇年から第3次国民健康づくり運動、健康日本21（二十一世紀における国民健康づくり運動）が実施された。疾病予防・健康増進の一次予防を重視し、健康寿命の延伸やＱＯＬの向上を目指し、健康づくりを支援するための環境整備に注力し、また、栄養や食生活、身体活動・運動、休養・心の健康、たばこ、アルコールなど九つの分野について取り組むべき具体的な数値目標が設定された。そして、こうした国民保健の向上をしっかりと推進するべく、二〇〇二年に健康増進法が公布された。これは健康日本21の法的基盤であり、たばこを吸わない人が被害を受けてしまう受動喫煙の防止が法律に盛り込まれたのは有名な話である。その後、健康フロンティア戦略や食育基本法、がん対策基本法などそれぞれの分野で施策が取られている。

そして、二〇一二年第4次国民健康づくり運動、健康日本21（第二次）が始まり、「全ての国民が共に支え合い、健やかで心豊かに生活できる活力ある社会」の実現に向け、健康寿命（日常生活に制限のない期間）の延伸・健康格差（各都道府県の健康寿命の格差）の縮小を目標に、生活習慣の改善に加え社会環境の改善を目指した。つまり、生活習慣を改善して生活習慣病の発症予防あるいは重症化を予防して人々の社会生活機能を維持・向上させることで生活の質の向上を図り、そして社会参加の機会を増やしたり、保健サービスへのアクセスの改善・公平性を図ったりすることで社会環境を改善し、その結果として健康寿命の延伸・健康格差の縮小を実現することとした。それぞれの項目に目標値が設定され、それが達成できたかどうかが検討されており、二〇一八年に公表された中間評価では多くの項目で改善が認められた。しかし、最終評価では残念ながら悪化ないしは目標未達成の項目（メタボリックシンドロームの該当者及び予備群の減少、睡眠による休養を十分とれていない者の割合の減少など）もあった。これを受けて、第5次国民健康づくり運動として二〇二四年からスタートした健康日本21（第3次）では、「全ての国民が健やかで心豊かに生活できる持続可能な社会の実現」をビジョンに、健康増進に意欲（動機づけ）のある者だけではなく、健康増進に動機づけが無い者（例えば、特定検診）を希望しないなど）も対象に誰一人取り残さない健康づくりの展開と、それを実現させるために、個人の努力や意識だけを頼りにするのではなく、健康を志向する行動が自然と促進される環境づくりを企業も巻き込んで社会全体で作っていくことを目指している。

現在の運動・スポーツの実施状況

これまで実施されてきたわが国における健康づくりに関する施策について概観してきた。こうした五〇年近い取り組みによって、運動やスポーツは健康づくりに役立ち、実施すべきだという認識は十分に国民に行き届いたと思われる。では、現在の運動・スポーツの実施状況はどのようになっているだろうか。

「スポーツの実施状況等に関する世論調査」（文部科学省）という調査がある。これは、スポーツの実施状況等に関する国民の意識を把握し、今度の施策の参考にすることを目的とした調査であり、二〇一六（平成二八）年から毎年実施されている。

二〇二三（令和五）年度の調査によると、運動やスポーツを習慣的に行っている者（週二日以上（年一〇一日～一五〇日）で一日三〇分以上の軽く汗をかく運動を一年以上継続している者）の割合は、青年期から壮年期にかけては二〇％程度だが、六〇代以上の高齢となると三〇％を超え、七〇代になると四四％に達し、年齢を重ねるほど習慣的に運動・スポーツ活動に取り組んでいる者の割合が多くなっている。若い世代での割合が高齢者のそれに比べて低いのは性別でみるとより明らかで、女性二〇代三〇代ではたった一三％余りであり、〝健康の貯蓄〟を心がけていくべき年代で、この少なさは非常にゆゆしき状況である。これまで様々な施策が講じられ、意識としては根付きつつある運動やスポーツの重要性は、実行段階にまで浸透しているとはまだまだ言い難い状況である。

では、何が運動・スポーツ実施の足を引っ張ってしまっているのか。運動・スポーツ実施の阻害要因として多い順に三つ挙げると、「仕事や家事が忙しいから」（三七・〇％）、「面倒くさいから」（二七・四％）、「年を取ったから」（二〇・六％）となっている。運動・スポーツを実施できていない者にとっては、日常生活を送るにあたって必須ではない運動・スポーツをわざわざ準備までして時間を割くことはできないという運動・スポーツ活動に対する価値や重要性が低くなっている様子がうかがえる。また、加齢によって体力の衰えを感じ、身体的自信を低下させていることも、運動・スポーツ活動から遠ざかる要因になっているようである。これではなおさら身体能力は低下し、負のループに陥ってしまうだろう。一方で、促進要因は多い順に「仕事が忙しくなくなったから」（一九・七％）、「健康になったから」（一六・六％）、「運動・スポーツが好きになったから」（一六・四％）となっており、「仕事が忙しくなくなったから」と阻害要因の「仕事や家事が忙しいから」は見事に対照的である。高齢期の運動・スポーツの実施状況が他の年代と比較して良好なのは、健康問題に直面する年代であることが原動力になっていることはもちろん、仕事や家庭がひと段落して運動・スポーツに費やす時間的余裕を持てるようになったことも大きいだろう。あまり積極的な理由ではないが、高齢期においては運動やスポーツに従事する環境が整っているとみてもいいのかもしれない。しかしながら、それでも運動・スポーツに従事しない高齢者は存在する。身体的自信や運動に対する効力感が低いことが影響していることを考慮すると、なるべく若いうちから運動・スポーツに親しむのはやはり重要である。すると、青年期から壮年期においては、忙しい毎日の中でも少しでも運動やスポーツに意欲を持って行動を選択できるよう、動機づけを高める介入が必要な重要な年代とみることができるのではないだろうか。

その上でやはり注目したい促進要因は、「運動・スポーツが好きになったから」である。これは運動・スポーツ活動に従事する過程で得られた楽しさや喜びによって、運動・スポーツが好きになり、行動が強化・促進されたものと思われる。確かに時間的余裕ができることは運動・スポーツに取り組めるようになる大切な要因になるかもしれないが、とりわけその時間を運動・スポーツに充てなければならないという必然性はない。ほかにも魅力的な行動や運動以外に健康を増進させる行動は世の中にたくさんあふれている。そうした多様な選択の中でなおも運動・スポーツ活動に充てると選択するためには、運動・スポーツが大好きで、そこで得られる楽しさはほかの何にも代えることができないというような"宝物"になることが必要だろう。そのような状態だからこそ運動・スポーツが習慣化されるのではないだろうか。

健康増進において、運動やバランスの取れた食事といった健康行動は必須である。ところが健康行動に従事する者の中でおよそ半年の間に五〇％の割合でドロップアウトしてしまうともいわれている。そのくらい、健康行動を続けていくというのは難しいのである。では、運動・スポーツ活動への動機づけを高め、行動を継続させるにはどうしたらよいのだろうか。そこで促進要因で挙がった「運動・スポーツが好きになったから」に着目し、動機づけという心理学的視点から考えてみたい。

外発的動機づけと内発的動機づけ

動機づけを説明する理論にはさまざまなものがある。その中から外発的動機づけと内発的動機づけという心理学的概念から、運動・スポーツ活動への動機づけを考える。

外発的動機づけとは、行動を起こしている理由がその行動の外にある報酬(または罰からの回避)を満足するために生起している場合の動機づけをいう。例えば、お小遣いがもらえるからとか、先生に叱られるから一生懸命勉強をするというような場合がこれに相当する。勉強するという行動に元来内包されないお小遣いという報酬や叱られることからの回避という外的な報酬を得るために勉強をするという行動が生じているのである。承認動機や獲得動機といった社会動機は外発的動機づけに含まれる。むしろ外発的動機づけは非常に身近な動機づけと考えることができる。

一方、内発的動機づけとは、行動そのものに報酬が内在している、言い換えると行動そのものが目的(目標)になっている形で動機づけられている状態をいい、例えば誰に褒められるわけでもないのに、サッカーが楽しいからサッカーをしているという場合である。好奇心はまさに内発的動機づけの典型例である。

どちらの動機づけであっても、目標(求める対象)が達成(獲得)されて報酬を得ることができれば行動は強化され継続していくだろう。その上でさらに運動・スポーツ活動への動機づけとして、より望ましいのを二者択一で選択するとしたら、内発的動機づけであろう。なぜなら外発的に動機づけられている場合、別の行動のほうがより効果的に報酬を得ることができるなら、当初の行動から別の行動へと興味が移ってしまうかもしれないが、内発的に動機づけられている場合は、その行動そのものが目的であり、その行動から得られる独特の楽しみや喜びが報酬となっているために、その行動に従事しなければお目当ての報酬（サッカーの楽しさはサッカーでしか得られない）は得られず、その行動に従事すればするほど強化させることができるからである。こうした理由から、意欲を高め、その行動を継続させるためには内発的動機づけが重要なのである。ただ、人は複数の動機を同時に持ち合わすのでこれほど単純ではないことは付け加えておく。

さて、どうして人は内発的に動機づけられるのだろうか。この動機づけの本質は人が生まれながらに欲している有能さ（環境を効果的に処理することのできる人の能力もしくは力量）と自己決定（ある行動が自分自身の決定によるものであると認知すること）への欲求であるとし、「内発的に動機づけられた行動とは、人がそれに従事することによって、自らが有能で自己決定的であると感知することのできるような行動である」とデシ（Deci（安藤・石田訳 1975）は定義している。すなわち、内発的動機づけにおいて外的な報酬が無くても行動それ自体が目的・報酬となるのは、「わからない」ことが「わかる」ようになったり、「できない」ことが「できる」ようになったりすると大きな喜びや楽しさを人にもたらすようにに、その行動が有能さと自己決定の感覚という内的報酬をもたらすからである（杉原 2003）。

ここで注意して欲しいのは、楽しいということと内発的動機づけはイコールではないということである。楽しいという快感情は、動機づけ過程の結果に伴って生じる感情であって、外発的に動機づけられたとしても報酬を獲得して楽しさを味わうことができる。したがって、楽しいから内発的に動機づけられているとはならない。あくまで、内発的動機づけは、行動そのもの自体が目的（目標）になっている状態である。

自己決定理論

ここまでの話で、もしかしたら外発的動機づけと内発的動機づけは全く異質なもので、運動・スポーツ活動への動機づけについては外発的動機づけは良くないと思われてしまったかもしれない。しかし、そうではない。むしろ両動機づけは連続性のある概念であることを自己決定理論（Deci & Ryan 1985）は説明している。この理論によれば、自己決定の度合いが強くなるにしたがって外発的動機づけから内発的動機づけに移行していくという。「無動機」という何も動機がない状態の段階と、外発的動機づけを「外的調整」（ほとんど自己決定的でなく、他者からの強制によってしかたなく行っている状態）、「取り入れ的調整」（少し自己決定的だが、まだ消極的な状態）、「同一化的調整段階」（さらに自己決定的で、他の行動よりも重要度が高い状態）、「統合的調整段階」（最大の自己決定）というように自己決定の程度によって四つの段階を設定し、完全な自己決定的状態を内発的動機づけとしている。嫌々始めたジョギングだったが、しばらくすると身体が楽に感じられたり、走れなかった距離を走り切れるようになったり、走る楽しさがわかってくるなどいろいろな喜びや達成といった報酬を得ながら、ジョギングに対する自己決定を高めていき、いつの間にかジョギングが人生に欠かせないものになっているというのは、誰でも何か似たようなことで心当たりがあるのではないだろうか。このように自己決定的になっていくためにはその行動に従事する過程で成功や達成を経験し、自分自身の中に確かな有能さを認知することが大切である。そう考えると有能さと自己決定というのは密接に関連しあう表裏一体のような概念であることがわかる。

内発的動機づけを高めるには

運動やスポーツ行動に対して内発的動機づけを高めるには、「達成可能な目標を明確に設定する」「結果の知識を与える（KRの提示）」「努力へ因果帰属させる」「自分の力で成功した喜びを感じ取らせる」「目標や運動の価値を認識させる」「知的好奇心を喚起させる」「行動の主体は自分であると認識させる」などの方法がある（松田ら 2001）。どれも有能さと自己決定の認知を促して内発的動機を刺激するものである。

成功や達成というと、そのような大仰なことはとても目指せないし、それを考えるだけでむしろ足が遠のいてしまうと思われるかもしれない。確かに高い目標を持ってそれを成し遂げることは大きな達成感が得られるかもしれないが、時間も労力もかかるし、必ず成功・達成できるというわけでもない。それでは身体的にも精神的にも疲れてしまうし、なかなか達成できなければ諦めて止めてしまうかもしれない。それでは、動機づけとして全く意味が無い。しかし、ここでよく考えてほしい。「できなかったことができるようになりたい」「今より上達したい」というとき、何を基準にするだろうか。

内発的動機づけでは効果的ではない自分の環境に変化させたいという有能さの欲求を満たそうとするので、今の自分が基準となる。その場合、今の自分の能力が高かろうが低かろうが関係なく、自分の身の丈に合った目標の達成に向けて動機づけられるのである。そう考えると、内発的に動機づけるためには、スポーツの教育的意義の一つである自己開発性のように自らを競争相手とし、自らに挑戦するような目標を持つことがコツであることが分かる。

どうしても外発的動機になりがちな健康運動

「スポーツの実施状況等に関する世論調査」によると、この一年間に実施した運動やスポーツの種目は、「ウォーキング」（六〇・九％）が圧倒的に多く、次いで「トレーニング」（一三・〇％）、「体操」（一二・四％）、「ランニング」（一〇・八％）、「階段昇降」（一〇・八％）という具合であり、上位全てが健康の維持・増進を図ることを目的とした健康運動であることがわかる。次いでサイクリングやヨガ、ゴルフ、水泳といったスポーツ種目が挙がってくるが、こうしたいわゆるスポーツの実施は比較的に少ないようである。つまり、国民が実施している多くの運動・スポーツの中身は、そのほとんどが健康運動ということになる。

ここまで、〝運動・スポーツ〟というように、健康運動もスポーツもひとくくりに扱ってきた。しかし、これ以降はそれぞれを分け、とりわけ健康運動を取り扱うことにする。なぜならスポーツには「フォームを磨く」「もっと良いショットが打てるようになる」といったスポーツそのものに動機づけられて自律的（自己決定的）に行動していくような内発的動機づけの要素がふんだんにあるが、健康運動にはそれが少ないのではと考えているからだ。

カリキュラムによって強制される学校体育とは異なり、成人になってからのスポーツはほとんどが内発的に動機づけられていると思われる（一部、社会人としての付き合いの場合もあるが）。したがって、習慣化もなされていることだろう。一方で、健康運動ではどうしても「健康のため」とか「体力をつけるため」といったように目標を果たす手段として運動行動が生起するという外発的動機づけの傾向が強くなる。これは「スポーツの実施状況等に関する世論調査」からも明らかで、運動・スポーツの実施理由は、「健康のため」（八二．〇%）、「体力増進・維持のため」（六〇．四%）、「筋力増進・維持のため」（四五．八%）となっている。もちろんこれに強烈に動機づけられることを否定しないが、もし動機がこれだけとしたら、ほかにもっと都合の良い方法を選択できる機会を得たとしたら健康運動への意欲は低下してしまうだろう。また、健康や体力増進といった報酬を獲得するまでに時間がかかることも問題である。「健康のため」を評価する指標に体重や体脂肪量があるが、運動の効果が表れるまでに数か月あるいは半年ぐらいの期間（スパン）でみていく必要がある。それ以上の効果を図ろうとすると無理なダイエットとなり、結局中断することになる。その点では、筋力は比較的早期にトレーニング効果（神経適応）が得られ、一か月もしないうちに報酬を得ることは可能だが、それでも直後というわけにはいかないし、その効果は間もなく頭打ちになり筋肥大を待たなければならなくなる。気が短ければ意欲は萎えるばかりである。

そして、筆者が感じている最たる理由が、そもそも健康運動はつまらないということである。健康運動は誰でも実施できるような比較的単純で簡単なものが多い。例えば、ウォーキングは普段からなじみのある歩行動作である。筋力トレーニングとして推奨されている自分の体重を負荷に利用した自重トレーニング（例えば、スクワットや腕立て伏せなど）も初めのうちはもの珍しい動きで興味をそそるかも知れないが、すぐに慣れてしまう程度の難しさである。そこにスポーツのような面白味はあまり無い。

一方で、外発的動機づけを逆手に取り、魅力的な外的報酬で運動を自動的に誘導するようなやり方で健康行動を習慣づけさせる方法もある。これは、健康日本21（第3次）で謳われた、誰一人取り残さない健康づくりを実現させるための健康を志向する行動が自然と促進される環境づくりに関係する。その環境づくりの中にはＩＣＴを活用して、例えばアプリで歩数をカウントしてそれがポイントになるといったような楽しみながら自然と運動したくなるような環境づくりも盛り込まれている。ＩＣＴの活用については、その可能性について大いに期待できるところだが、どのように扱うかは注意が必要である。

ポケモンＧＯ（正式にはPokémon GO）というゲームをご存じだろうか。スマートフォンに導入して遊ぶことができるゲームであり、神田（2019）の論文を引用すると下記のような説明になる。

同ゲームが描く世界（フィードルドマップ）は現実世界とトレースしたGoogleマップの地図を活

用しており、そこにポケモンが生息する虚構の世界を重ね合わせている。（中略）架空の生物であるポケモンが各所で定期的に現れる。（中略）プレイヤーは、ゲーム上の自身の分身であるポケモントレーナーをそれら（※ポケストップやジム　著者追加）の場所に近づけるため、ＧＰＳの位置情報と連動したスマートフォンと共に現実を移動する必要がある。（中略）こうして『Pokémon GO』は、虚構でも現実でも移動を生じさせることになる。

極めて単純に言えば、ゲームを楽しんでいると自然とウォーキングできてしまうのである。ゲームが好きな人からすれば、ついでに健康も〝Ｇｅｔ〟できる夢のようなゲームだろう。ところが、このようなゲームが運動習慣の変容を起こすような劇的な影響をもたらしたのかというと、どうもそうではないようである。西脇ら（2018）は、ポケモンＧＯと運動習慣について検討し、ゲームを使い始めた一週間ぐらいは歩数が有意に増えたが、その後の習慣づけにまで発展しなかったことを報告している。対策として飽きさせないような工夫も考えられるが、そもそもポケモンＧＯを楽しむという行動において、脚を使って移動することによる心身への恩恵はポケモンＧＯという行動の範囲外であり、たとえ何か運動による成功や達成があったとしてもそれを成功・達成とは認知せず運動習慣の獲得にはつながらなかったのだろう。ポケモンＧＯそのものは非常に楽しいゲームである。しかしながら、このような方法で健康運動の実践者を増やそうと考えるならば、動機づけの観点からの工夫が必要だ。

それでも健康運動はやらなければならない

繰り返しになるが、健康運動はスポーツと比較すると内発的に動機づける要素が少なく、言ってしまえば魅力に乏しい。しかし、あえて健康運動をお勧めしたい。なぜなら、健康運動は科学的に効果と安全性が確かめられた優秀な運動だからである。そこで、健康運動の二本柱である有酸素運動と筋力トレーニングについて、それら運動そのものに興味を持ち、少しでも楽しめるようになるための工夫を提案して最後としたい。

私が考える工夫のポイントは、運動が行動としての意味や価値をどれだけ持ち得るかという点である。運動は極端に言えば、手足を動かすことであるが、何のために手足を動かすのかといえば、それは自らの身体や外的な物を移動する（させる）ためである。私は、これが運動の本質的な意味や価値であると考えている。

では具体的にどのような運動かといえば、児童期に獲得すべき種々な基本動作が参考になる。基本動作とは、「自己の身体の操作」と「他者や物の操作」に大きく分かれ、次に「自己の身体の操作」は「姿勢変化・バランス」（例　立つ、かがむ、寝転ぶなど）と「場所に移動する」（例　登る、よじ登る、とびあがる、はう、あるく、はしる、とぶ、スキップ、かわす、くぐるなど）に分けられ、「他者や物の操作」は「重さのある物の移動」（例　かつぐ、ささえる、はこぶなど）、「とったり、つかまえる動作」（例　とめる、つかむ、うける、いれるなど）、「ほかへの直接的な作用をする動作」（たたく、うつ、なげる、けるなど）に分けられる（体力科学センター調整力専門委員会体育カリキュラム作成委員会 1980）。こうした運動は単なる動作ではなく、さまざまな移動としての意味や価値を持っている。こうした要素を含んだ運動がシステムを構成する要素として組織的に実行されると、ほぼそれはスポーツを意味し、内発的に動機づける強度と比例すると、私は考えている。

こうした視点から考えると、ウォーキングやジョギングといった有酸素運動は、まさに歩く、走るという移動する運動である。そして、マラソンは走るという運動に競技性を付加したものであるから、ウォーキングやジョギングにはそもそも内発的に動機づける要素が多く含まれていると考えられる。しかし、先述したように一般的には普段慣れ親しんだ動作であるために、もし「痩せるため」とか「血液成分の状態を良くするため」だけを目標にウォーキングやジョギングを手段的に行っていただけではいつまでたっても内発的に動機づけられることは無く、面白くはならないだろう。「楽に速く歩く（走る）ためにはどうしたらよいか」「憧れの選手のように格好良く走りたい」といった歩くこと・走ることそのものに目標を持つことで内発的に動機づけることができるだろう。

その一方で、筋力トレーニング、とりわけ体重を負荷とした自重トレーニングには注意が必要である。安全に筋力向上が目指せるという点で推奨されているが、基本動作の「はこぶ」「ささえる」に当てはまるバーベルやダンベルを用いるウエイトトレーニングとは異なり、スクワットを例に挙げれば、単にその場で足腰を屈伸することに終始し、そこで生じるのは身体のわずかな上下運動と脚の運動感覚、太ももの疲労感といったフィードバック感覚が存在するだけである。こうした感覚情報と筋力向上を結びつけることで将来のより良い自分をイメージするという大きな価値を見出すこともできるが、それが実際に達成されるまでに時間がかかるし、そもそも子どもにこの論理で運動実践を促すことができると考えられない時点で動機づけ戦略として成立しない。「立つ」ことに意識したスクワットで少しは行動的意味や価値が高まるが、それでも普段から元気に過ごす人にとってはインパクトが弱い。実際、自重トレーニングとウエイトトレーニングを病院のリハビリテーション現場で両方行っているが、明らかに基本動作の要素が強調されるウエイトトレーニングのほうが人気で、楽しそうである。これまで持ち上げられなかった重量に挑戦し達成できた時の嬉しそうな笑顔を見ていると、ほとんどの参加者がウェイトトレーニングに内発的に動機づけられているのを実感する。

では、自重トレーニングは動機づけ視点から見て落第なのかというとまだ工夫の余地はある。例えば、スクワットジャンプのようにジャンプの要素を入れたり、相撲の四股を種目に取り入れたりする。ほんの少しスポーツや運動遊びの要素を入れることで、ただ脚の筋を刺激するだけの動作ではなく、行動としての意味・価値を持たせることができる。あるいは、いつものスクワットも音楽に合わせてリズミカルに行うことで踊りの楽しさが加わり、格段に面白くなる。音楽に合わせて体を動かすのは無条件に楽しい。

「どうしたらより良く歩けるか（走れるか）」「前よりも跳べるようになった」といったところに興味を持つことで、毎回の運動が楽しく、そして運動そのものに動機づけられる可能性を高めることができる。そして、こうした試みは身体との対話を重ねることになるが、そうすることで自らの身体への気づきを高め、思い通りに動かせるようになって運動がますます楽しくなるのはもちろん、自信にもつながることが分かっている（星野 2001）。ぜひ、楽しく心身の健康増進を実現させるために、健康運動の実践に際してここに挙げた視点を少しでも気にしてもらえたらこれ以上の喜びはない。

参考文献

文部科学省「令和5年度スポーツの実施状況等に関する世論調査」、二〇二四年。
杉原 隆『運動指導の心理学』大修館書店、二〇〇三年。
Deci, E. L. (安藤延男、石田梅男、訳)『内発的動機づけ』誠信書房、一九七五年。
Deci, E. L., Ryan, R. M. (1985). Intrinsic motivation and self-determination. New York: Plenum.
松田岩男、杉原隆編『運動心理学入門（第14版）』大修館書店、二〇〇一年。
神田 孝治「『Pokémon GO』が生じさせる移動と観光振興」『立命館大学人文科学研究所紀要』119、一一九～一四七頁、二〇一九年。
西脇 正人、松本 直之「ポケモンGOのプレイが日常歩数に及ぼす影響 ―日本人男子大学生を対象とした後ろ向き観察研究―」『体力科学』67（3）、二三七～二四三頁、二〇一八年。
体力科学センター調整力専門委員会体育カリキュラム作成委員会「幼稚園における体育カリキュラムの作成に関する研究Ⅰ―カリキュラムの基本的な考え方と予備調査の結果について―」『体育科学』8、一五〇～一五五頁、一九八〇年。
星野公夫「人間は自分の身体を適切に操作できるのか」『順天堂大学スポーツ健康科学研究』5、一〇〇～一〇八頁、二〇〇一年。

離乳期の食事場面におけるシステムと多様性

福田《ふくだ》　佳織《かおり》
本学教授。専門は発達心理学。
主な著作『笑って子育て―物語でみる発達心理学』（編著、北樹出版）、『家庭と仕事の心理学―子どもの育ちとワーク・ライフ・バランス―』（共著、風間書房）

個人差はあるが、乳児（一歳未満児）は生後五、六ヵ月頃になると、それまでの母乳やミルクを主食とした食事から、離乳食に移行し始める。初めは、十倍粥やペースト状の野菜、すりつぶした魚のようなものを、小さなスプーンに少量のせて、親（子どもを育てる大人の属性は親以外にも様々であるが、便宜上、「親」と表記する）は乳児の口に運ぶ。スプーン等の食器具を用いて食事をする（口に入れてもらう）体験は、乳児にとっても不慣れなため、口を開けることもままならない。わずかに口に入った食べ物を怪訝な表情で飲み込んだり、泣き出したりすることも珍しくない（我が家の娘も、離乳食開始から三日間、少しでも口にお粥が入ろうものなら、ブンブンと首を左右に振って摂食を拒否していた）。しかし、離乳食中期（七、八ヵ月）にもなれば、乳児は親が自分の口元にスプーンを近づけてきた気配を察知し、

（お腹が空いていれば）タイミングよく口を開け、スプーンから口唇や舌を上手に使って食べ物を掬い取り、親がスプーンを引き抜いた直後からもぐもぐと口を動かし、ほどよきところで飲み込むことができるようになる。こうして、乳児は離乳食を食べさせてもらい、親は離乳食を食べさせてあげるというシステムができあがってくる。それは、単なる日常的な食事場面のやり取りに過ぎないが、この食事場面での親子のやり取りを撮影した映像を千分の三十三秒でコマ送りしながら分析していくと、乳児が口を開けたり、閉じたりするタイミングは絶妙で、場合によってはノールック（のように見える）でも、スプーンが近づいたタイミングで口を開けられることがわかる。もちろん、親側も乳児が食べそうなタイミングを見計らってスプーンを口元に運んでおり、親子の離乳食場面に見られるシステムは、離乳食が始まってから比較的早い段階で出来上がる。

離乳期において、どの親子も上記のようなシステムで食事を進めていくが、親子のやり取りには、かなりの多様性が見られることも事実である。離乳食場面の観察をしていて明らかになった多様性の一つとして、親が乳児に食事を与える際の親側のアクションが挙げられる。幼い子どもに食べさせる際に、大人が「あーん」という言葉を発する様子は誰でも想像できるだろう。この「あーん」には、実はかなりのバリエーションがある。まずは親の口の開き具合である。乳児の開口につられるように、自分もわずかに開口する親は意外に多い。同程度に多いのが、乳児に食事を与える際に、自分も口を大きく開く親である。その中間くらいの開口をする親もいる。そして、開口のタイミングとして、乳児が開口する前に開口する親と、乳児が開口した直後に開口する親とがいる。さらには、開口時に「あーん」と声を発する親と、無音で開口する親に分かれる。他にも、乳児が開口する前に親が開口し、乳児が開口した直後にさらに大きく開口する親や「あーん」という発声のボリュームが徐々に大きくなる親もいる。終始一貫同じパターンの「あーん」行動を示すわけではないが、親ごとに概ねこれらのパターンは決まっている。この「あーん」行動は十三パターンもあり、これらは単に親の癖というだけではなく、乳児が親をよく見ているか否か、乳児が良く食べるか否か、親が乳児をよく見ているか否かといった親子の特徴からも影響を受けている。乳児が親をよく見る場合、乳児に〝こういうふうに口をあけるのだよ〟と示したり、親子のやり取りを楽しんだりするために、口を大きく開いて見せる傾向がある。逆に、乳児があまり親を見ない場合、親は「あーん」と発声してひきつけようとする傾向がある。また、乳児はあまり親を見ないけれども、淡々と食べ続けている場合は、親の開口も小さかったりする。乳児が見ていなくても、親が乳児をよく見ている場合は、親がつられて口を開くことも少なくない。このように、食事中に見られる「あーん」行動一つをとっても、多様性があることがわかる。

多様性が見られた二つ目として、乳児の摂食外行動の多さが挙げられる。摂食外行動とは、親が乳児の口元に食べ物を近づけた際に、摂食行動以外に取った行動を指す。例えば、口を開けなかったり、よそ見をしたり、手で払ったり、泣いたりといった行動である。父子十組、母子十組を観察したところ、一回の離乳食中に乳児が摂食外行動を示した回数は、父子では少なくて三回、多いと七十七回で、母子では少なくて二十六回、多いと八十回であった。つまり、親が乳児の口に食べ物を近づけて、乳児もタイミングよく口を開いてそれを食べるというやり取りが比較的継続するケースもあれば、ことごとく食べてもらえないというケースまで、食事場面の様相は様々ということである。ちなみに、食事時間が長いほど摂食外行動の回数が増えるように思われるかもしれないが、両者には統計的に関連はない。そうなると、乳児の機嫌やお腹の空き具合による差ではないかと推測されるかもしれない。しかし、観察は乳児がいつも食事する時間に合わせて行っており、通常と様子が大きく違う場合は調査日を変更していること（食事後に、いつもの様子と大きく違わないか尋ねている）から、その親子（特に乳児）の多様性が見られる特徴である可能性が高い。

三つ目として、乳児の随伴性が挙げられる。ここでいう乳児の随伴性とは、親の何らかの動き・発声・発話（乳児に直接向けられた行動以外の行動も含む）に対し、それらに関連した反応を示すことを意味する。いわゆるリアクションの良さである。親が乳児の好きな食べ物を口に入れると満面の笑みで身体を揺らして喜びを表現したり、乳児が持ちたがっているスプーンを親に奪われると大泣きしたり、親が物を取るために手を伸ばすとその親の手の先の物に視線を向けたり、親が乳児に視線を向けると乳児も親の視線に気づいてアイコンタクトしたりといった行動である。そのような行動を多く表出する（随伴性が高い）乳児がいる一方で、親がスプーンを近づけても親をほとんど見ずに興味のある別の物をじーっと見ていたり、親が話しかけてもよそ見をしていたり、親が立ち動いていても自分の手や首に付けられたエプロンに視線を向けて、親に関連しない行動をする（随伴性が低い）乳児もいる。このように、同じ食事場面であっても、親に対する乳児の随伴性には多様性が見られる。

四つ目として、親の対応が挙げられる。親子のやり取りという側面で見ると、乳児のリアクションの高さに合わせて親自身もリアクション良く対応しているケース、乳児を楽しませようと乳児とかみ合わないほど親が盛り上がるケース、親子共々粛々と食事を進めるケース、いくぶん興奮気味の乳児を親が淡々と落ち着いて対応するケース等々である。乳児に連動するような行動を取る親もいれば、あえて連動しないように振る舞うケースもあり、相互作用の多様性が見られる。

この親の行動をもう少し詳細に分析すると、五つ目の多様性が見られる。先述したとおり、乳児の食事は終始スムーズに進むとは限らず、かなりのケースで泣きやぐずりが発生する。その泣きが長く続く乳児もいれば、一過性のぐずりで食事に復活する乳児もおり、様々である。当然、こうした乳児の個人差によって、親の対応が左右する可能性はある。そこで、泣きやぐずり、不快な表情等のネガティブ情動の表出が比較的長く続いた乳児のみを取り出し、そのネガティブ情動が表出し続けている5秒間に、親がどのような行動を取るのかについて分析を試みた。「継続的なネガティブ情動表出の最初の五秒間」という、ある程度条件の統一を図ったにもかかわらず、ここにも親の行動の多様性が見えてくる（一概に親のみの多様性とも言い難いが）。まず、乳児のネガティブな情動に対する親の行動を抽出したところ、乳児に直接的に応答している行動として、①身体接触、②共感・代弁的発話や乳児の心情の模倣、③アイコンタクト、④乳児の要求への対応や代替物の提示、⑤褒め、⑥質問、⑦説得・誘導・気分転換、⑧返事が見られた。その他、⑨親の独り言、⑩視線のみ向ける、⑪他者（観察者）への話しかけといった、乳児に直接関与しない行動も見られた。乳児のネガティブ情動に全く関与しないという⑫対応なしや、いくぶんいらだった⑬ネガティブ反応も見られた。これらのうち、どの行動を示しやすいか、また、どの程度バリエーションをもった行動（①〜⑬までの種数）を取るかは、親によって異なり、乳児に直接的な働きかけをすることの多い親もいれば、視線を向けるだけ、あるいは、対応なしが多い親もいた。

さて、ここまで、離乳食場面に見られる親子の多様性を見てきた。ただ多様性があることで終始する要素もあれば、乳児のその後の発達に影響を及ぼす要素もある。特に最後に挙げた乳児の「継続的なネガティブ情動表出の最初の五秒間」での親の行動の多様性に関しては、その後の子どものアタッチメントに関与する可能性が示されている。アタッチメントというのは、ジョン・ボウルビィが提唱した概念で、ネガティブな情動が喚起された際に、日常的に関わってくれる他者（幼少の場合は継続的に世話等をしてくれる他者）に接近・接触することで、そのようなネガティブな情動を低減するシステムを指す。このシステムは我々が生涯にわたって持ちうるものであるが、幼少期は、自身の養育者等から受ける対応によって、そのシステムがうまく機能するかどうか左右される。そのシステムがうまく機能すれば、ストレス過多に陥ることを防いだり、他者や自己への信頼を高めたりする働きがある。一方、うまく機能しないと、ストレス過多に陥ったり、他者あるいは／かつ自己の信頼が低下したりする。このアタッチメントの機能性（質）を決定づけるのは養育者の行動のみではないのだが、少なくとも幼少期においては親の養育行動が子どものアタッチメントの機能性に与える影響力は決して小さくない。親の養育行動の何によって影響を受けるかについては、多くの研究がなされ、大規模な縦断研究も実施されている。その中で有力なのは親の敏感性(乳児のシグナルに対して素早く気づき、適切に解釈し、迅速かつ適切に対応する能力)である。近年では、さらに親のmind-mindedness、洞察性、利用可能性といった様々な要因がアタッチメントに影響を及ぼすという報告が見られる。いずれの要因も敏感性に内包される要素であり、互いに相容れないものではない。ただ、日常生活の行動の何を敏感性、mind-mindedness、洞察性、利用可能性と呼ぶのか、一般的にはわかりにくいこともある。そこで、具体的な親の行動を用いて分析をおこなったところ、以下の可能性が示唆された。それは、乳児のネガティブな情動表出のうち、強度のネガティブ情動表出、例えば、泣いたりぐずったり、誰もが明らかにネガティブな情動であると気づくレベルの表出に対し、親がどうかかわるかが、子どものアタッチメントの安定性(安定性＝機能的に働く度合い)に関与するということである。つまり、乳児が明らかに泣いたりぐずったりしている時に、親がポジティブあるいはニュートラルな態度で(つまり、イライラしたり不機嫌になったりしないで)直接的に乳児に関わることが多いほど、アタッチメント安定性が高まる可能性があるということである。先述の①身体接触、②共感・代弁的発話や乳児の心情の模倣、③アイコンタクト、④乳児の要求への対応や代替物の提示、⑤褒め、⑥質問、⑦説得・誘導・気分転換、⑧返事が、その直接的に乳児に関わる行動に該当する。ちなみに、乳児の弱いネガティブ情動表出への対応とアタッチメント安定性とは有意な関連は示されなかった。弱いネガティブ情動表出とは、例えば、表情が曇ったり、いくぶん飽きたようなそぶりをしたりといったもので、乳児をじっと観察していないと気づかないレベルのものである。親は離乳食を与えるために、手元の食器から食べ物を掬

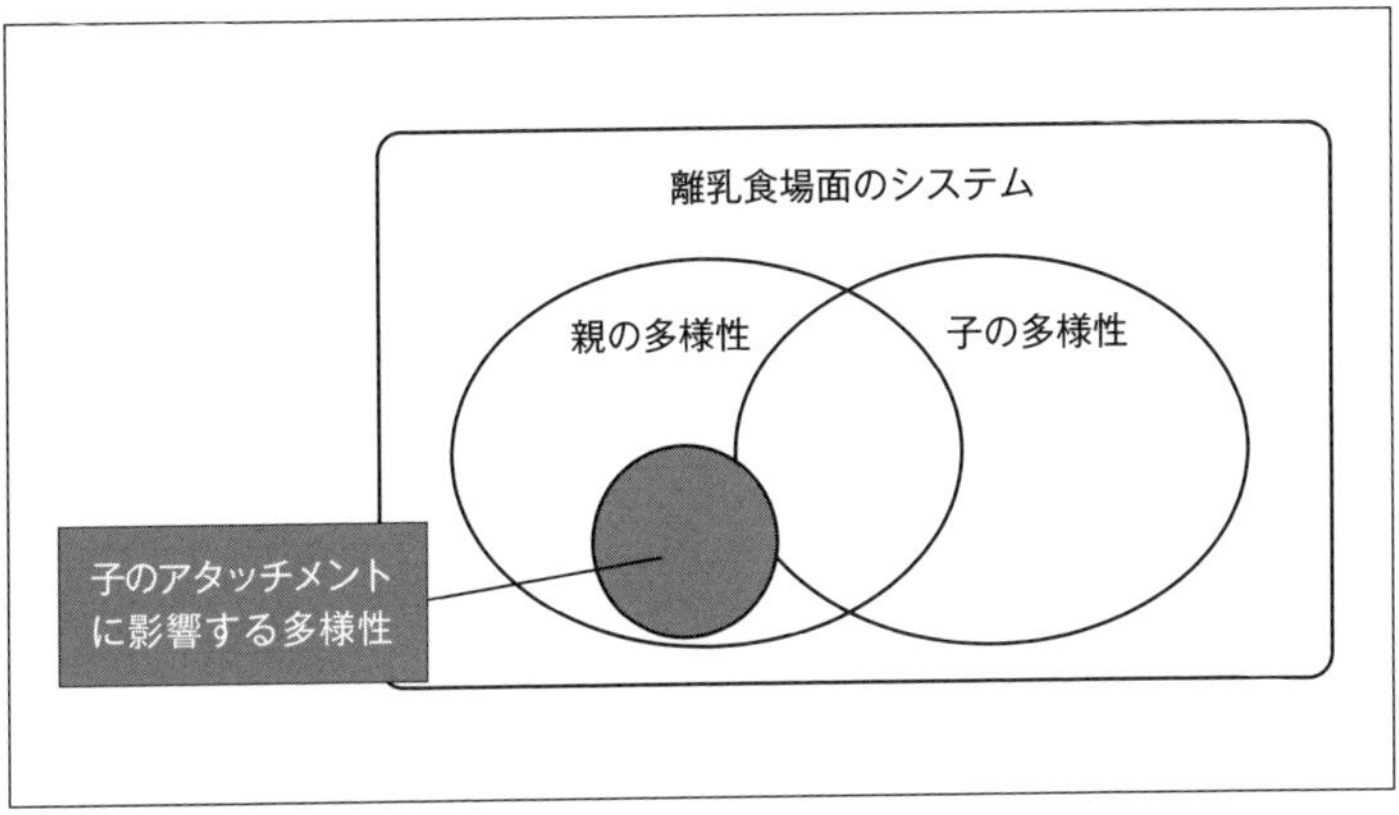

図１　離乳食場面システムに見られる多様性とアタッチメントへの影響

ったり、量を調節したり、温度を確認したりしなければならず、乳児をずっと見ているわけにはいかない。そのような弱いネガティブな情動表出は多少見逃しても、明確なネガティブ情動に適切に対応することが重要であることがわかる。また、これらの対応のバリエーション（種数）が多い方が子どものアタッチメント安定性を高める傾向があることも示唆されている。ちなみに、子どもの発達に良い影響を及ぼす唯一絶対的な親の行動が存在するわけではなく、ある程度の多様性を持って乳児にポジティブな影響をもたらしていることを改めて明記する。

以上のように、離乳食場面での親子のシステムは基本的に定まっているが、その中では親子ともに多様性が見られ、さらにそうした多様性の中に子どもの発達に影響を与えるものも存在する（図１）など、多様性がもたらす意味合いにも多様性が存在することがわかる。離乳食場面に限らず、親子の関係性は、俯瞰で見れば一つのシステムに過ぎないが、こうして掘って掘って掘り進めていくと際限なく多様性が発掘されることは、非常に興味深い。

注

（1）本内容は、平成29年度〜令和5年度科学研究費（基盤研究（C）（一般）課題番号17K04366、研究代表者：福田佳織）を受けた各研究結果を一部用いている。

職場のシステムと多様性

――産業心理臨床の観点から

坊《ぼう》　隆史《たかし》

元本学准教授。現在、実践女子大学准教授、本学兼任講師。専門は臨床心理学、産業・組織心理学。著書に、『産業・組織心理学』（分担執筆、ミネルヴァ書房）、『産業心理職のコンピテンシー』（分担執筆、川島書店）など。

はじめに

筆者は心理職として、約二〇年にわたり産業・労働分野、すなわち労働者に対する心理的な支援（以下、産業心理臨床）に関わってきた。わが国の労働人口は六七九五万人（総務省　2024）に及び、産業心理臨床はその全てを対象にしている。産業心理臨床は多種多様な人たちが勤務に従事している現場である。本稿では、筆者が携わってきた産業心理臨床の基本を紹介したうえで、職場のシステム（法・制度）と多様性（多様な人材）について考察する。

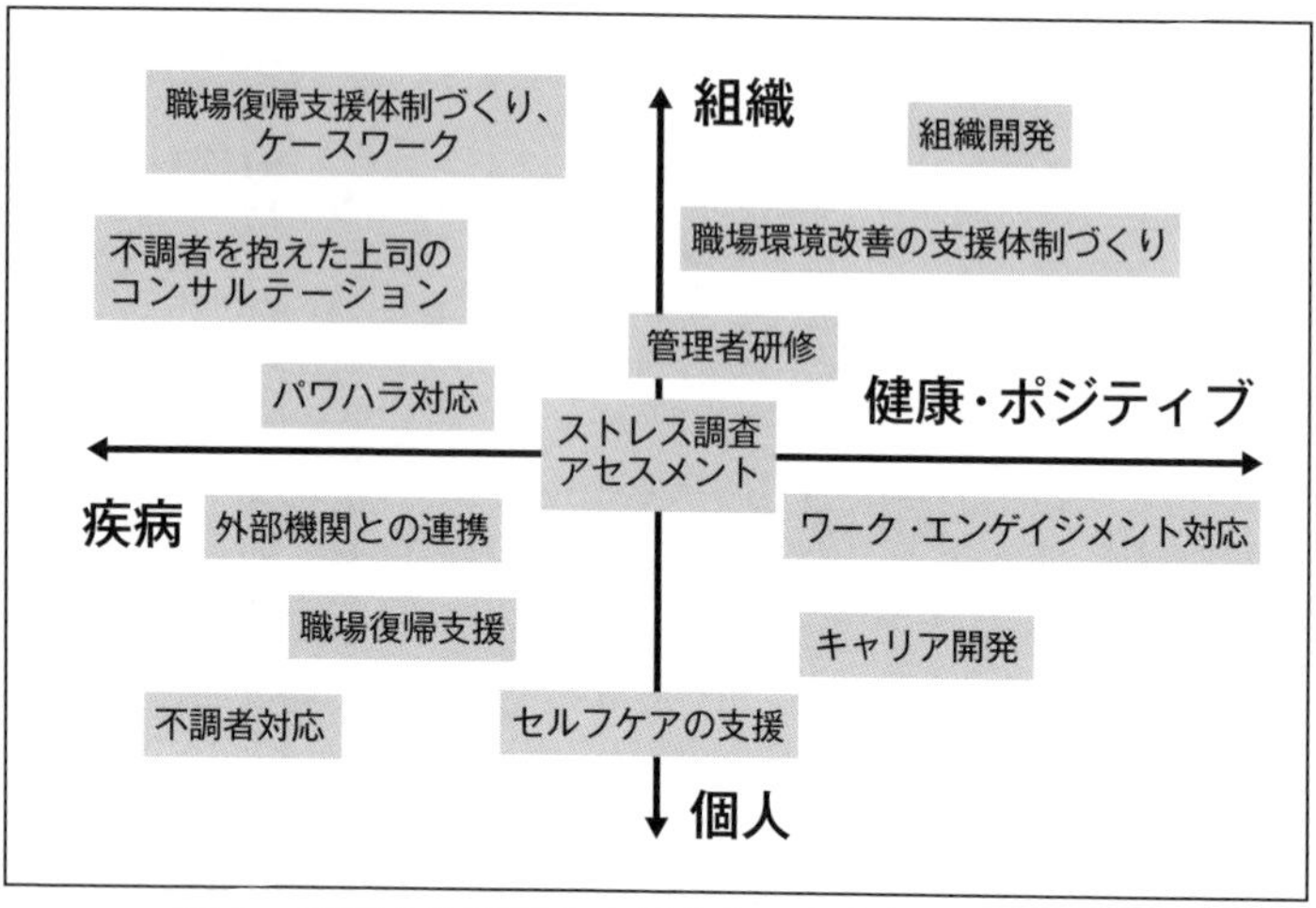

図１　産業心理臨床の支援内容　種市（2019）を改変

産業心理臨床とは

まず用語について整理したい。産業心理臨床と類似した言葉に産業臨床心理学がある。種市（2018）が「産業臨床心理学と産業心理臨床においてほぼ同義である」と説明しているように両者に大きな違いはない。ただ、産業臨床心理学は産業分野の臨床心理学（学問）であるのに対し、産業心理臨床は産業分野の心理臨床（支援）という点が異なるといえる。そこで本稿では臨床現場の心理職としての立場を強調するため、産業心理臨床で統一したい。

産業心理臨床のフィールドは、働く領域全てである。図1は支援内容を、個人―組織、疾病―健康・ポジティブという二軸で分類したものである。支援内容の幅広さがわかるであろう。また、一般的な心理臨床の場合、うつ病患者の心理療法といったように個人・ネガティブな課題について支援をすることが多いが、産業心理臨床は部署全体のワーク・エンゲイジメント向上といった組織・ポジティブな支援が多いことも特徴といえよう。活動する領域は、大きく企業内と企業外に大別される。企業内では社内診療所や相談室の企業内カウンセラー、健康管理センターの産業保健スタッフとして活動している場合が多い。近年は人事部の一員として安全衛生、健康経営、D&I（Diversity & Inclusion）などの人事・労務業務を担当する心理職有資格者も増えつつある。企業外では企業と契約をして支援サービスを提供するEAP（Employee Assistance Program）機関、職場支援を提供するリワーク施設、障害者の就労支援に携わる障害者職業センター、公共職業安定所（ハローワーク）など官民含めたさまざまな労働の支援機関で活動している。

　産業心理臨床は労働者のカウンセラーとしてだけではなく、多様な立場における心理支援全般を示す

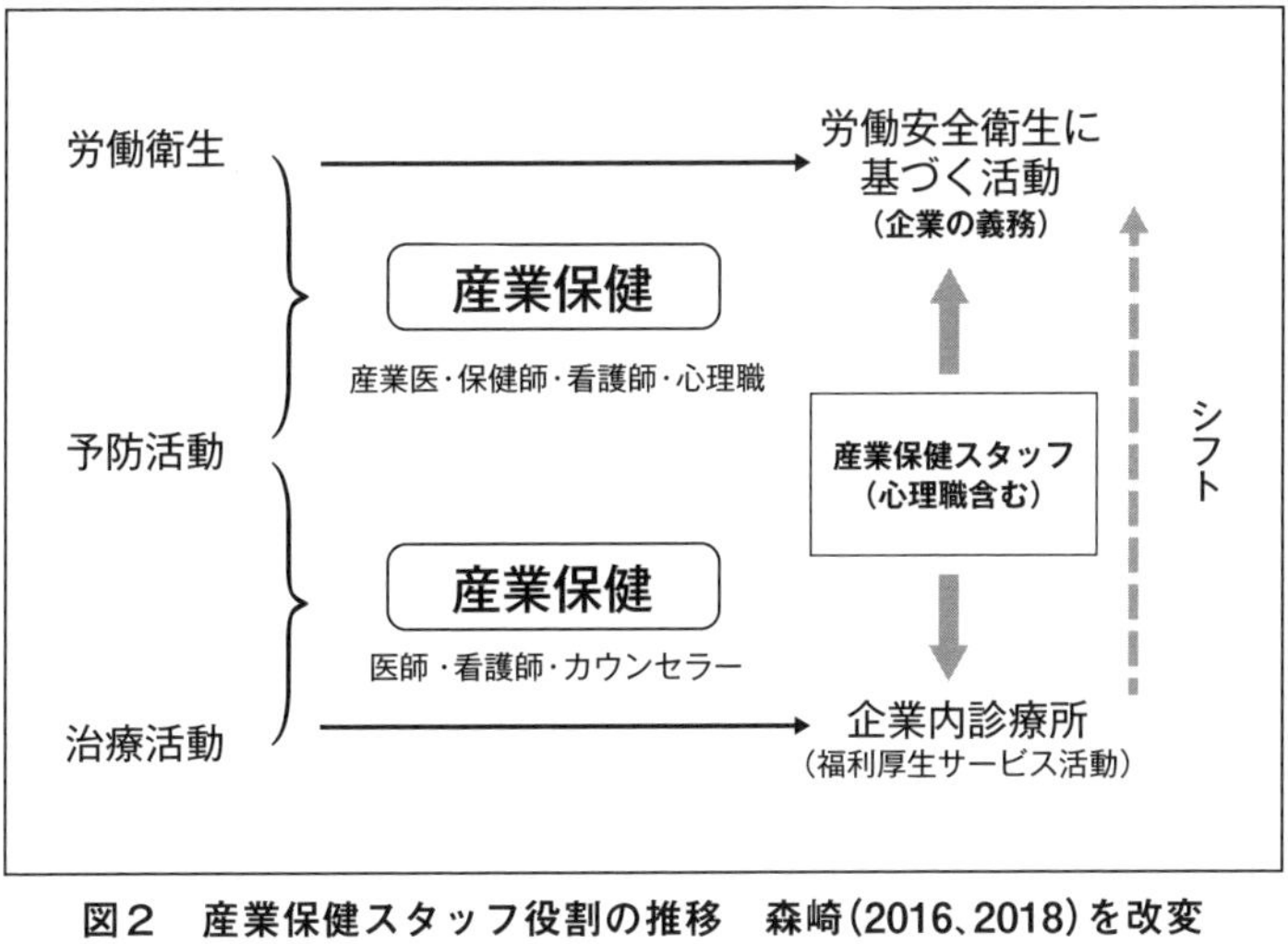

図２　産業保健スタッフ役割の推移　森崎（2016、2018）を改変

	内　容
セルフケア	**労働者自身が行うケア** 例）ストレスやメンタルヘルスに対する理解、ストレスへの気づき、ストレスへの対処　など
ラインによるケア	**管理監督者によるケア** 例）職場環境等の把握と改善、労働者からの相談対応、職場復帰における支援　など
事業場内産業保健スタッフによるケア	**事業所内の産業保健スタッフ、人事労務などの専門職によるケア** 例）具体的なメンタルヘルスケアの実施に関する企画立案、個人情報の取り扱い、事業場外資源とのネットワーク形成や、窓口、職場復帰における支援　など
事業場外資源によるケア	**事業場外の専門家（医療機関、外部 EAP など）によるケア** 例）情報提供や助言を受けるなどのサービスの活用、ネットワークの形成、職場復帰における支援　など

表１　４つのケア（厚生労働省、2006をもとに作成）

実践活動そのものである。わが国の動向に照らし合わせてみると、心のケアをする心理支援のみならず、産業保健活動の一部として貢献されることが望まれるようになってきたことも特徴である。従来、企業のカウンセリングは福利厚生サービスの一環として発展してきたものの、労働者の安全と健康を守る労働安全衛生対策としての期待が高まるようになってきた（図２）。とくに二〇〇六年に厚生労働省から発表された「心の健康のための保持増進のための指針」は大きな転機となった。この指針では事業者が講ずべきメンタルヘルス対策が具体的に示されており、職場のメンタルヘルス対策が全国的に展開される契機となった。心理職も「四つのケア」（表１）の産業保健スタッフとして健康管理業務に従事すること、事業場外資源としてメンタルヘルスケアに携わることとなった。なお、この指針の内容が職場のメンタルヘルス支援の基本として現在まで継続している。当然、心理職もメンタルヘルスケアにおいては原則的に本指針に沿った支援が求められる。

ここまで産業心理臨床の基本について概説してきた。この分野に馴染みがなければ、これまでの説明を堅苦しく感じたかもしれない。もし、そのように感じるのであれば半分正しく、半分誤解がある。産業心理臨床はビジネスや現実社会との結びつきが強いため、他分野よりも経済性・効率性が求められる。また社会や組織の論理や慣例を勘案しないといけないという点で窮屈さはある。一方で、わが国の人口の約半分が対象者であり、柔軟に多様な関わりをもって支援することができる分野でもある。

補足として実務において必要な心構えについても紹介しておきたい。産業心理臨床では、カウンセリング・マインド（心理職としての基本的な相談対応に対する姿勢や心がまえ）だけでなくリーガル・マインド（法律や制度の知識を有し、現場で使いこなせるスキル）を持ち合わせることが大切といわれている（坊 2023）。カウンセリング・マインドは多様な労働者へ向ける姿勢、そしてリーガル・マインドは制度や法という社会システムの視点が求められる。すなわち、産業心理臨床は支援そのものがシステムと多様性の両側面を有しており、これらのバランスを考慮して展開される支援といえる。

多様性時代の労働

多様性という言葉が広がることによって多様な人たちが働ける世の中になりつつある。こうした「働き方改革」が展開した背景として、二〇一五年九月に国連サミットで採択された「持続的な開発目標（SDGs）」が関連している（北村　2021）といわれている。SDGsの第八の目標には「働きがいのある人間らしい仕事の実現」が掲げられており、本邦でも多様な働き方に関連した法律や制度が策定されてい

新たな人的資源管理（人事・労務の現代的テーマ）

・多様化する労働者（女性、障害者、外国人労働者）
・多様化する労働形態（非正規雇用）
・多様化する労働時間と場所（裁量労働、在宅勤務）
・多様化する働く意味づけ（ワーク・ライフ・バランス）

↑

一般的な人的資源管理（人事・労務の基本実務）

・人をどのように雇い入れるのか（採用・異動）
・人をどのように育てるのか（キャリア開発・人材育成・教育訓練）
・仕事の結果をどのように評価するのか（評価・考課）
・人をどのように処遇するのか（昇進・昇格）
・人にどのような報酬を与えるのか（賃金・福利厚生・退職金）
・人の安全と健康をどのように守っているのか（安全・衛生）
・労働組合とどのように関わるのか（労使関係）
・やめていく人とどのように関わるのか（退職）

↑

人的資源管理の位置づけ（人事・労務の基礎理論）

・人の管理とはどのようなことか（人的資源管理入門）
・組織は人をどのように捉えるのか（人間モデル・組織行動）
・人の働く組織をどのようにつくるのか（組織設計）

図3　人的資源管理の内容（上林ら.2018をもとに坊.2023が作成）

る。その結果、労働者の労働条件や労働環境にも変化を及ぼしているのだが、急速な変化に対応できない職場も少なくない。

「働き方改革」のテーマは幅広い。女性活躍推進、ワーク・ライフ・バランスなど従来から人事・労務が直面し続けてきた課題もあるが、LGBTQやテレワークなど世相を反映したテーマも多い。また昨今では公共交通機関、飲食業、宿泊業などを中心に人手不足が叫ばれている。労働人口の不足に伴い、これまで以上に多様な人に活躍してもらえるような働き方が模索されつつある。とくに障害者、外国人労働者、定年者など多様な人材の活用が注目されているが、こうした多様な人材の対応について、従来は「特殊な事例」として産業心理臨床の支援対象となってきた。

一方で、これらの新たなテーマは一般的な人的資源管理のテーマとなりつつあり、対人援助資格の有無にかかわらず、基本的な知識をもって対応できるようにならないといけない時代になりつつある(図3)。しかしながら、時代が変わったからといって一般の人事・労務担当者や管理監督者たちが全てのケースで適切に対応することは簡単ではない。そのように考えると職場の多様性を推進するにあたっては産業心理臨床の観点が欠かせない。産業心理臨床の実践者は、これまで「特殊な事例」に対して経験を培ってきた。これらの経験を管理監督者や人事・労務担当者に伝えていくことも産業心理臨床の職責といえよう。

事例から考える労働者の「システム」と「多様性」

職場組織がこれまで受け入れたことのない人材を受け入れ始めた際、その人材と受入れた職場側の双方に不適応のリスクが高まる。これは変化が生じた時に生じる一種の副作用であるが、一時的なものである場合が多い。通常は特徴や個性を把握して受け入れることで、次第に相互理解ができて馴染むことができるだろう。ところが誤解やボタンの掛け違いにより、労働者および職場が混乱に陥り、適応できなくなってしまう場合もある。

ここで三つの典型事例を通して、産業心理臨床の観点から多様な人材の職場適応について考察する。ここでは来談者のパーソナリティや疾病面ではなく、産業現場における法律と制度の実情、多様な人材が働くことの課題について注視いただきたい。なお、ここで紹介する事例は複数のエピソードを組み合わせた架空事例である。特定の個人事例ではない。

事例一（外国人労働者）　A氏　女性　三〇歳代

A氏はアジア圏某国出身。親戚が日本在住ということもあって日本の大学に入学した。在学中はアルバイトをしながら日本語を覚え、楽しく大学生活を過ごした。家族・親戚と検討した結果、国内の定住者として新卒採用枠で日本企業α社に就職した。最初の配属は事務業務中心の部門だった。入社時から積極的にα社に馴染もうとする姿勢がみられ、職場の上司や先輩とも良好な関係を築き、順調に勤務できていた。

　入社X年目、事務中心の部署から対外業務が多い部署へと異動となった。異動先の部署は社外の顧客からの電話対応や予定調整をテンポよくこなすことが必要だった。また顧客との取引では駆け引きが生じることがあった。A氏は日本文化独特の本音と建前の使い分けや、空気を読むことに慣れていなかった。それゆえ、業務成績は低調し、顧客からクレームを受けることが出てきた。A氏は過度のストレス状況下でありながらも弱音を漏らすことができず、長所であった積極さがなくなり、欠勤や遅刻が増えるようになった。心配した上司が健康管理室に相談し、A氏は心理職によるカウンセリングを受けることとなった・・・

　本事例は外国人労働者がテーマである。小売店や飲食店等の業界では外国人労働者の労働力がなくてはならなくなりつつある。また、建築や製造などの技術を習得して本国で活用するという技能実習生を受け入れる企業も増えている。このように外国人労働者の受け入れを積極的に進めてきた結果、二〇二三（令和五）年一〇月末時点の外国人労働者数は二〇四八六七五人と二〇〇万人を超えている（厚生労働省　2024a）。外国人労働者の受け入れには、外国人に対しての採用活動、在留資格や専門資格の確認、ハローワークへの届出など一般の採用とは異なるプロセスを経る必要がある。その他、外国研修生・技能実習生の受け入れや就労問題、外国人留学生の不法就労・就職の苦戦、就労継続の困難さの拡大など課題は多い（守屋　2018）が、これからの労働を支える人材として外国人への期待が高まっている。

A氏は、通常の新卒採用の流れで一般就職するハイ・スキルでの採用であった。日本国内に親戚がいたことは他の外国人労働者と比べて恵まれた環境だったといえよう。ただ留学中に真摯に勉学に取り組む勤勉さ、日本文化に溶け込もうとするA氏の誠実な姿勢が好循環を生んだことは疑いの余地はない。労働において言語コミュニケーションは重要である。A氏の日本語スキルは日本語能力試験だとN1レベル（日本人と同じようにコミュニケーションをとれる水準）で通常のビジネスコミュニケーションは全く問題なかった。ただ、日本人特有の本音と建前のコミュニケーションについての理解が乏しかった。加えて、異動先の上司や同僚もA氏が異動前の職場で適応できていたことを知っていたがゆえに、社外対応で必要な対人スキルについての指導まで配慮が至らなかったことがわかった。そこでカウンセリングの中で、A氏のこれまでの努力を労りつつ状況の整理を行い、日本独特のコミュニケーション様式があることを説明し、本音と建前を理解して顧客に対応するためのコミュニケーションについて検討した。また健康管理室の産業医と共にA氏の上司に対して、A氏が新職場で活躍できるためのコンサルテーションを行った。その結果、A氏は元気を取り戻し、安定した勤務を継続できるようになり、業務成績も少しずつ向上するようになった。

事例二（高齢者雇用による定年延長）　B氏　男性　六四歳

B氏は高卒新卒で入社して以降、六四歳までβ社で勤めてきた。β社の定年は六五歳を迎える年の年度末のため、B氏は定年までの時間をβ社に対する感謝を込めて、そして自身の労働者生活の集大成として勤務に励んでいた。そして定年後は家族と穏やかな日々を過ごそうと考えていた。

ところが定年日まで約一年半前の時点で、人事部より七〇歳までの定年延長の方針が発表された。定年延長の移行措置として、六五歳で退職した場合の退職金は当初予定の満額が支給される一方、途中退職という扱いになってしまうとのことであった。B氏は定年まで働き上げて職業人生を全うしたいと考えていた。しかし、諸事情で七〇歳まで勤務することは難しく、志半ばで六五歳での退職を決意した。途中退職が決まって以降、張り詰めた糸が切れたように仕事への興味がなくなり、生活全般の意欲が低下してしまった。B氏の変化に気づいた同僚の勧めによって、企業内のカウンセリングを受けることとなった・・・

事例二のテーマは、高齢者の雇用を推進するための定年延長である。わが国では少子高齢化が加速しており、二〇二三（令和五）年時点での六五歳人口は、三六二三万人で総人口に占める高齢化率は二九・一％に及んでいる。その結果、労働力人口に占める六五歳以上の比率は上昇傾向となっており、実に労働者総数の割合の一三・四％を占めている（内閣府　2024）。

高齢者が就労を通じて社会とつながり続けることは高齢者の心身の健康維持に良い影響を与える可能性が示唆されており、就業率の高さと健康長寿との間には正の相関関係があることも示されている（有馬　2021）。その一方で、年齢による身体能力や体力の低下によって、自身が想定しているよりも存分に働くことができず、葛藤を抱えることもあるであろう。高齢者が働けるようなシステム（制度）を策定したからといっても、それが満足した労働につながる保障はない。

また、高齢者に働いてもらうために定年を延長することは注意が必要である。予期せぬ定年延長を前向きに考えられる従業員もいれば，定年後のプランを変更せざるを得ない従業員もいる。B氏がその典型である。B氏は六五歳をもって職業キャリアを終結できるよう準備していた。そのような時に五年の定年延長が発表されてしまった。マラソンで例えると、四〇キロ以上を走りきって、あとは競技場でゴールテープを切るだけと思いきや、突然ゴールが五キロ延長されたような心境といえよう。加えて、人生で最も長い時間貢献してきたβ社を中途退職しなければならなくなった無念な気持ちも相当なものであった。結果的にB氏はカウンセリングの場において、無念な気持ちを吐露することで体調を大きく崩すことを妨げることができた。そして、自分の気持ちに区切りをつけてβ社を退職することができた。

定年間近で職業キャリアの片づけをしていた労働者にとって、定年延長されることで無理に働こうとしても体力・気力ともに維持できなくなることは想像に易い。また人生設計の変更を余儀なくされる場合もあろう。そのため、事業者はただ制度を充実させるだけではなく、制度変更によって（とくに直近で影響を受ける）労働者それぞれの人生物語に与える影響も考慮しておくことが求められる。

事例三　C氏　女性　二十歳代　ハラスメント、女性活躍推進

C氏は大卒新卒の総合職として入社したγ社は、男性従業員の割合が高い企業だった。C氏は数少ない若手女性プロパーとして今後の活躍を期待されて入社した。入社後は新入社員研修を受講後に予め伝えられていた配属先に配属された。配属先は、アシスタント職以外は全員男性だった。この部署にとって初めて配属された女性総合職のC氏は、新人女性であることを過剰に意識されてしまい、セクシュアルハラスメントを危惧した上司や先輩から優しすぎる（＝一見丁寧だが距離を感じる）指導を受けることとなった。

数年後、距離感のある指導を受け続けてきた結果、C氏の業務スキルは同期入社の総合職と比べて伸び悩むこととなった。その一方で、新卒採用の説明会では、γ社の女性活躍モデルケースとして、華やかに活躍しているエピソードを話すことを求められた。C氏自身は同期より成長が遅れている自覚があるが、業務命令ということで葛藤を抱えながら採用説明会に参加し続けていた。「本来は会社を代表して説明できる力量ではない」「この実績で活躍といって良いのか？」と自問するようになり、採用説明会はおろか出勤することにも恐怖を覚えるようになった。さらに、業務中に突然涙が出ることも生じたため、自発的に企業内のカウンセリングルームに来談した・・・

事例三は女性であるが故に充分な指導を受けることができず伸び悩んでいる中、女性活躍推進のモデル従業員として紹介されたことでキャリアのジレンマに陥った事例である。女性だからと過剰防衛してしまった職場側と、女性だからと過剰にＰＲしすぎた採用側の両極端な扱いに当該従業員が巻き込まれてしまったと見受けられる。

ここで職場側と採用側、それぞれの立場に分けて検討したい。まず職場側の対応について考える。これまで女性総合職を育成した実績がないという理由で男性上司たちが育成を躊躇してしまうという心情は理解できなくはない。とくに建設・エネルギー・運輸等の男性性が強固な業界の場合、この傾向は顕著であろう。ただし、女性を育成しにくいという理由で数年にわたり指導不足であったことは看過できない。当初はセクシュアルハラスメントを防ぐために距離をとっていたのかもしれないが、女性であることを理由に指導不足であったことそのものがセクシュアルハラスメントという認識は不足していた。なお、セクシュアルハラスメントは男女雇用機会均等法によって、事業主が雇用管理上講ずべき措置を講じなければならないと定められている。その内容は労働者の意に反する性的な言動が行われ、それを拒否したことで不利益を受ける対価型セクシュアルハラスメントと、性的な言動が行われることで職場の環境が不快なものとなったため、労働者の能力の発揮に悪影響が生じる環境型セクシュアルハラスメントに分類される（厚生労働省　2024b）。Ｃ氏の場合、後者の環境型に該当すると考えられる。また、合理的な理由がなく、能力や経験とかけ離れた程度の低い業務しか与えなかったり、育成を避けたりすることは「過小な要求」としてパワーハラスメントに該当する場合もある。

次に採用側に対して検討を試みたい。女性活躍推進とは、女性が個性と能力を発揮しながら活き活きと職場で活躍できる社会を目指す施策のことであり、それを実現するための法律として二〇一五年に女性活躍推進法が成立した。その内容は企業が女性労働者に対する「職業生活に関する機会の提供」および「職業生活と家庭生活との両立」の取り組みに関する情報を公表するというものである。ここで留意したい点として、同法は企業の取り組みに対する枠組み（システム）に力点がおかれていることに注目したい。同法は女性労働者たち自身の期待については深く言及されておらず、企業の取り組むべき目標について詳細に規定されている。この点について、寺井（2021）は自身が関わった調査結果をもとに、女性活躍の目的は労働者にとって「個人の希望で働き方を選択することができる制度の整備」である一方、企業にとっては「社会の公器として『女性活躍』の理念を前面に押し出しつつ、営利法人として経営戦略的な目的によってその理念を支えるもの」であると述べている。つまり女性労働者の考える女性活躍と企業が義務として目指す女性活躍は、その理念にズレが生じていることがわかる。γ社の採用担当者としても、企業側の女性活躍推進の目標達成を優先しすぎるあまり、C氏の実情を把握することなく、初めての女性総合職という事実をもって女性活躍の象徴として前面に出し過ぎてしまったように見受けられる。

C氏のカウンセリングでは、部署で初めての女性総合職として配属されたことに関して、C氏を受け入れる職場側と採用側の立場に分別して状況の整理を行った。その結果、C氏は自分のおかれている状況を理解することができ、出勤が恐いという状態は落ち着いた。一方で「自分がたまたま現部署に配属されただけで、勝手に周囲がセクハラを意識して指導が手薄になるとか、自分のことをよく知らないまま女性活躍推進のモデル像にされてしまうことは辛いものがある」と語った。本事例は関係者が多く複雑なため、C氏の許可を得たうえで心理職が職場側と採用側の双方と協議をすることとなった。関係者間の情報共有の結果、職場側はC氏に対して誠実な指導をすることを表明し、採用側もC氏の心情を配慮したうえで採用活動を手伝ってもらうことを約束してくれた。

適応と受入れの課題

前節では、産業心理臨床の現場における課題について、事例をとおしてシステム（法・制度）と多様性（多様な人材）について検討してきた。前述したように、事例で紹介した話題以外にも多様性に関するテーマは多彩である。現在、働き方改革、多様性といったキーワードを通して、多様な人材が就労できる仕組みが全国的に整いつつある。事例一は外国人学生が新たなシステム（外国人労働者の雇用制度）に乗じることで在籍企業に貢献できた事例である。これは一時的な危機はあったものの多様性をもった労働者がうまく職場に適応できた事例といえよう。しかしながら、法・制度は整いつつも、多様な人材の受け入れや対応に追いついていない職場は少なくない。その例が事例二と事例三である。心理職として悩める労働者の語りに耳を傾けてきた立場からすると、そのような職場はずいぶん多いような印象を受ける。このような職場で悩める労働者がいた場合、心情に寄り添いながら置かれている「状況整理」をしたうえで、そのテーマに関する法・制度を含めた「情報提供」と具体的な「目標の設定と介入」を行うとよい。このような手順を意識しておけば、比較的スムーズかつ的確な相談対応が可能となる。

また職場の課題として、システムとしては多様性を認めるという風潮はありながら、組織の秩序から逸脱した者を忌避しようとする排除性や画一性が共存していることも否めない。「出る杭は打たれる」という言葉があるように、組織はいわゆる「ふつう」と異なる対象に対して距離をとる場合がある。就職活動はその典型であろう。企業は個性的で多様な人材を採用すると説明しておきながら、いずれの企業も類似した定型的なエントリーシートを課す。また、画一的なリクルートスーツ着用で面接に臨むことが暗黙のルールとなっている。服装自由の場合でも個性的な服装で来社した者には厳しい評価が与えられることが少なくない。就活生たちもそれを理解しており、自由と記載されていても無難なデザインと色調のいわゆる「ふつう」のオフィスカジュアルな服装で来社する。新卒一括採用の場合、大人数を短期間で評価する必要に迫られて画一的な選択になってしまう。結果的に個性の強い就活生は高リスクとみなされて優先順位が下がってしまう。現実的な制約は多いとはいえ、多様な人材を受け入れるためには今後は受け入れ姿勢を変化させていくことも課題であろう。

おわりに──産業心理臨床の役割

ビジネスの世界では、本音と建前の矛盾、現実と理想が乖離していることも少なくない。その狭間におかれて苦悩する労働者も多い。産業心理臨床はそうした労働者たちに対して安心して働けるよう翻訳者として繋ぎ役になることが求められる。私たちは人生で最も長くかつ充実した時期である成人期の大半を働くことに費やす。すなわち産業心理臨床は「生きること」とそれを支援すること（金井

2016)ともいえる。重責ではあるが、自分自身が産業心理臨床の現場で働きがいのある仕事ができていることに感謝している。

文献

有馬教寧「高齢者の就労と生きがいに関する研究の現状と課題」『日本労務学会誌』21(3) 九二～一〇二頁 二〇二一年

坊隆史「一般的な人事制度の理解」種市康太郎・小林由佳・高原龍二・島津美由紀(編著)『産業心理職のコンピテンシー─その習得、高め方の実践的・専門的方法』川島書店 二〇二三年

金井篤子『産業心理臨床実践─個(人)と職場・組織を支援する 心の専門家養成講座⑧』ナカニシヤ出版 二〇一六年

上林憲雄・厨子直之・森田雅也『経験から学ぶ人的資源管理〔新版〕』有斐閣ブックス 二〇一八年

北村庄吾『意外とわかっていない人のための人事・労務の超基本』かんき出版 二〇二一年

厚生労働省『「外国人雇用状況」の届出状況まとめ(令和五年一〇月末現在)』厚生労働省ホームページ https://www.mhlw.go.jp/stf/newpage_37084.html 二〇二四年〔二〇二四年八月三一日アクセス〕

厚生労働省『職場におけるハラスメント防止のために(セクシュアルハラスメント/妊娠・出産・育児休業等に関するハラスメント/パワーハラスメント)』厚生労働省ホームページhttps://www.mhlw.go.jp/stf/seisakunitsuite/bunya/koyou_roudou/koyoukintou/seisaku06/index.html 二〇二四年〔二〇二四年八月三一日アクセス〕

守屋貴司「外国人労働者の就労問題と改善策」『日本労働研究雑誌』696 三〇～三九頁 二〇一八年

内閣府『令和六年版高齢社会白書（全体版）』内閣府ホームページhttps://www8.cao.go.jp/kourei/whitepaper/w-2024/zenbun/06pdf_index.html　二〇二四年　［二〇二四年八月三〇日アクセス］
総務省統計局『労働力調査（基本集計）二〇二四年（令和六年）七月分結果』総務省統計局ホームページhttps://www.stat.go.jp/data/roudou/sokuhou/tsuki/　二〇二四年　［二〇二四年九月一日アクセス］
種市康太郎「産業臨床心理学の視点から」新田泰生編『産業・組織心理学―公認心理師の基礎と実践20』遠見書房　二〇一九年
寺井基博「雇用におけるダイバーシティ&インクルージョンの意義―女性活躍推進を分析の起点として」『評論・社会科学』140　七九～一〇七頁　二〇二二年

第四部　社会

サステナビリティ概念の歴史的拡大（1）

荻《おぎ》野《の》　博《ひろ》司《し》

元本学教授、多摩大学客員教授。ジャーナリズム論、コーポレート・ガバナンス論。主な著作『日米摩擦最前線』（朝日新聞社）、『問われる経営者』（中央経済社）、『渋沢栄一に学ぶ「論語と算盤」の経営』（共著、同分館）など。

Buzzwordからの脱却

サステナビリティ（sustainability：持続可能性）の考え方は自然環境にとどまらず、企業経営や政治、国際関係など社会活動に伴う広範な領域で登場するようになっている。その結果、〝buzzword〟、すなわち、その概念は論者によってまちまちで安易に使われる決まり文句の代表例として紹介されることが少なくない（例えば、The World Energy Foundation 2014, Caradonna 2014）。たしかに積極的で前向きに受け止められる用語であることから、「平和」「正義」「保全」と同様に様々な文脈で使われるが、その意味するものは異なりがちである（World Ocean Review:2015）。本稿では、サステナビリティという用語の発生と発展、変容、定着の歴史を概観することで本来の語義を再確認し、手垢のついた常套句からの脱却を目指すとともに、これからの展開を考える。なお、本稿においては、サステナビリティとsustainability、持続可能性は同義としている。

森林管理と持続可能性

文献にサステナビリティという用語が最初に登場したのは、一七一三年にドイツで出版された『Sylvicultura Oeconomica』(二部構成)とされる。これは自然林の持続的な活用をするための手引書ともいうべきもので、著者のカルロヴィッツ(Hans Carl von Carlowitz)はザクセン選帝侯領で鉱山管理を担当する高級官僚だった。同書には現在sustainabilityと英訳される〝Nachhaligkeit〟につながる分詞〝nachhaltende〟が登場し、「後々まで保ち続ける」という本来の語義を踏まえて、森林から再生産できる以上の資源を収奪することを戒めていた(Caradonna 2014)。この著書でカルロヴィッツは「技術・科学・努力そしてこの国の規則によって我々の国では森林の維持と樹木の造成を促す。それは継続的で確固としていて持続的な利用(nachhaltende Nutzung)を、ひいては我々自身の存在を確かなものにする」と述べている(寺下 2016)。

当時、森林は燃料や建築資材などに使われる木材を提供するだけでなく、食料となる動植物など天然資源の恵みをもたらし、水資源を涵養するなど社会活動の源泉であった。伐採した材木で軍艦が建造されるほか、木材や木炭を熱源として鉱石を製錬し、得られた金属を鍛造して武器を生産することも可能となる。社会生活の基盤であるだけでなく、国家の軍事力にも深くかかわっていた。二〇世紀における石油と同等の存在だったと言えようか。それだけに森林の存亡は国家の命運を左右しかねないものであった。一八世紀後半からの産業革命でエネルギー源の首座が石炭に代わるまでの間、とりわけ近世（前近代）ヨーロッパの絶対主義体制において森林はともすれば安易な収奪、破壊的な利用の対象となりがちだった。鉱山管理の監督責任者であるカルロヴィッツは、石炭、鉄鉱石など地下資源の採掘が活発になるなかで、国力の源泉となっている森林資源が枯渇しかねない事態を危ぶんだ。そこで短期的な思考を捨て、持続可能な森林経営を求めたといえる。

村尾（2017, p.90）は、カルロヴィッツにより「木材採取業」から「木材栽培業」へと森林利用の大転換が進んだとする。単なる収奪から森林の保護、育成に重心が移り、短期的な視点は将来世代を考えた中長期なものに転換したわけだ。ドイツ政府や同国の森林関係団体は著作の刊行三〇〇年となる二〇一三年前後にいくつもの記念行事を開催し、ザクセン州フライベルグでは一二年に世界フォーラムも開かれている。二一世紀の世界を席巻しているサステナビリティ概念の発祥の地であるとともに、ＥＳＧを重視した企業経営や政策運営の先進国としてのドイツの誇りがうかがえる。

日本においても明治中期には、この考え方が制度として持ち込まれている。ドイツ・ターラント高等山林学校で林学を学んだ農林官僚、志賀泰山が中心となって起草した農商務省訓令一七号（明治二四〈一八九一〉年四月）の第一条では「森林ヲ保護シ之ヲ永遠ニ保続」と森林行政の基本がうたわれたが、これが〝Nachhaligkeit〟が日本林学に移植された嚆矢と見られる。以来、〝Nachhaligkeit〟の日本語訳「保続」は森林行政や林業の金科玉条とされている。狭義では「対象とする森林において、毎年(もしくは一定期間ごと)、同じ量の木材を収穫し、これを永久に続ける」という収穫の持続性として使われ、広義には「森林の持つ諸機能が永続的・恒常的に維持されなければならない。また、それを支える土地の生産力(地力)を維持しなければならない」ということである。これは森林学における持続可能性の原則と呼ばれる(森林総合研究所　2020)。

社会、経済、環境の関連性を幅広くとらえ、人類はそのなかの一構成物でしかないと考える現在の用例とは異なり、あくまでも森林の効用を最大限に引き出すための手法を述べたに過ぎない。そのため功利的あるいは道具的な思想という批判も成り立ちうる。とはいえ、「現世代の人々は、自分たちと同等以上の恩恵の享受を将来世代に対して約束するような現時点の利用の仕方に努めるべきである」(飯塚　1999)という意味では、現在のサステナビリティ論につながるものといえよう。Grober (2012, p.116) はドイツの行財政学(当時の官房学)の大家ユング＝シュティリング(Johann Heinrich Jung-Stilling)の一七九二年の著作を踏まえて、「持続的な収穫とは、森林が元の状態に回復することが望める量を上回りも下回りもしない水準で毎年伐採することで、これにより子孫の代の需要も確保できる」と述べている。需要の低迷や労働力不足、地域の高齢化で必要な伐採がなされないまま、荒れ放題になっている現代の日本の林野を考えたとき、示唆に富む指摘というほかない。

いうまでもないが、こうした自然への取り組みはカルロヴィッツが創始者というわけではない。持続可能性という概念そのものは、人類が社会的な活動を拡大するなかでおのずと定着したと考えられる。逆に言えば、そうした基本を守らない民族や種族は森林の恩恵を享受できなくなり、姿を消していった。パプアニューギニアの高地で森林に頼って暮らす人々は、再生産に見合った資源の消費を心がけることで、絶滅することなく四万六〇〇〇年にわたり部族を保ってきた（Caradonna 2014）。また、星川（2005, p.18）によれば、北米のイロコイ族において、あらゆる会議の冒頭で「人間を取り巻く森羅万象への感謝を捧げ、七世代後の福利まで配慮した決定を誓う」とされる。いずれも我々が現在論じている持続可能性に通じる一面を示している。

こうした文脈から江戸時代の日本が紹介されるのも驚くに当たるまい。Grober（2012, p.86）は、江戸時代初期の津軽藩主、津軽信政が「家族と子孫のことを大切にすべし」との基本精神のもと万物は木・火・土・金・水の五種類の元素からなるという五行説を踏まえて、自然との向き合い方を説いたことを紹介している。信政は「木」を「万民性命を養う助となる竈の本」であると位置づけ、それ故に山を大切にしなければならないとしている。領内の山林の乱伐を防止するために留山の制を定め、御用木の生産母体としての役割にとどまらず、領民たちの生活に資するものとして山林をとらえていたと考えられる。

また、岡山藩主、池田光政に仕えた熊沢蕃山は「山河は国の本なり。近年、山荒れ、川浅くなり、これ国の大荒なり」と徹底した森林保護政策を求め、幕府による「諸国山川掟」のさきがけとなったとされる（関・進士　2009）。こうした持続可能性を意識した政策は、尾張藩や米沢藩など各地でみられ、しかもカルロヴィッツの著作に先行している例さえ少なくない。森林に依存する世界の各地において、同様の考え方が定着したことは想像に難くない。

カルロヴィッツの著書の第二部一一章では「珍しい樹木」が紹介されており、日本について「たくさんの天然林と人工林があり、様々な用途がある。この賢明な民族は、いくつもの木を外国から移植することさえためらわなかった」と進取性を評価したうえで、代表する樹種としてトウヒやマツが取り上げられている（寺下　2016）。このことから見ても、鎖国状態の日本を含めて世界各地の森林管理に関心を寄せ、丹念に情報を集めるとともに自らの思想を固めていったことがうかがえる。

産業革命による変容

石炭をエネルギー源とする産業革命が欧州で始まったことにより、社会は一変する。森林の重要性はおのずと低減し、〝Nachhaligkeit〟、すなわち「保続」は長らく森林にかかわる分野に閉じ込められた用語となる。それがサステナビリティとして、社会の潮流の最前線に躍り出るには二〇世紀後半まで待たねばならなかった。

もちろん持続可能な社会の在り方をめぐる議論は、用語の有無にかかわらず大きく発展していた。人口問題から警鐘を鳴らした経済学者としてはマルサス（Thomas Robert Malthus）をまず挙げなければなるまい。一八世紀末、幾何級数的に伸びる人口の増加率と算術級数的な食料増産率の相違から貧困や社会的混乱が発生し、人口増加の停止点が訪れると主張した。またジェボンズ（William Stanley Jevons）は、豊富な石炭があるために消費が必要以上に喚起され、資源枯渇につながるという「ジェボンズのパラドクス」を提起し、いくら効率的な利用を進めても、それだけでは資源量の減少はとどまらないことを指摘している。

一連の功利主義者や古典派経済学者においても、持続可能性にかかわる命題はさまざまに論じられている。無限に拡大する経済システムについて懐疑的なミル(JohnStuart Mill)について、近年の研究者であるJackson(2009: p.124)は「より多くの資金と物資があったとしても必ずしも人々をより幸福で充足させるわけではないと指摘した最初のエコノミストである」と評価している。

マーシャル(Alfred Marshall)、ピグー(Arthur Cecil Pigou)、ケインズ(John Maynard Keynes)ら、後の世に大きな影響を及ぼした泰斗が、成長の限界や持続可能性について多面的に検討を加えてきたことは確かだ。ただ、地球規模での環境問題に軸足を据え、さらに社会問題の在り方を問うサステナビリティ論の本格的な展開には至らなかった。

「宇宙船地球号」の認識

一九六二年、米国の海洋生物学者カーソン(Rachel Louise Carson)の論考「沈黙の春(Silent Spring)」が雑誌『ニューヨーカー』に掲載され、ＤＤＴなどの農薬や殺虫剤がとめどなく使用されたことによる生態系への影響を世に問うた。衝撃的なタイトルもあいまって大きな反響を呼び、米ケネディ政権以降の環境規制につながる。サステナビリティが森林学の殻を破る時期がやってきた。

こうした変化は、国際的に権威のあるOxford English Dictionaryにみて取ることができる。それまで経済用語としての限定的な用法にとどまっていたsustainableが、六五年には一般的な形容詞と位置づけられるようになり、七〇年代初期には名詞のsustainabilityもそこに加わったとの指摘からもその変化が推測されよう。なお、英語の学術文献においてsustainabilityをタイトルにしたものは、七〇年代半ばまでほぼ皆無だったとされる(Caradonna 2014)。

七二年に国連人間環境会議がスウェーデン・ストックホルムで開催された。背景には、五〇年代から六〇年代に起きた地球規模での急速な経済発展が大気汚染や水質汚染をもたらしたことへの反省や将来への危機感があった。日本でも水俣病に代表される公害が大きな社会問題として注目されるようになった時期である。地球を「宇宙船地球号」ととらえ、人口や天然資源、環境資源などが複雑に相互依存していることを認識し、有限かつ一体のものとして協力して守らなければならないという認識が広がっていた。経済発展を最優先してきた先進国にとどまらず、途上国でも大気や水資源など生活に欠かせない環境の悪化が深刻化し、それが貧困からの脱出を阻む現実が眼前にあった。

会議の直前に発表された民間シンクタンク・ローマクラブの『成長の限界』は、地球という有限な世界のなかでの経済成長の行く着く先をひとつのモデルとして示し、世界に大きな衝撃を与えた。そこでは食料や資源の制約から一〇〇年以内に成長は限界に達すると結論付けていた。この報告書において、持続可能性の考え方が登場し、それらはもはや森林学など限定された領域に適用されるものではなく、地球規模で取り組む課題となったことを示した。

報告書は、「人類は、まったく新しい形の人間社会―何世代にもわたって存続するようにつくられる社会―を創造するのに、物的に必要なすべてをもっている」としたうえで、「望ましい持続可能でグローバルな均衡状態に達するための現実的な実践策について語るべきものをほとんど持ち合わせていない。より多くの討議、幅広い分析、新たな構想が不可欠である」として、現行の成長第一主義からの転換を後の世代に託した。サステナビリティは新たな段階に入った。

七二年、スイスの技術者で起業家であるバズラー（Ernst Basler）は著作Strategy for Progressにおいてサステナビリティの用語を紹介し、その重要性を訴えかけている。「彼こそは、未来をにらんだ宇宙船の隠喩と成長の限界という極めて今日的な論議に、林業の管理の基本原則であるNachhaltigkeitを一体化した最初の人物である」とGrober（2012: p. 160）は断言する。林業での「保続」専門家との交流のなかからバズラーは、このサステナビリティという用語を知ることになったとされる。彼がドイツの高級紙に投稿した論考の見出しには〝Erstes Merkmal: Nachhaligkeit〟（第一の指標：サステナビリティ＝筆者訳）がうたわれた。

概念の拡大と深化

ローマクラブの主張に対しては、遠い未来の不確実な物理的限界に焦点を当てているだけで、すでに世界が直面している社会的な限界を見過ごしているという批判が当初からつきまとっていた。七〇年代には先進国と途上国の経済的、社会的格差や各国が抱える社会的な不均衡が深刻な問題として表面化しており、現在のサステナビリティが問う社会、環境、経済のバランスについての議論の萌芽が随所に顔をのぞかせるようになった。

さらにその議論を深化させ国際社会のアジェンダとして位置づけたのが、八七年のブルントラント報告である。八三年、国連のデ・クエヤル事務総長のもとに環境と開発に関する世界委員会が設けられ、委員長にはブルントラント(Gro Harlem Brundtland、委員長在任中にノルウェー首相に復帰)が就いた。

環境破壊と貧困、人口増加が相互に絡み合うことで生じる問題を幅広く検証し、報告書「我ら共有の未来」を発表した。ここでは「持続的な開発」に一章を割いている。その定義を「将来の世代の欲求を充たしつつ、現在の世代の欲求も満足させるような開発」としたうえで、カギとなる二つの概念を提起する。ひとつは、何にもまして優先されるべき世界の貧しい人々にとって不可欠な「必要物」の概念であり、もうひとつは技術や社会的組織のあり方によって規定される、現在と未来の世代の欲求を充たせるだけの環境の能力の限界についての概念である。

具体的にいえば、我々の世代が石油や石炭、天然ガスなどの資源を制約なく使うことで枯渇させたならば、将来の世代の経済的な発展は望めないことから、必要な開発と環境や資源の持続可能性を両立させなければならないという訴えである。こうした開発を進めるにあたっては、世代間の社会的公平のみならず各世代のなかにおける公平性も配慮されることを求めている。

九二年にブラジルのリオデジャネイロで開催された「国連環境開発会議」では、これまで自らの発展を最優先して自然環境を破壊してきた先進国が環境と資源保全のために世界的に開発を抑制しようとすることに対して、開発に邁進している途上国が強い反発をみせた。その後の温暖化問題における、温室効果ガスの排出規制をめぐる論争と同じ構図である。両者の対立を止揚して作られたのが、リオ宣言とその行動計画にあたる「アジェンダ21」であった。リオ宣言の第一原則 において、「人類は持続可能な開発への関心の中心にある。人類は、自然と調和しつつ健康で生産的な生活を送る資格を有する」としたうえで、持続可能な開発ならば、保全と開発は両立するとの考えを示している。「環境保全の枠の中で経済発展をしようというもので、人類にコペルニクス的転換を要求している」と、当時、環境学者の宮本(1992, p.9)は評価している。保全の視点を欠いた開発では、持続的な発展は望めず、一方で開発なき保全では人類の成長に資する価値はみいだせないというのだ。

企業経営との結合

九〇年代は企業による経済活動とサステナビリティが深く結びつく時期でもあった。九九年にロビンス(Amory Bloch Lovins)らが執筆した『Natural Capitalism: Creating the Next Industrial Revolution』は自然資本という概念をもとに、たとえそれが交換価値を認められていなくとも、固有の価値があるとしたうえで、そうした環境に配慮した企業経営こそが新たな資本主義のなかで成功を収められるとした。九四年にエルキントン(John Elkington)が提唱したトリプルボトムライン(Triple Bottom Line)はロビンスの主張を実務の世界に落とし込み、経営とサステナビリティを一体で評価する重要な視点を提示した。経済(E：収益)、社会(S：社会的厚生と公正)、環境(G：持続可能性と環境価値)の三点から経営を再評価することを求め、旧来の経済利益一辺倒の考え方に転換を迫った。これらを充足できる経営でなくては、長期的に競争力を保ち、収益を持続することはできないとの主張には説得力があり、欧州など先進国の経営層に賛同者を増やした。

またリーズ(William Rees)らが開発したエコロジカル・フットプリント分析(Ecological Footprint Analysis)は、特定の社会単位が自然に及ぼす負荷を、資源の再生産や廃棄物の処理・浄化に必要な陸地や水域の面積として示している。具体的には、化石燃料の消費によって排出される温室効果ガスを吸収するために必要な森林面積、道路や建築物等に使われる土地面積、食糧の生産に必要な土地面積、紙や木材等の生産に必要な土地面積の総和で示される。二〇一八年以降はその面積が実際の面積を六〇~七〇%程度上回っているとされ、政府や企業、市民は行動の変容を迫られている。社会的な公正さなど、国家や社会、個人で異なる価値観を前面に出すことなく数値を示したことで、これまでサステナビリティを市場経済への障害物のようにとらえがちだった経済人の意識を変えることになる。

二〇〇二年、人類が生態学に与える影響力の増大を踏まえた新たな用語が登場する。現時点の地球を表す地質学的な用語として、アントロポセン(anthropocene:人新世)が、ノーベル化学賞受賞者のクルッツェン(Paul Jozef Crutzen)らによって提唱されたのだ。環境問題にとどまらず、社会活動の全般にわたってサステナビリティの視点が求められるようになった背景には、このままでは我々が依拠する地球環境を危うくしかねないとの現状認識を踏まえた様々な判断指標の開発、それによる危機意識の深化が大きくかかわっている。

一九六〇年代から七〇年代にサステナビリティを志向した人々と現在の論者との違いは何か。

Cardonna(2014:p.211)は評価手法の開発や実践、開発至上主義の経済システムに対する代替策の提示の有無にあると指摘する。観念論から脱却し、実際に開発を急がざるを得ない途上国や企業にも対応を迫れる具体性が伴ったというのである。さらに二一世紀に入り、サステナビリティの議論では社会的な公正や格差の解消を求める傾向が強まっている。民主的な手続きに欠け、無秩序な開発や資源の収奪が横行する社会がある限り、地球規模での持続可能性は望めないからである。

二〇〇六年、国連環境計画・金融イニシアチブ(UNEP FI)が提唱して生まれた責任投資原則(ＰＲＩ)は機関投資家が投資決定をする際に、ＥＳＧを考慮するように求め、六つの投資原則を掲げた。各企業が地球環境の保全、社会問題の解決、ガバナンス環境の改善に取り組んでいるのかを考慮することを求める国連の姿勢が反映している。

① 投資分析、意思決定過程にＥＳＧ要素を組み入れる
② 「モノ言う株主」としてＥＳＧを株式保有の政策、実践に組み入れる
③ 投資先にＥＳＧの情報開示を求める
④ 資産運用業界にＰＲＩが受け入れられ、実行されるように働きかける
⑤ ＰＲＩの効果を高めるため協働する
⑥ ＰＲＩの活動と進捗状況を報告する

その前年にUNEP FIが英国の法律事務所Freshfields Bruckhaus Deringerと協力して報告書(Freshfields Report)をまとめた。ESGが投資方針に組み込まれた場合の影響について整理したものである。ESG要素と企業業績の関連性はますます深まっており、ESGを投資の際に検討することは受託者責任と整合的であるとしたうえで、長期的視点を無視することこそ受託者責任に反すると結論付けている。サステナビリティの内容を分かりやすく分解したESGが経営や投資の世界に登場する原動力となり、PRIの策定につながる環境が整えられた。

サステナビリティ経営の台頭

一九八〇年代以降、メセナやフィランソロピーに加え、CI（コーポレート・アイデンティティ）、CSR、CSVと社会的な課題に関わる会社の在り方を論ずる動きは起きた。日本において、二〇〇三年がCSR元年とされたのも記憶に新しい。

欧米での株式会社の歴史をたどれば、一七世紀の勅許主義の時代から一貫して国家的な課題を解決し、社会の厚生を高めるべき存在であるのが原則だった。そうした流れを踏まえれば、現代の企業がサステナビリティを自らの課題と考えるのは当然の帰結といえる。市場経済のもとではともすれば短期的思考にとらわれがちであるが、長期的視点を忘れず、ステークホルダーを含む企業組織さらには社会全体の課題に取り組むことが、結局は自らの存続すなわちサステナビリティを高めることにもつながる。

そのことは日本企業も同様であり、それも個社の取り組みにとどまるものではない[2]。二〇一三年以降の政府主導でのガバナンス改革のなかで、この流れは勢いを増している。「日本版スチュワードシップ・コード」の二〇年再改訂版の原則1において、機関投資家の責任のひとつとして、「投資先企業やその事業環境等に関する深い理解のほか運用戦略に応じたサステナビリティ（ＥＳＧ要素を含む中長期的な持続可能性）の考慮に基づく建設的な『目的を持った対話』」が挙げられるまでになっている。

また、二一年に改訂された「コーポレート・ガバナンスコード」も、【原則2―3 社会・環境問題をはじめとするサステナビリティを巡る課題】において、上場会社に対して社会・環境問題をはじめとするサステナビリティを巡る課題について、適切な対応を求めた。補充原則2―3①では、サステナビリティの課題として「気候変動などの地球環境問題への配慮、人権の尊重、従業員の健康・労働環境への配慮や公正・適切な処遇、取引先との公正・適正な取引、自然災害等への危機管理など」と列記している。これを踏まえて、補充原則3―1③では自社のサステナビリティについての取り組みを適切に開示することを求めた。取締役会と執行部門に対しては連携してサステナビリティへの取り組みを実践することを求め、その内容を開示を通じて証券市場、投資家に評価させるという構造である。

宮島（2022:p.84）は「企業統治改革がＥＳＧを含む持続的成長に及ぼした貢献の点では、情報公開や取締役会の多様性の実現を求めたＣＧコードは、企業がジェンダー・ダイバーシティの実現や地球温暖化に取り組む契機を与えた」と評価する。

国際的な機関投資家の団体であり、メンバーの総運用資産が七七兆ドル（二〇二四年現在）に達する国際コーポレート・ガバナンス・ネットワーク（International Corporate Governance Network：ICGN）は二〇二一年九月にガバナンス原則を改訂し、そのなかで新たにサステナビリティ・ガバナンスに関する記載を加えた。そこでは取締役会ならびに企業の戦略、オペレーション、監督とサステナビリティの統合を図る取締役会の責任の明確化が求められている。ICGNには日本からも三井住友信託銀行など有力な機関投資家が参加しており、国内企業への影響は小さくない。我が国における両コードの改定はこうした国際的な流れに平仄を合わせたものと言えよう。

二〇二一年九月には情報開示基準を策定する主要五団体（CDP、CDSB、GRI、IIRC、SASB）が包括的な企業報告の実現に向けて協働する方針を打ち出し、気候変動に関する基準の草案が、国際サステナビリティ基準審議会（ISSB）から公表された。多様なサプライチェーンを構築して事業活動をしている日本企業にとっては、開示ルールの変更や深化に無関心ではいられない。取締役会や経営陣はこうした動向に鋭敏に反応し、実際の経営に落とし込むことが求められている。

国際政治からの挑戦

自国内にとどまって環境保全を唱える時代は終わり、国際政治の場でも積極的に発言することが当然視される。すでにスイス憲法（二〇〇〇年一月改正）では、第二条第二項において、持続的開発が盛り込まれている。"It shall promote the common welfare, sustainable development, internal cohesion and cultural diversity of the country."（スイス政府訳）。サステナビリティが政治の場にしっかりと根を下ろしてきたことの証左のひとつといえよう。

こうしたなかで注目すべきなのが、国家・企業・市民との関係におけるサステナビリティの要素として人権を重んじる動きである。ESGを考えるならば、社会問題の中心課題である人権を対象にするのは当然の帰結といえよう。そこで生まれたのが、国連事務総長特別代表だったジョン・ラギー・ハーバード大学教授が〇八年に国連人権理事会に提示した「保護、尊重および救済の枠組み」（ラギー・フレームワーク）、一一年に同理事会において全会一致で支持された「ビジネスと人権に関する指導原則」（UNGP : United Nations Guiding Principles on Business and Human Rights）である。

ラギー・フレームワークが提示する三本の柱は、①国家による人権尊重のコミットメント②企業による人権デューディリジェンス（HRDD : Human Rights Due Diligence）の実施③侵害が発生した場合に是正を可能とするプロセスの設置である。国連の加盟国政府にとどまらず、そこで活動する企業にも応分の責任を求めている。

すでにラギー・フレームワークとUNGPは、ISO 26000（一〇年）やOECD（経済協力開発機構）の多国籍企業行動指針（一一年）、持続可能な開発目標（SDGs：一五年国連サミットで全会一致で採択）に反映されている。各国は行動計画を作ることを奨励されており、日本政府も二〇年に策定した。サステナビリティへの関心が高まる中で、「ビジネスと人権」が二〇二〇年代の大きなテーマとなったことは間違いない。

環境から社会問題に領域を広げたサステナビリティ論が伴う、危うさも指摘しなければならない。中国に代表される強権国家が増え、国家数では民主主義国九一、強権国八八とほぼ同数だが、人口比では七一％を占めているという見逃せない指摘がある（V-Dem:2024）。二四年推計では、中国のように外形的には選挙制度があったとしても政権交代が極めて難しく、民主的な手続きが軽視される国・地域は五五を数え、これに形式的な選挙さえ存在しない国・地域三三を加えると八八か国・地域で民主主義が軽んじられていると結論づけられる。これに対して自由選挙を基本とする民主国家・地域は数では拮抗しているが、総人口では圧倒されている。こうした強権国家群は、外延を大きく拡大したサステナビリティの実践において厄介な存在となりかねない。

環境問題にとどまる限りにおいては、強権国家群は自国の威信を示し、競争力の拡大にもつながる好機ととらえ、民主国家にはない強制力をふるって政策の実現に邁進することも期待できよう。地球規模での温暖化対策を掲げたパリ協定に対する、米トランプ政権と中国習近平政権の姿勢の違いはその一例であった。

しかし、それが社会問題の解決や公正なガバナンスの履行まで求められる段階となると、強権国家にとっては極めて不利益になりかねない状況が予想される。国際社会から格差問題の解消や民主主義の徹底まで求められるとなれば、一転してサステナビリティ重視という国際社会の流れに背を向け、強い抵抗に転ずることは想像に難くない。ウイグルなど少数民族問題での中国の頑なな姿勢は、そうした危惧が現実のものであることを示す。

まとめ

カルロヴィッツの精神を受け継ぐドイツ連邦森林法では、森林の機能として経済的な効用（利用機能）、環境とりわけ自然の循環系への持続的な給付能力（保全機能）、さらには住民のレクリエーションへの貢献を挙げ、森林を維持し必要に応じて増加させるとともに、秩序に即した森林の施策を持続的に確保することを求めている（山縣訳 1993）。環境、社会、そしてガバナンス（ＥＳＧ）を踏まえた森林政策を目指していることになる。

欧州委員会は二一年一一月、森林破壊の防止を目的とした「デューディィリジェンス義務化規則案」をまとめた。商品作物用農地の拡大に伴う森林破壊を防ぐための規則で、サステナビリティ推進を掲げた欧州版グリーンニューディールの一環との位置づけである。

対象となるのは、大豆、牛肉、パーム油、木材などで、これらをＥＵ市場に供給する企業は、二〇年一二月三一日以降の森林破壊によって開発された農地で生産されていないことと、生産国の法令を順守していることを確認するための事前確認作業（デューディィリジェンス）を実施し、輸出先政府に報告書を届け出ることが義務付けられている。

森林保全の視点から生まれ、二〇世紀半ば以降は対象を深く広く拡張したサステナビリティだが、三〇〇年余を経た今も原点である森林資源の在り方をも厳しく問うている。

とはいえ、森林政策から始まったサステナビリティ概念の拡大は、グローバリズムの進展とともに国際社会の最前線に躍り出た。その実践こそが、アントロポセン（人新世）での人類の存続に不可欠であるが、民主主義勢力の退潮、強権国家の台頭という国際環境の変容により、新たな挑戦に直面しているといえる。

冒頭に述べた通り、サステナビリティの多義性を認識したうえで、無原則な外延の拡大を抑えて、課題解決の焦点を明確にすることが必要になっている。そこでは地球規模で考えるグローバル主義、国家単位で行動する国際主義が併存するのは避けられないが、前者の視点を重視し、それを補完する形で後者を位置づけなければ、国家の利害関係のなかでサステナビリティは都合よくつかわれるだけのbuzzwordに終わることになりかねない。

サステナビリティ意識の浸透、ＥＳＧの実践には市場との親和性は欠かせないが、目新しいビジネス用語にとどまらせてはならない。サステナビリティ経営を自社の「ゴーリング・コンサーン」と混同している議論も耳にする。あくまでも地球の課題解決に国家、企業、市民がともに取り組み、その結果として企業活動も持続が可能になるという順序立てた思考法を見失ってはならない。

注

（1）本稿は、日本経営倫理学会『サステナビリティ経営研究』創刊号に掲載された論文をもとに加筆、修正を加えたものである。

（2）例えば、女性の育児休暇制度などの充実を急ぐソニーは、制度の説明会に女性社員だけでなく、その配偶者にも参加を求めている。社員でない男性にまで参加を求めるのは、自社が進める女性の労働環境の改善に、配偶者が在籍する会社がフリーライドしていることへの疑念からであり、夫婦が自社の理念を十分に理解してもらうことで、こうした不合理を少しでも減らし、企業社会全体で改善を進めることを目指しているからという。個々の会社組織を超え、幅広い視点からESGの問題に取り組むことが求められている。

参考文献

Caradonna, J. L.(2014). Sustainability: A History. NY: Oxford University Press.
Carson, R.(1962). Silent Spring. Boston: Houghton Mifflin.
Grober, U.(2012). Sustainability: A Cultural History. Devon, UK: Green Books.
Jackson, T. (2009). Prosperity Without Growth. London: Earthscan.
United Nations Human Rights Office of High Commissioner (2011). Guiding Principles on Business and Human Rights
飯塚寛「松野礀と志賀泰山」『森林計画誌』第32号48頁、一九九九年。
大倉季久「脱市場社会のサステイナビリティ」『サステイナビリティ研究』第9巻29頁、二〇一九年。
環境と開発に関する世界委員会『地球の未来を守るために』福武書店、一九八七年。
森林総合研究所『生物多様性に配慮した森林管理テキスト（関東・中部版）』国立研究開発法人森林研究・整備機構森林研究所、二〇二〇年。

関智子・進士五十八「熊沢蕃山の環境保全論が岡山藩における山林保護政策に与えた影響について」『ランドスケープ研究』第72巻第5号七七七頁、二〇〇九年。

寺下太郎「カルロヴィッツ300年」『林業経済』第69巻2号二五頁、二〇一六年。

星川淳『魂の民主主義 北米先住民・アメリカ建国・日本国憲法』築地書館、二〇〇五年。

松波秀実『明治林業史要』大日本山林会、一九一九年。

宮島英昭「日本型モデル2.0に向けて」『証券アナリストジャーナル』第60巻2号八〇頁、二〇二二年。

宮本憲一「持続する発展と農山村の再生」『学士会会報』第797号八頁、一九九二年。

山縣光晶訳「ドイツの森林法と助成措置」『熱帯林情報』第2巻一頁、一九九三年。

村尾行一『森林業　ドイツの森と日本林業』築地書館、二〇一七年。

メドウズ、D.H.他『成長の限界―ローマ・クラブ「人類の危機」レポート』ダイヤモンド社、一九七二年。

Web資料

Brightman, M & Lewis, J (2017). Introduction: The Anthropology of Sustainability: Beyond Development and Progress, 二〇二二年二月一日アクセス。https://www.researchgate.net/publication/318904554_Introduction_The_Anthropology_of_Sustainability_Beyond_Development_and_Progress
Meadows, D. H. et al. (1972) The Limits to Growth: A Report to The Club of Rome, 二〇二二年二月十五日アクセス。
https://web.ics.purdue.edu/~wggray/Teaching/His300/Illustrations/Limits-to-Growth.pdf

Stofleth, D.（2017）A Short History of Sustainable Development, 二〇二二年二月十五日アクセス。
http:// rethinkingprosperity.org/a-short-history-of-sustainable-development/
V-Dem（2024）Democracy Report 2021, 二〇二四年年八月二四日アクセス。
https://www.v-dem.net/documents/43/v-dem_dr2024_lowres.pdf
The World Energy Foundation (2014) A Brief History of Sustainability, 二〇二二年二月二十日アクセス。
https://theworldenergyfoundation.org/a-brief-history-of-sustainability
World Ocean Review(2015) Living with the oceans. 二〇二四年年八月二四日アクセス。
https://worldoceanreview.com/en/wor-4/concepts-for-a-better-world/what-is-sustainability

日本の「社会システム」と多様性

勝田《かつた》　晴美《はるみ》
元本学教授。
現在は、近現代日本の発展の歴史を社会学的視点から研究している。
著書『職場という「場」』（『場のコスモロジー』双文社出版刊）ほか。

「社会」とは

「社会システム」という言葉は、日常あまり使われることはないが、学問的議論で、とくに社会学の分野では山ほど多くの著作や論文のテーマになっている。しかし、なぜ身近なものにならないのかという最大の理由は、「社会」も「システム」も目に見えないし、手で触れることもできないからかもしれない。

社会ではなく（文字を逆転させて）「会社」と言えば、社長や重役たちの顔を思い浮かべる人もいるだろうし、オフィスのあるビルや工場に実際に行くこともできる。また「世間」なら、口うるさい近所の人や職場の同僚や取引先の担当者の顔が出てくるかもしれないが、「社会」となると具体的な姿を想像することは難しい。SNS（ソーシャル・ネットワーク・サービス）になじんだ世代の若者なら、「ソーシャル＝社会的」なものが身近かになっているかもしれないが、匿名でコメントしてくる誹謗中傷者には顔がない。

しかし、社会の存在を強く感じる瞬間は確かに存在する。一例をあげると二〇二〇年三月末、当時のイギリス首相ボリス・ジョンソンは新型コロナウイルス感染症（COVID-19）で重症化した末、生還し職務に復帰した際に、「社会なるものは本当に存在している（there really is such a thing as society）」と発言した。この言葉は、同じ保守党の元首相でジョンソンもその政治思想を継承しているとみられていたマーガレット・サッチャー（首相在任一九七九年〜九〇年）の発言を正面から否定したものだった。サッチャーは一九八七年に『ウーマンズ・オウン』という女性誌のインタビューの中で、「社会なるものは存在しない（there is no such thing as society）。存在するのは個人としての男であり、女であり、そして家族である。」という徹底した個人の「自己責任」を強調する発言をしている。

ジョンソンがサッチャー発言を否定した正確な理由は不明だが、パンデミック最中の首相会見で掲げ続けたスローガンの一つは「われわれのNHS（国民保健サービス）を守れ」（他の二つは「スティ・ホーム（外出自粛）」「セイブ・ライブズ（生命を救え）」）であった。そこから考えれば、医師・看護師・検査技師など多様な職種の医療従事者が自分個人の職務に忠実に従事し、さらに自発的なボランティアが自分個人の意思で参加することで、「新型コロナ」克服という共通の目的に向かっているという姿を見て、そこに「われわれ」という仲間意識が存在する実感をいだき、「社会」の存在を確信したのかもしれない。

社会とは、目に見える多様な個人の営みが、その動機がたとえ個人的なもの、例えば自分の達成感のため、あるいは家族の生活のためであっても、十分に果たされ、その結果が多くの人々に共通する目標の達成に近づく効果をもつことで、実感されるものなのだろう。それを「社会的分業」と言ってもいいし、古くから日本で言われる「世のため、人のため」の「世」が、「社会」にあたると考えていいのかもしれない。そして自分の営みに対し、目には見えなくても、多くの他人の営みが関わりあい、支えとなっていることに気づくとき、自分自身を含む人々の集まりとして「(われわれの)社会」の存在を確認することになるのだろう。

「社会システム」の同質性と多様性

「システム」は「社会」と同じく目に見えないが、よりはるかに厄介な言葉である。もともとシステムとは、古代ギリシャ語で「組み立てた物」というだけの意味であり、複数の要素が互いに関連を持ちながら結びついているものに対して自然科学、社会科学、工学など、多くの学問分野で用いられている。それゆえ分野ごと、文脈ごとに、「系」、「体系」、「系統」、「体制」、「方式」、「制度」、「機構」、「組織」など、さまざま翻訳がされてきたし、翻訳をあきらめて、「システム」というカタカナ語のまま使われることも多くなっている。

社会との関連に限ってみても、社会全体が一つのシステムになっているという見方からの「社会システム論」が盛んに議論されているのと同時に、例えば「雇用システム」だとか「家族システム」、また「結婚というシステム」といったように、社会の一部分がまた独自のシステムになっているという表現（「サブシステム」とも呼ばれる）もよく見られる。法律や契約書のように成文化されたものや、組織図・機構図のように図式化されたものは目には見えるが、それらはシステムの構成要素の一部であって、システムそのものではない。やはり社会のシステムは実感しにくいものである。

そこで社会を考える場合、目に見える他のシステムで観察されることからの類推（または比喩、アナロジー）で説明されることが多くなる。類推のもとになるものには、主に二つの系譜があり、一つは「機械システム」からの類推であり、もう一つは「生命（生物有機体）システム」からの類推である。

機械は、いうまでもなく人間が設計して組み立てたシステムであり、特定の目的を達成するため最も効果的と考えられるしくみを内蔵している。社会、とくに「産業革命」以降急激に変化してきた現代社会は、この人工的な機械システムと類似した性格を感じられることがある。別に学問の歴史を追いかけるつもりはないので、この観点から現代社会のシステムを論じた人物を一人だけあげておく。それは十九世紀から二〇世紀への転換期を生き、「新型コロナ」を上回るパンデミックだった「スペイン風邪」で亡くなったドイツの学者マックス・ヴェーバー（ウェーバーとも表記される。一八六四～一九二〇）である。

ヴェーバーの残した研究成果は膨大で広範囲に及んでいるが、その一つ「官僚制」の議論を取り上げてみよう。官僚制（ビューロクラシー）とはいっても、官公庁などの公的行政機関に限ったものではない。もともと「ビューロー」は「書き物机」のことなので、多くの人が働く大規模なオフィスなら、民間企業の組織でもあてはまる。多くの職員がいて、そのうちの誰が業務の担当者になっても、一定の同じ範囲内に収まる決定が予測できる（これをヴェーバーは「計算可能性」と表現している）。同じ環境で同じ課題に対し、同じ決定を出せるというのは、まさに「機械的」である。同時に職員個人には、ある一定の範囲から外れない（逸脱しない）「同質性」が求められる。

そして組織それ自体は、一定のコストに対するパフォーマンスの比率（レシオ）を極大化するように設計された「合理的（ラショナル）」なものとして組み立てられているが、環境や課題が変化した結果、規則や前例にのっとって決定の時間効率を上げる「形式的合理性」は保たれても、パフォーマンスが意味を失って「実質的合理性」に反することが起こりうる。絶えず調整と改造によって最適さを維持する必要がある点も、「機械」に類似している。

こうした機械システムからの類推は、あまり意識されないまま「社会のメカニズム」とか、選挙の際の「集票マシーン」といった表現で、いろいろな分野の人々に浸透している。より日常的には「会社の歯車」という自覚も存在するだろう。ただし、上からの指示を何も考えずにただ伝えるだけで「歯車」になるわけではない。どうしたら「合理的組織」であり続けられるか、さらに社会全体をいかに円滑に回していけるかを常に判断して決定することが、「歯車」としての個人には求められているのかもしれない。

ヴェーバーは、現代のように高度に産業化がすすむ社会では、組織の合理的な「機械化」が進行すると考えたが、全く異なる類推によって社会のシステムを説明していこうという系譜もある。それが「生命システム」からの類推であり、起源としては「機械システム」からの類推より以前の時代に遡ることができる。その原点ともいえるのは、一九世紀イギリスの学者で、当時の日本にも、「社会有機体説」と「社会進化論」によって強い影響をもたらしたハーバート・スペンサー（一八二〇〜一九〇三）である。

スペンサーは同時代のチャールズ・ロバート・ダーウィン（一八〇九〜一八八二）とその著書『種の起源』（一八五九）に刺激を受け、社会のシステムを生命体（とくに動物や人体）からの類推によって解釈しようとした。まず社会有機体説では、社会は消化器官のような「維持」システム、感覚器官のような「規制」システム、循環器官のような「分配」システムという異質な部分から構成されて、全体として生命を持つ有機体のように存在しているという考えであった。また「適者生存」という言葉がスペンサーの造語であるように、進化論に強い関心をもっており、社会進化論で、構造が単純で未分化であり、階層と統制によって個人の自由のない同質的な「軍事型社会」から、個人の自発的な契約によって構成され、構造の中に異質性・多様性が増大した「産業型社会」への進化が起きていると主張する。スペンサーにとっての進化は、生物であれ社会であれ、「同質性」から「多様性」へ変化することで、多様性を増大させて環境への適応力を高めることだった。

スペンサーの時代と比べ、その後の生物学・生理学分野での「生命システム」に対する理解のしかたは大きく発展した。自律神経やホルモン分泌によって、体温や血圧、血糖値などを一定の状態に保ち続けようとする「ホメオスターシス（恒常性）」作用の重要性が注目されるようになった。また「動物と機械における通信と制御」についての「サイバネティックス理論」が提唱され、「フィード・バック」という捉え方が広まった。

二〇世紀の後半には、かなり抽象度の高い「社会システム」についての理論研究が展開され、社会システムの安定を維持するのはネガティヴ・フィードバックによる制御が働くからだとか、システムが複雑に変化する環境に対して自己を維持するためには、制御の多様性を増大させなければならないとか、サイバネティクス・モデルで、自己組織的なシステム（生物や社会など）の論理が成り立ちうるのかとか、実にさまざまな議論が登場した。その背景には、スペンサーのように直接的ではないものの、新しく発展した「生命システム」に関する理論を、「社会システム」の類推の中に取り込もうとする模索があったのかもしれない。

一例をあげれば、ドイツの社会学者ニクラス・ルーマン（一九二七〜一九九八）は、ヴェーバーの「官僚制」論の丹念な研究に加え、自分自身が行政官僚としての経験をもつことから、「合理的組織」は上から下へという垂直的な決定の流れで成り立つのではなく、組織の各部門間の水平的な協働で、決定のネットワークが成立することが必要なのだと批判している。後の決定は前の決定に影響されるが、ただ引き継ぐのではなく、つねに前の決定を解釈し直しながら引き継ぐというのである。それをあえて社会の「自己産出」システムとして理論化しているが、この「自己産出（オートポイエーシス）」という言葉も、マトゥラナとバレラという二人の生物学者が提唱したものだった。ここでも暗黙のうちに「生命」システムこそが推論の根拠である、あるいは根拠であることが望ましいという姿勢が見て取れる。「社会システム」という厄介な言葉についての、厄介な説明が少し長くなりすぎたが、少々乱暴なまとめをしておこう。

「社会」は目に見えないが、一定の体験で実感することができそうなのに対し、同じく目に見えない「社会システム」となると、他のシステム、とくに「機械システム」や「生命システム」からの類推という、もう一段階の思考を通さないと理解しがたいのかもしれない。

さらに補足しながら続ければ、「社会システム」に対する「機械システム」からの推論は、目的のはっきりした組織、例えば職場組織、官僚制などの一面をとらえ、「同質性」を前提にシステムの状態が一定に保たれることを考察するには適していそうだが、自分で自分の目的を設定したり、変更したりしていく集団はとらえにくい。これに対し「生命システム」からの推論では、社会の進化を、環境の多様性に対応すべく社会がその「多様性」を増大させていくことと捉える見方が、現代でもある面では有効なのかもしれない、ということになる。

このまとめをしたうえで、少し努力すれば「われわれ」の目の前に浮かんでくるかもしれない日本の社会システムにすすんでいくことにしよう。

日本の社会システム

ヴェーバーは現地調査と観察、また歴史文書の研究も加えて、「社会システム」の議論を引き出して行った。しかし現代の学問的議論として積み重ねられた「社会システム論」は精緻に論理化され、抽象的なモデル化に精力が傾注されてきた反面、現実の社会を分析する道具としては、使いにくいものになっている。しかし、せっかく「社会」と「システム」を少し考えてみたのだから、無謀を承知で、日常的に感じられる「日本社会のしくみはどうなっているのか?」というより具体的な問題に、「社会システム」という言葉から何を返すことができるのか考えてみたい。

小熊英二は日本社会の「構成原理」として、次の四点を挙げている。

「①まず、学歴が重要な指標となっている。ただし重要なのは学校名であり、何を学んだかではない。②つぎに、年齢や勤続年数が、重要な指標となっている。ただしそれは、一つの企業での勤続年数であって、他の企業での職業経験は評価されない。③その結果、都市と地方という対立が生じる。何を学んだかが重要なら、必ずしも首都圏の有名大学である必要はない。④そして、女性と外国人が不利になる。女性は結婚と出産で、勤続年数を中断されがちだ。また他国企業での職業経験が評価されないなら、外国人は入りにくい。」（小熊英二『日本社会のしくみ――雇用・教育・福祉の歴史社会学』、講談社現代新書、二〇一九年、六頁）

そして小熊は、このうち③と④、つまり「地方」「女性」「外国人」の問題、さらに非正規雇用や自営業との格差も、①と②の結果として生じた問題と考えることができ、①何を学んだかが重要でない学歴重視、②一つの組織での勤続年数の重視、という二つが、「日本社会のしくみ」を構成する原理の重要な要素と考えられる、としている。

何を学んだかではなく学校名が重要な学歴は、「学校歴」と呼ぶこともできるが、それは日本社会の階層構造を作り出す基盤にもなっている。「学校歴」はもちろん、身分階層とは違って生まれつきのものではない。高等学校の入学試験、大学の入学試験という個人の業績によって得られるものであり、その結果、どの学校名を獲得したかは個人の自己責任のように思われがちである。しかし一旦得られた学校名は、ほとんどの場合一生涯変わることはない。後年、別の学校に入学しなおす人は、いるとしても極めて少数の例外でしかない。何を学んだかであれば、成人して何年かたってから更新する（リスキリング）ことも可能だし、部分的に少しずつ蓄積していくこともできる。これに対し学校歴はその個人の残りの生涯から消え去ることはない「属性」となるので、もしも学校名の間に階層序列があるとすれば、身分階層と同じように個人を階層化する基準になりうる。そして現に、学校名の間には入学試験の難易度ランキングという序列が存在しているのである。

またこの入学試験が、合格者に定数の上限（合格定員）のある「選抜試験」であることも階層性を強化する。自動車運転免許試験のように、絶対評価に合格基準がある「資格試験」であれば、合格・不合格はほぼ受験者個人の努力次第と言えるだろう。そろって努力すれば、全員合格も不可能ではない。しかし、選抜試験であるので、個人がいかに努力して好成績をあげても、点数序列の上で合格定員に含まれなければ不合格になる。定員を上回る受験者がいれば、必ず合格者と不合格者に分断されることが事前に宿命づけられている。その結果、不合格者は合格者によって排除されたという感覚をもちやすいし、合格者の側でも、より鈍感かもしれないが、他者を凌駕して生き残ったという記憶は残る。その結果、ある学校名を得た個人と得られなかった個人の間に感情的分断が生じる可能性が高まり、学校歴が階層化していればその境界線での分断が鮮烈になる。

しかもこの分断の起点が、出生・家柄のような生得的なものではなく、個人の受験という後天的な業績に置かれているため、階層格差の不満は、「自己責任」という反論の前に表面化しないで抑圧されがちになる。一九九〇年代以降の日本では高等学校への進学率（入学率であって卒業率ではない）が、およそ九五パーセントに達している。大学進学率も上昇を続け、短期大学、専門職大学も含めて約六割に達している。入学試験による選抜・選別は、国民のほぼすべてが生涯に一度は通過する体験になっている。

しかし、前期中等教育終了時の高校受験、後期中等教育終了時の大学受験、ましてや初等教育終了時の中高一貫校受験で、どこまで受験者個人の自己責任を問えるかと言えば、大いに疑問は残る。世帯年収の差などの経済的要因とともに、あるいはそれ以上に家庭の文化環境の差が学力水準に影響を与える可能性は否定できない。どの親のもとに生まれてきたかで自分の生涯が決まるという「親ガチャ」への諦めを沈潜させたまま、階層格差の世代間再生産がすすむ危険がある。

ただしこのような「学校歴」の重視は、日本社会だけの特色ではない。とくに韓国、中国など東アジアの社会には類似の傾向がみられ、その結果、特定の学校への入学を目指す熱狂的な受験競争がみられることは周知のところであろう。

また、一つの企業での勤続年数は「年功」と呼ばれる。役職や賃金を上昇させる基準にされるので年功序列とも言われる。新卒一括採用、定年制、終身雇用などとともに「日本型雇用」の慣行として成立したのは、第二次世界大戦後のことだと言われる。その起源や原型についてはいろいろ考えられるが、「年功」が重視されることで生まれる効果については明確だろう。①同じ企業への継続勤務が長期化する傾向。勤続年数によって昇給するが、他の企業に勤務経歴が持ち越せないとすれば、簡単には離職せずにできる限り同じ企業への勤務を続けることは当然の選択になる。ただしこれは男性のみに適応され、女性は結婚ないし出産を契機に早期退職するものとみなされていた。②社内教育の充実。長期にわたって働き続けることを前提として、新卒一括採用された新入社員に対して多くの費用を投じることができた。ただし基幹的職務の教育・訓練は男性中心で、女性は補助的職務に偏っていた。③上下関係の安定。採用年次により、先輩・同期・後輩という上下の関係が生まれ、それがそのまま上司・部下の関係として、それぞれの役職が上昇しても継続される。人事評価にも不満は表明されにくいが、昇進競争が決して穏やかなわけではない。先鋭化する場合には、個人対個人の競争というより、上下の人間関係を巻き込んだ「人脈」間の対抗となることもある。ただし、これも男性に限定されていた。④勤務する企業への帰属意識や忠誠心が高まる。⑤若い従業員が多数を占めている条件の下では、雇用を増やしても人件費の膨張を抑えることができた。

これらの効果は、日本の高度経済成長期に適合するものとして受容されていたが、繰り返しのべたように女性は除外されていたし、日本的雇用慣行として確立していたのは、官公庁と大企業に限られていた。雇用者の多数を占める中小企業では、離職率は高く、反面では他の企業での職務経験をもつ中途採用者の割合も高かった。しかし、高度成長が終焉し、経済の停滞とデフレ状況が続く中で、長期雇用から雇用慣行は崩れ始め、その範囲外に「非正規雇用」が増加した。また長期勤続の中高年齢層に比べ若年層の占める比率が低下する傾向にあり、「年功制」が持っていた人件費抑制の効果は失われ、反面で若年層の流出防止のため「成果主義」の導入が試みられている。

しかし現代でも、新卒一括採用と「年功」に結びついた上下関係の継続性、企業組織への一定の帰属意識などは、大企業「正社員」の範囲になお部分的には残り続けているとみてよいかもしれない。少なくとも非正規雇用数の急増の中で、激減したのは自営業主やその家族従業者であって、大企業・男子「正社員」の数はそれほど減っていない。日本の官庁や大企業に対して、リスクをとってまで新しい事業に挑戦することに非常に消極的だという指摘があるとすれば、成果より年功になお重点がおかれていることを示しているのかもしれない。

こうした「日本社会のしくみ」を、すでにみた「社会システム」の視点から見直してみよう。まず、気づくのは古典的な(十九世紀の)スペンサーによる「軍事型社会」の説明と合致する点が多いことである。「軍事」と言っても、スペンサーは軍隊の存在や軍事力について注目しているわけではない。社会の組み立て方が、あたかも「軍隊」のように、階層性を基盤に、個人の自由より統制を重視して、同質性によって統合していこうとするシステムだということだろう。日本社会について、文化的な同質性の志向や、社会心理学的な同調圧が強いことなど、さまざまに指摘されているが、その根底にこのような社会システムのあり方が存在しているのかもしれない。

また、ヴェーバーの「官僚制」で描き出されたような、「計算可能」で「合理的」な組織システムが日本社会の中に十分定着し、安定性と同質性を支えているとも言える。しかしその反面で、日本社会は多様性への対応については必ずしも十分とは言えず、「産業型社会」システムへの移行がまだまだ課題となっているのかもしれない。最後にこの「多様性」について考えてみよう。

日本社会と「多様性」

すでに見たように、日本社会では「学校歴」と「年功」が、「地方」「女性」「外国人」など他の問題を生じさせていると考えられる。

「地方」の問題としては人口流出が深刻化しているが、その理由は対極として、人口流入を続ける「東京(首都圏)一極集中」がすすんでいるからであり、地方の中核都市でも、東京に成立している雇用や消費と、ある程度同質な生活様式を提供できるようにすることで対抗しようとしてきた。しかしその中で、東京とは異なる、他の地方とも異なる、地方ごとに多様な姿を見出すことにこそ、実は生き残る可能性があるのではないかという気づきが、「インバウンド」観光客が予想外の関心を示すことを知って生じ始めているのかもしれない。「何もない町」「何もない地方」などと言う限り、若い住民が住み続ける理由はない。この地方にしかない特異性が、各地で多様に発見されることが必要だろう。

また「女性」であるということで不利に扱われる「ジェンダー」差別が重大な問題であることは言

うまでもない。しかしその問題と取り組むうちに、これまで社会の中に存在しながら、存在することを無視されるか、そもそも存在することさえ気づかれなかった「ジェンダーの多様性」がようやく注目されるようになってきた。「LGBTQ」というジェンダー・アイデンティティや性的指向の多様性が承認され始め、さらには一切の性的指向をもたない「アセクシュアル」もジェンダーの一部として気づかれ始めている。

「外国人」についても同様で、「同質な『日本人』からなる日本社会に、さまざまな国から異質な外国人がやってきている」という図式自体を崩す必要があるだろう。つまり、これまで日本社会を構成してきた「日本人」も決して同質ではなく、実は非常に多様性に富んでいたことに気づくことである。

類型	血統	文化	国籍
1	+	+	+
2	+	+	−
3	+	−	+
4	−	+	+
5	+	−	−
6	−	+	−
7	−	−	+
8	−	−	−

表 「日本人」から「非日本人」までの８類型

社会学者の福岡安則は、アイデンティティの基準となりそうな「国籍」（ナショナリティ）、「文化」（エスニシティ）、「血統」（オリジン）を組み合わせて、いずれもが＋（日本人）である「純粋な日本人」と、すべて－（非日本人）である「まったくの外国人」との間に、多様な境界事例があることを類型化して示している（表：『在日韓国・朝鮮人』中公新書、一九九三、五頁）。

例えば、類型2は「日系一世」や結婚で外国籍を取得した人、類型3は海外成長者（帰国子女）、類型4は日本に帰化した人、類型5は日系人二世・三世、類型6は(帰化していない)在日外国人二世、類型7はアイヌ民族などをあげている。また形式上独立国だった歴史と独自文化を持つ沖縄(琉球)についても、微妙な問題であると補っている。

もちろんこれに、両親の片方または祖父母の一部に外国人の血統を持つ人、未成年の「二重国籍」など加えれば、もっと多様性の幅は増すだろう。しかし重視すべきなのは、少数派の境界線上の人々の「多様性」を認識して受容することだけではない。こうした日本人の多様性が、いかに日本社会に強烈で膨大な貢献を果たしてきたかを正確に認識することが重要な出発点になるだろう。

プロスポーツ、またオリンピック日本選手団などのトップクラスに、今や多様な日本人が存在することはだれも否定できないだろう。しかしそれは決して近年始まったことではない。

テレビ放送開始直後に中継が開始されたプロレスリング興行の中心スターであり、その後のプロ格闘技の礎となった力道山(百田光浩、出生名：金信洛(キム・シルラク)一九二四～一九六三)は、日本に併合されていた朝鮮の出身で一九四〇年に大相撲に入門するため移住、一九五〇年相撲廃業・プロレス転向の際に養子縁組の方法で日本国籍を取得した。しかし生涯にわたって、日本国内では出自の経緯を口外しなかったし、養父と同じ長崎県大村市出身という虚偽の経歴を否定しなかった。

娯楽産業だけでなく、経済の面での新事業を創始した人々の中にも多様な日本人は存在した。食品産業において世界的に普及した新スタイル商品「カップ麺」などの開発者で日清食品(株)の創業者であった安藤百福(ももふく、出生名：呉百福(ゴー・ペクホク)一九一〇～二〇〇七)は、日本統治時代の台湾出身で、一九三三年頃から大阪市で繊維（メリヤス）事業を始める傍ら、立命館大学二部を修了している。一九五二年の日華条約で日本国籍を喪失したが一九六六年に再取得（帰化）している。

またインターネット関連会社などを傘下に置くソフトバンク・グループの創業者である孫正義（一九五四〜）は、両親が在日韓国人で佐賀県出身。高校を中退してアメリカの高校・大学に留学した。一九七九年カルフォルニア大学バークレー校在学中にソフトウェア事業を始め、一九八一年に日本ソフトバンクを設立した。一九九〇年に帰化したが、両親とともに使用してきた通称名（「安本」）ではなく、出生名「孫」での国籍取得を実現した。

力道山と孫正義の国籍取得には四十年の時間差があるが、その間の社会貢献の実績や積極的な働きかけが日本社会における民族的多様性に対する受容の姿勢を大きく変えてきたことがうかがえる。「日本人」としては特異な出自は秘密にして同質性を装わざるを得なかった状況から、自己の民族文化的アイデンティティを「多様な日本人」の一つとして主張できる道が開かれた。

同時にこれらの人々がさまざまな分野での開拓者であることを重視すべきだろう。日本社会で働こうとする「外国人」は労働力不足を補うための単なる補完物ではない。その一部は将来、日本文化を吸収し日本国籍を取得して、日本人の多様性を増大させていく可能性を含んだ「移民」候補でもある。多様性を増すことで新しい力を獲得できる方向に、日本の社会システムが変化することが要請されている。

新しいシステムにいかに馴染むか

泰松《やすまつ》　範行《のりゆき》
本学教授。専門は、政治学、観光学。熟議から政治をみてきたが、東日本大震災をきっかけに地域復興を観光から考える復興ツーリズムに取り組み、現在は観光学を中心に研究。

慣れ親しんだ生活パターンを変えるのはとても億劫である。仮に変えた形がとてもよいものだとしても、変えることの負担が目に浮かびそれが苦痛に感じるものである。しかし、時に理由なく受け入れる瞬間もある。それは得られるものが利益だとはっきりとわかり易く、誰もが喜ぶことが自明なものといったなどごく限られた場合である。そのようなケースはあまりないのは想像に難くない。大抵の場合は、新しいものが現れても躊躇してしまい、その間に新しいもの好きの人たちが取り入れてくれて良い評判ができはじめ、それを見てようやく腰を上げるものである。高度経済成長期のように、街がみるみる変わっていき生活も変わるようなこともなくなり、我々の変化に対する耐性はとても弱くなっているようにもみえる。特にこの長期のデフレの時代においては変化より現状維持が好まれ、新しいことに手を出すことはリスクにしか見えなくなっているといってよいだろう。さらに、日本人は新しいシステムを取り込むのが非常に苦手という声もある。この点は、我々は様々なことで経験済みである。携帯電話が現れたときは、電車内での通話禁止といった携帯電話の利用方法で議論が沸騰し、交通系電子マネーのSuicaが現れたときは、現金で切符を買えば済むのになぜ使わなければならないのかという議論が起こるなど、常に新しいものが現れれば必ず議論が沸き起こるものである。新しいものを「なぜ使わなければならないのか」は結構大きなハードルである。そこには「やってみよう」よりも「なぜ現状を変えなければならないのか」という点がとても重視され、変更した将来の便益には懐疑的であり、変更への不安のほうが強調されいわゆる現状維持バイアスが強く働くことになる。

しかし、新しいものがすっと生活に入り込んでくることもある。近年では電動キックボードが良い例である。電動キックボードとは、モーターとバッテリーを積んだモビリティであり、このタイプのうち免許のいらないものが特定小型原付として普及が進んでいる。歩道でも車道でもお構いなしにすり抜けていく姿を見かけた人も多いのではないだろうか。電動キックボードはれっきとした「車両」であるので、きちんと道路交通法などのルールを守って走らなければならないのだが、実際は危険な走行が時々メディアで取り上げられ問題となっている。この電動キックボードは、二〇一九年頃から様々な実験などを通して普及が始まり、二〇二三年七月の道路交通法改正施行により免許が必要であった原動機付き自転車の取り扱いから、速度制限などの一定の条件のもと、免許不要、一六歳以上で乗車できるようになり、さらに義務であったヘルメット着用も努力義務となった。日本ではあまりみられないやや前のめりと言っても過言ではないくらい踏み込んだ規制緩和といえる。一体なぜこのような展開になったのだろうか。背景には、国会議員の影がちらつく。政権与党である自由民主党の中のMaaS議員連盟マイクロモビリティPTが提言などを出し、電動キックボードの普及に関して後押しする状況があった。当時、ヘルメット着用義務違反など安全性についての問題も取り立たされてはいたものの、政権与党の議連の後押しは大きい。そして既出の法改正へと進んでいく。安全性についてては自賠責保険の加入などの課題では必ずしも利用者が保険に加入しているわけではなく、事故による本人への危険性、他者への危険性、そして両者に対する保障という安全性に関する課題が残されたまま進んでいる状況にあると指摘されている。この「安全性」という言葉が、実はキーワードになっているのは次のライドシェアにおいても同様である。

ライドシェアとはなんであろうか。知る人も多いだろうが、ライドシェアについてはその仕組みについて説明しておこう。ここでいうライドシェアとは、簡単に言うと自家用車を使って有償でお客さんを乗せて運ぶサービスであり、アプリで車とお客さんをマッチングする。海外では一般的となっており、アプリを使ってどこでも車を呼ぶことができ事前に金額も確認できることから、安心して使えるサービスとして広く普及している。目的地を指定し、お金の決済も事前登録されたカードなどで行われることから、車内での金銭のやりとりは一切なく、目的地も事前に明確で交渉する必要がないので気楽に利用できるのも魅力の1つである。知らない人の車に乗るのは不安という人もいるかもしれないが、これは乗る側だけでなく乗せる側も同じである。この点については、乗る側も乗せる側も事前にシステムに登録されているのでいつどこからどこまで誰が誰を乗せたのかという記録がしっかり残っているので、流しのタクシーに乗ることと比較すれば少し言い過ぎかもしれないがむしろ安全性が高いといってよいだろう。少なくとも両者の相互評価が行われることなど、双方の情報公開性が高いので、犯罪に合う可能性を下げ、同時にサービスを向上させる効果が期待される。海外の配車アプリでは、緊急時のレスキューを求める機能も備わっており安心感を高めている。日本でこのライドシエアの導入が検討され始めたのは、海外で普及しているのが理由ではない。地方での人手不足に始まり、都心でも不足感が高まり、要はタクシー不足をどう解消するかという喫緊の課題への対応策として検討され始めたのである。

導入にあたってキーワードとなったのはここでも「安全性」であった。一般人がお客さんを乗せることは安全性に問題があるのではということなのである。この話を聞いた時、ハッと思い出したのは美容師と理容師の話である。これは、美容室が街中にあふれかえる状況下で、当時十分千円で髪をカットする業者が急速に広がり、その拡張段階で問題となったのが人手不足であった。そこで、拡張していきたい業者は理容師と美容師が一緒に働くことを認めてほしいと規制緩和を求めたことから、理容師と美容師が一緒に働けないという状況がメディアなどでも取り上げられた。美容師は美容所、理容師は理容所で働くことになっているから、一緒には働けないというわけである。このときも規制緩和まではそれなりの道のりがあった。というのも、業界からは格安で参入してくる業者を歓迎する声はありえず、むしろなんとか避けられないかと考えることのほうが自然である。この議論の中で、美容室と床屋さんの区別がつかないと利用者が不便であるとか、理容師と美容師では例えば実技試験で顔剃りのシェービングなどの有無など技術的な不安もあるといった意見もあったそうだ。つまりカミソリが使えるか心配ということである。これらの話は、「安全」と「安心」の2つの内容が含まれ、それが業界参入の障壁となっていたのである。こういった業界からのプレッシャーはないのかというと、ライドシェアの場合はそれがタクシー業界にあたる。世界各国でもライドシェアの登場はタクシー業界にとって危機であり、どこでもそれなりにもめている。お客さんを食い合うのは誰の目にも明らかであり、消費者にとっては選択肢が増えてハッピーだが、事業者にとっては危機に思える。対策としては、たとえば空港など特別に指定した場所へのライドシェア車の乗入れの制限を行ったりすることで、タクシーの優位性を保つことがなされている。つまり、タクシー業界から懸念の声は当然の流れなわけである。タクシー業界の背後には自由民主党の中に「タクシー・ハイヤー議員連盟」という議連が存在し、もちろんタクシー業界と足並みを揃えてライドシェアに反対してきた。業界からも政界からもプレッシャーがあったわけである。もっとも議員の中でも様々な意見があり、与党内部でも賛成派がそれなりにいる一方、野党も賛成派も見受けられるが白タク行為の合法化だとして反対する声もあり、賛否が入り乱れている。国会議事録を見る限り、野党からのライドシェアの利便性を主張する質問に対しては、関係大臣の答弁は「安全性」を盾に慎重な議論が必要と繰り返し足踏みの回答が並んでいる。政官財のタッグで参入規制という構図ではあるが、今回は賛成の意見も強くあることや実際に車不足を補う方法がライドシェア以外ではあまり見当たらない現状から、結果としてはそのまま進展がないかと思いきや、タクシー業界が一枚噛むかたちで限定的に導入開始という落着となった。2種免許を持たずに運転手となることができる一方、海外のような配車アプリの会社ではなくタクシー会社が雇用主となり運営するという日本独自の形としてである。規制緩和の話で玉虫色の解決というのはよくある話なのだが、ここでも注目したいのは「安全性」である。キックボードの際は安全性よりも利便性が重視されたのに、ライドシェアの場合では安全性が議論の中心となるのはいかにも不自然な印象を受ける。ただここでは、族議員や業界圧力の問題を議論したいわけではない。ここで議論したいのは、どちらにおいても「安全性」と「利便性」の両方の議論がしっかり行われているのかという点にある。

新聞各紙は、これらの問題に対して丁寧に論評しているといえる。賛成反対の両者の立場、制度の意義など、幅広い記事に出会うことができる。議論そのものが一覧できるこのようなメディアの役割は重要であり、インターネットに散乱する記事を集めるだけではうまくいかない。なぜならば、記事を集めるのは個人のリテラシーかシステムのアーキテクチャに依存するので、結果の内容が多かれ少なかれ偏ったものになる。新聞のようなメディアが信頼を獲得する重要なポイントは、多様な立場を知ることができる一覧性がある程度保障されているからである。つまり、自分の意見に沿ったものもそうでないものも盛り込まれた多様性の担保された情報源といえるからである。

紹介した二つの制度は対象的な展開となっているのは興味深い。一方は全面解禁、一方は限定解禁である。そしてこの二つの制度は、他の選択肢がある点もポイントである。電動キックボードは、それ以外に自転車やスクーターなど様々な手段が存在する。ライドシェアも不便であってもタクシーはあるし、その他公共交通機関も場所によっては提供されている。このような選択肢を増やす話においては、賛否の議論が政治的に大きな問題となっていくことはあまりないが、選択肢が一つになる議論はそうはいかないケースがある。健康保険証のマイナンバーカードへの移行である。

いわゆるマイナ保険証問題である。マイナンバーカードに保険証の機能を持たせるところまではあまり異論がなかったのだが、保険証を廃止して全面的に移行するという措置になりこれに反対する意見がでてきたのがこの問題であった。マイナ保険証になると様々な利点があるわけだが、それ以前にマイナンバーカード自体の導入にあたって賛否両論があり、さらに導入過程で口座の紐づけミスなど様々な問題が露呈し、すっかり信頼を失っていたところの移行という話の展開が大きかった。しかもこれまでの保険証が使えなくなるという形がいかにも強引に見えてしまった。マイナ保険証の利点よりも移行措置への批判が強く、制度そのものの将来より担当大臣としての政治家の評価や従来からのマイナンバーカード批判にその矛先が向かっていった。

ここで見ておきたいのは、先の2つの例とマイナ保険証との決定的な違いは選択肢の有無にある点である。電動キックボードもライドシェアもそれ以外の選択肢はいくらもあるのに対して、マイナ保険証は制度としては従来の保険証の廃止、そして移行なので他の選択肢は見当たらない（厳密にはマイナ保険証を持っていない人には経過措置として資格確認証が発行される）。つまり制度への反対が許されないように映る姿勢に対する反発である。そして、新しいシステムへの不安があるにも関わらず、行動を急かされるストレスであり、制度の実用性を考えれば一定のスピード感も重要であるが時間をかけて進めていかないと厳しいということを印象付ける話であった。

新しいシステムの導入、あるいは変化に対しては、若者は積極的で高齢者は消極的というステレオタイプともいうべきイメージがあるかもしれない。新しい技術もすぐに理解できる若者に対して高齢者は負担が大きく、意欲の面でも新しいものに積極的な若者と消極的な高齢者という構図である。しかし、これが否定される面白いデータがある。キャッシュレス決済に関するものである。これは、高齢者が新しいものを取り入れず、若い人が積極的という紋切り型のイメージで語ると完全に誤ってしまう良い例である。キャッシュレス決済と聞くと日本ではクレジットカードが一番で次にSuicaのような交通系などが思い浮かび、実際の普及度合いもその順番なのだが、ここで問題なのは決済全体に占めるキャッシュレス決済の割合である。「日本は何割くらいですか?」と質問をしてズバリ当てられる人はそうはいない。なぜならば、使う人は使うし使わない人は使わないというくらい、使う派と使わない派にわれるほど、日本はキャッシュレス決済に対して意識がわれている。答えは約四割(二〇二三年現在で三九・三%)で、これでも十年前からは倍以上になっているので普及自体は進んでいる。しかし問題は国際比較であって、一番進んでいる韓国は九五・三%、中国八三・八%、イギリス、シンガポールあたりで約六〇%、アメリカ、フランスあたりで約五〇%となっており、日本の普及率の低さは明らかである。つまり日本は現金決済が大好き、あるいはキャッシュレス決済に抵抗があるということなのである。コロナ禍を経てQR決済の普及などもありキャッシュレス決済については、二〇二〇年以前と比べるとこの五年でどのデータでも大きく増加してきているものの、キャッシュレス決済が圧倒する状況には至っていない。

こうなると、どの年代が使っていてどの年代が使っていないのかという視点で考えた時、高齢者は使わない、若者は使うというイメージを持つ人がいるかもしれないが、これが否定されるデータがある。二〇二二年度のデータによると、二〇代で「よく利用している」と回答した割合は五〇．〇％に対して、七〇代では五一．八％となっており、若者よりも高齢者のほうが積極的に利用しているともいえる数字となっている。もっとも、「まったく利用していない」という数字は二〇代で一一．一％に対して七〇代では一三．七％となっており、より高齢者のほうに使わない層があることは推察できる。同じような話はあるリゾートホテル代表の講演でも耳にしたことがあり、その時「高齢者の予約も携帯電話やネットから行われているので、高齢者が使わないという発想は古い」と紹介していた。考えてみれば、今の七〇代が携帯を初めて手にしたであろう二〇〇〇年代の前半から中頃の年代は五〇代であり、いきなり七〇代になって電子機器を使うわけではないので、導入も比較的スムーズに進んでいるのではと想像できる。

ライドシェアであれキャッシュレス決済であれ、導入にあたっては当然抵抗はあるものである。導入する事業者側はもちろん消費者側も当然である。消費者側の視点で見てきたが、問題は世界の流れと比較してタイム・ラグがあることである。つまり日本が取り残されないかということである。実際、今東南アジアに行けば、アプリで車を自在に呼ぶことができ、交渉や車の手配という負担は一切なくなっており、決済も電子決済が普及しているので外貨の両替をしなくても旅行が完了することもあり得る。これに対して日本では、現金しか使えない店も地方では多く、人手不足でタクシーを見つけるのも一仕事である。新しいシステムが享受できれば様々なハードルがなくなり心理的な負担も劇的に減少し、行動半径が広がりよりたくさんの経験がもたらされる。もちろん細かな問題は常にあるが、現状維持かそれともイノベーションがもたらす新しい世界にチャレンジするかという気持ちの問題が大きい。これは、失われた三〇年で無くしてしまった大きなモチベーションなのだが、この語り手が活躍すべきマスメディアでどれほどこのことが語られているのだろうか。インターネットでは常に選択肢が提供されている。このネットの多様性に対してマスメディアの世界はどれほど多様性が保たれているだろうか。日本政治の語り手を見てみれば、テレビに出てくる専門家は中年以上の男性が多い。経済や国際政治では若手の女性専門家も多数登場してくるようになったが、日本政治においてはとても少ない印象である。着眼点も見通しも、そして未来像もやや多様性に欠けるように思える。教室で学生に「テレビを見るか」と質問すれば明快で、かなりの学生が地上波は週に一度みるかどうかと答えるほどである。

学生はすでにマスメディアも一メディアにすぎず多様な情報源の一つにすぎないとみなしている。このことにどれほどマスメディアが気づいて行動しているのかが重要であり、今一度テレビや新聞のネットにない機能を見直し新しい存在としての再興に期待したい。テレビや新聞には、様々な意見を取り込む一覧性の機能が備わっている。インターネットはその構造上自分の好みの情報のみを集めてくる仕組みなので、どうしても偏った情報にさらされやすく社会の分断が起こるのも当然の流れである。好きなものをフォローし、欲しいものだけを集めてくるアーキテクチャは広告という経済システムと組み合わさっているので、この構造に変化が起こることは当面考えられない。偏った内容が多数の人々に共有される世論と捉えてしまう可能性は低くなく、注意を払っていてもどこでバランスがとれているのかがわからない以上、どの程度偏っているかも知る由もない。これに対してテレビや新聞は賛成も反対も盛り込んだ様々な意見を一覧でき、まさに俯瞰的な分析の起点になりうる存在なわけである。このような既存マスメディアの役割は、ネットメディアの勃興で危うい存在になりつつある。経済的にも多数の関心という意味でもである。

今一度、「一覧性」の価値を見直すことが重要であり、これは以前のマスメディアに期待されていたものとは異なるものである。公平さや言論界の中心的存在、場としての機能などではなく、マスメディアの機能に着目し期待される「一覧性」の部分がどのように信頼を獲得し発展していくかということである。「一覧性」は思想地図といってもよいだろう。この地図を手がかりに何がどこにあり、何が足りないのかを知りうる機会になり、どこを目指すかも見えてくることが期待できる。

長く慣れ親しんだシステムを変えそれを受け入れるのは負担に感じるのは誰しもそうである。問題はそれをどのように理解し、受け入れ、新しいシステムに慣れていくかである。多様な選択肢を見つめ直し、現状の「改善」ではないイノベーションがもたらす「新しい世界」をそろそろ受け入れる心持ちを抱きたいものである。

参考資料

一般社団法人キャッシュレス推進協議会「キャッシュレスロードマップ2022」
https://paymentsjapan.or.jp/wp-content/uploads/2022/08/roadmap2022.pdf（二〇二四年一〇月一日閲覧）
一般社団法人キャッシュレス推進協議会「キャッシュレスロードマップ2023」
https://paymentsjapan.or.jp/wp-content/uploads/2023/08/roadmap2023.pdf（二〇二四年一〇月一日閲覧）

あとがき

「ことばを考える会」での共同出版、「ことばのスペクトル」シリーズの第九巻として、『ことばのスペクトル　システムと多様性』を出版できたことは望外の喜びである。「ことばを考える会」は東洋学園大学の学部を越えた教員間の研究会で、創設は東洋女子短期大学時代の一九八七年である。その名の通り、当初は文学、語学系の教員が中心となっていたが、短大から四大に発展し、学部が増えたことによって、心理学系や社会学系の会員も増えていった。現代経営学部からの参加者も少数だがいる。

シリーズ最初の出版『ことばのスペクトル』が一九八八年刊行ということであるから、前回の『越境』が、二〇一八年で、ちょうど三十周年だったわけである。そこからさらに六年が経過した。小さな学園で、これだけの長期にわたり、引き継がれてきたバトンをともかくも継続できたのはよかったと思っている。

この間、東洋学園大学のみならず大学業界をめぐる環境は、大変厳しいものであったといえる。その多くはいわゆる「コロナ禍」に起因する。教室での通常の授業がいったん行われなくなり、オンライン授業が始まった。それに対応するために、教員、職員、学生とも、大変な苦労を強いられた。もちろんそこから得たものも多くはあるが、「ことばを考える会」の活動を継続する余裕が、ほぼなくなってしまったというのも事実である。

「コロナ禍」が始まった二〇二〇年度は、全く活動ができなかったため、会費をとらず一年間の休会とした。二〇二一年度からは、オンラインの総会、例会というかたちで活動を再開したが、

二〇二一年度　オンライン総会一回、オンライン例会三回(発表者五名)
二〇二二年度　オンライン総会一回、オンライン例会一回(発表者一名)
二〇二三年度　オンライン総会一回、例会の開催なし

というさきぼそりの状況であった。そのため、出版計画も一年延期とした。

二〇二四年度は、出版をぜひ行いたいということで、これまで積極的には声がけをしていなかった、本学兼任講師の方に声がけをしたところ、入会と出版企画への参加ということで手を挙げてくださった方がいらっしゃって大変ありがたかった。規約によれば、本会は東洋学園大学の専任教員の会であるが、それ以外の方でも会員の推薦があれば入会できるとの文言がある。そのことから、規約改正を行うことなく、総会の議を経て参加していただいた。また、専任教員執筆者の共著者として、やはり本学所属教員以外の研究者の方にも一名ご参加いただいた。そのため、この「あとがき」執筆時点(二〇二四年九月)では、

二〇二四年度　オンライン総会一回、オンライン例会二回（発表者三名）

という活動状況である。

「システムと多様性」という出版テーマについては、二〇二一年の段階で、研究会の新しいテーマ（前回の「越境」のように、時期的に研究会の共通の緩やかなテーマを決めて、出版テーマに繋げていくのが、本会の流儀となっている。）として、「システム」と「多様性」の二つのテーマが別々に提案された。話し合いの結果、この二つをつなげて「システムと多様性」とした。

「多様性（ダイバーシティ）」については、社会動向として近年いよいよ注目を浴びつつあった概念であり、避けて通れない各分野の課題であろう。一方で、コロナ禍に入ったことにより、「システム」という概念も気になるようになった。パンデミック、そして戦争（ウクライナ、ガザの戦争が相次いで始まった時期でもあった。そしていまだ終結を見ていない）が起こり、国家という名の社会システムをはじめとして、様々な「システム」を私たちは以前より強く意識するようになったのではないか。「多様性」を包括する「システム」が望ましいが、むしろ「システム」が「多様性」を抑圧しているとも言えるのではないか。そういう相反する概念でもある「システム」と「多様性」を併記してみるのも面白いのではないか、という気持ちから「システムと多様性」とした、とは後付けの理由かもしれず、単にどちらかに決めかねてしまったというのが本音に近い。しかし、研究発表をお願いし、出版原稿を集めるのには、わりとうまく機能したようにも思う。

結果、十八篇の文章が寄稿された。本格的な論文調はできるだけ避けて一般の読者にも読みやすくし、本学の紹介にもなるように、とのお願いをして書いていただいたが、それでも様々なレベルや専門分野による書式があり、それらを可能な限り揃えるために、微調整してもらった文章もある。執筆者各位、また支えていただいた会員各位の協力に感謝したい。

刊行については、前回の『越境』に引き続き、鼎書房が引き受けてくれた。前回の加曽利代表が鬼籍に入ってしまい、後を引き継がれた金子代表には、今井とは、大学院の指導教授が同じであったということでご縁もあり、大変お世話になった。慣れない編集で、何度もスケジュールが遅れご迷惑をおかけしてしまったが、忍耐強く付き合っていただき、アドバイスもいただいて、感謝に絶えない。

なお、本書の刊行費用には、東洋学園大学の二〇二四年度特別研究費(出版助成金)の助成をその一部にあてていることを申し添えておく。

東洋学園大学ことばを考える会会長　今井　克佳

「ことばのスペクトル」編集委員

編集長：澁谷智久　編集委員：今井克佳、塩谷隼平、福田佳織、山本博子

書　名　　ことばのスペクトル　**システムと多様性**

発行日　　2025年1月31日

編　者　　東洋学園大学　ことばを考える会 ©

発行者　　金子堅一郎

発行所　　鼎　書　房

〒134-0083　東京都江戸川区中葛西5-41-17-606

TEL/FAX 03-5878-0122

E-mail info@kanae-shobo.com

URL https://www.kanae-shobo.com/

印刷所　TOP印刷　製本所　エイワ　カバーデザイン　西本紗和子

ISBN978-4-911312-03-2 C0095

東洋学園大学　ことばを考える会　編

シリーズ　ことばのスペクトル

ことばのスペクトル

「ことば」によるスペクトル分析を通して、専門領域の境界を越える。論文19編（**東洋学園大学刊、1988年9月、非売品**）

続　ことばのスペクトル

「ことば」が現代社会に与える衝撃を多彩な視野から解明し、新しいことばの創造をめざす。論文15編。

（東洋学園大学刊、1991年9月、非売品）

笑　い

東西の文化と文学を通して〈笑い〉の諸相を論じる。論文14編。

（リーベル出版刊、1994年11月、本体価格1,942円）

時　間

年齢・時代・人種・心理・言語の差異を分析し生死を包括する〈時間〉の本質に迫る。論文15編。

（リーベル出版刊、1998年1月、本体価格2,500円）

対　話

新世紀を迎え、さまざまなレベルや異文化間の〈対話〉の重要性を考える。論文12編。**（リーベル出版刊、2001年3月、本体価格2,000円）**

こころ

〈もの〉の氾濫によって失われた〈こころ〉と〈ことば〉を取り戻す。論文27編。**（リーベル出版刊、2008年3月、本体価格2,500円）**

「場」のコスモロジー

さまざまな専門分野から学問が織り成す「場」の宇宙を探索する。論文25編。**（双文社出版刊、2015年3月、本体価格3,600円）**

越　境

まさに専門領域を越え、「越境」というテーマのもとに各分野から書かれた論集。論文18編。**（鼎書房刊、2018年11月、本体価格3,000円）**